本书是教育部人文社会科学研究规划基金项目“学院治理：结构 权力 文化”
（项目批准号：17YJA880033）最终研究成果

学院治理

结构·权力·文化

吉明明 著

College Governance

Structure · Power · Culture

科学出版社
北京

内 容 简 介

完善现代大学制度成为我国高等教育实践与研究的热点课题，完善现代大学制度的核心是改革大学治理结构。本书依托治理理论、组织理论、场域理论等基础理论，采取多学科系统研究范式，从治理结构、治理权力和治理文化三个维度进行学院治理研究。本书结合国内外大学学院治理经验，旁征博引，提出可通过改善学院治理的结构、权力和文化，构建符合治理理念的"理事会领导下的院长负责制"，以完善我国大学学院治理路径，促进我国现代大学制度建设的观点。

本书对学院治理的分析和对完善学院治理的构想丰富了大学治理的理论研究，对大学治理实践的改善也具有积极的参考意义，可供广大高等教育管理者和研究者参考和阅读。

图书在版编目（CIP）数据

学院治理：结构·权力·文化 / 吉明明著. —北京：科学出版社，2019.11
ISBN 978-7-03-063089-6

Ⅰ.①学… Ⅱ.①吉… Ⅲ.①高等学校–学校管理–研究–中国 Ⅳ.①G647

中国版本图书馆 CIP 数据核字（2019）第 244785 号

责任编辑：朱丽娜 冯雅萌 / 责任校对：王晓茜
责任印制：李 彤 / 封面设计：润一文化
编辑部电话：010-64033934
E-mail：edu_psy@ sciencep.com

科学出版社 出版
北京东黄城根北街 16 号
邮政编码：100717
http://www.sciencep.com

北京中石油彩色印刷有限责任公司 印刷
科学出版社发行 各地新华书店经销

*

2019 年 11 月第 一 版 开本：720×1000 B5
2020 年 12 月第二次印刷 印张：14
字数：254 000

定价：89.00 元

（如有印装质量问题，我社负责调换）

序

近年来，完善现代大学制度成为我国高等教育实践与研究的热点课题。2012年1月1日，教育部颁布的《高等学校章程制定暂行办法》正式实施，有力地推动了现代大学制度建设的进程。完善现代大学制度的核心是改革大学治理结构。

《国家中长期教育改革和发展规划纲要（2010—2020年）》指出，建立现代大学制度最大的症结在于"行政化倾向""行政化管理模式"，提出要重新"构建政府、学校、社会之间新型关系"[①]，建立现代大学制度。"行政化倾向""行政化管理模式"是长期以来自上而下形成的，因此，以建立现代大学制度为目标的系统改革，最理想的路径也应该是自上而下进行，首先从政府自身改起，转变高等教育管理职能，改变权力构成和管理方式，摈弃"行政化倾向""行政化管理模式"。不过，现实的情况是政府改革滞后，学校动力不足，改变"行政化管理模式"任重而道远。

学院是大学的基层组织，是大学各项功能的最终承担者，其管理水平与运行情况与大学办学水平密切相关。学院在大学组织结构中具有特殊地位，就大学改革而言，伯顿·克拉克主张走"基层变革"的路线，认为"一所大学比一个系更难发生变革。一国的高教系统比一所大学更难发生变革"[②]。因此，有研究者提出，改革大学治理结构也可以大学的二级机构——学院为突破口，寻找一条自下而上、通过建立现代学院制度来建立现代大学制度的改革路径。[③]

吉明明博士的《学院治理：结构　权力　文化》正是在学院治理、建立现代学院制度方面做了深入的研究与有益的探索。吉明明博士于南京师范大学教育科学

---

① 教育部. 国家中长期教育改革和发展规划纲要（2010—2020年）[EB/OL].（2010-07-29）[2017-08-20]. http://www.moe.gov.cn/srcsite/A01/s7048/201007/t20100729_171904.html.

② [美]伯顿·克拉克. 高等教育系统——学术组织的跨国研究[M]. 王承绪，徐辉，殷企平，等译. 杭州：杭州大学出版社，1994：245.

③ 周川. "现代大学制度"及其改革路径问题[J]. 江苏高教，2014，(6)：22-26.

学院获得教育学博士学位，现担任南通大学党委常委、宣传部部长、生命科学学院党总支书记，既掌握了高等教育研究的理论方法，又有大学学院治理的实践经历，还有所承担的教育部人文社会科学研究规划基金项目的支撑，这些构筑了该书研究的扎实的理论与实践基础。

在该书中，吉明明博士借助治理理论、组织理论、场域理论，采取多学科系统研究范式，交叉运用多学科知识，依次从治理结构、治理权力和治理文化三个维度对学院治理进行了较为深入的研究。该书认为学院治理的三维分析框架有利于较为全面、系统地研究学院治理的理论与实践问题，为今后大学治理相关研究的进一步展开提供了有益思路。该书还运用多种研究方法，考察与分析了国内改革试点学院和国外大学学院治理的经验，提出了完善我国大学学院治理路径的构想，即通过改善学院治理的结构、权力和文化，构建符合治理理念的“理事会领导下的院长负责制”。该构想既遵循了高等教育的办学规律，又契合中国高等教育现状，观点新颖且操作性强，并可通过协同学院内部的学术与行政权力、学校与学院管理的关系，进而激发学院办学活力，促进学校发展，推进我国现代大学制度建设。该书对学院治理的分析和对完善学院治理的构想丰富了大学治理理论研究，对大学治理实践的改善也具有积极的参考意义。

由于我国大学治理结构改革仍在进行过程中，因此，学院治理研究也就有许多值得进一步深入研究之处。例如，就治理理论而言，治理有许多局限，其“既不能完全代替国家和政府而享有政治强制力量，也不可能完全代替市场机制而自发地对资源进行有效配置”①，因此存在着“治理失灵”的风险，大学及学院治理同样如此。学院治理研究作为一个新的方向，其涉及面广、系统性和实践性强，研究者需以更加扎实的理论为基础，以更加广阔的视野为条件。希望吉明明博士以该书的出版为新的起点，结合工作实践，加深对大学学院治理问题的体悟，进一步思考大学学院治理的理论问题，将研究不断深入地进行下去。

是为序。

胡建华

2019年6月

① 俞可平. 全球治理引论[J]. 马克思主义与现实，2002，(1)：20-32.

前　言

中华人民共和国成立以来，中国的大学制度经历了一个探索完善的过程，中国高等教育也取得了历史性的成就。完善现代大学制度已经成为高等教育研究的热点和难点问题。《国家中长期教育改革和发展规划纲要（2010—2020年）》第一次在中央文件中提出“完善中国特色现代大学制度”，并部署了十大改革试点，现代大学制度改革试点是其中之一。推进高等学校治理体系和治理能力现代化，要进一步坚持和完善中国特色现代大学制度，使这一制度优势切实转化为治理效能。构建现代大学制度，目的是使大学回归学术组织本真，改革和完善中国大学治理结构是完善中国特色现代大学制度的关键，也是中国特色现代大学制度建设的基本内容。《国家中长期教育改革和发展规划纲要（2010—2020年）》指出，完善现代大学制度最大的症结在于“行政化倾向”“行政化管理模式”。这种“行政化倾向”“行政化管理模式”是自上而下形成的，因此，最理想的路径应该是自上而下进行以建立现代大学制度为目标的系统改革。但是，从总体来看，政府自我改革的动力不足，“自上而下”的改革尚未取得实质性进展。事实上，我国现代大学制度建设所缺少的不是顶层设计和总体规划，不是政府制定的总体方案、路线图和时间表，而是来自大学内部基层自生的变革力量。

现代大学制度建设的问题症结难以由自身破解，学院治理改革是完善现代大学制度的最佳切入口。大学二级学院不仅具有专业性、学术性，同时还具有行政性、科层性，因此，在大学改革的背景下，学院治理改革是大学实现基层变革的重要路径。学院治理是现代大学制度建设的重要内容，以学院治理研究为突破口，从学院的治理结构改起，也许是在自上而下路径行不通的情况下最可行的一条路径，以实现通过建立现代学院制度来建立现代大学制度的目标。

同时，学院治理改革也是学院激发办学活力和实现自身发展的需要。学院治理能够激发基层活力，进而推动现代大学制度建设。一般而言，学院是以学科为基础进行设置的，其内部管理以学术为主体，如基于项目设立的研究所、基于课程设置的教研室、基于专业设置的系等，学院不是法人组织，其管理的职能主要体现在执行上。学院内部治理的改革基于学术活动的需要，随着学术水平的提高而变化，事关教师学术利益和学生的学业前途，是学校内部治理的根基所在。学院是学校的办学实体，学校内部治理的各项举措都要落实到学院，并以学院活力能否被激发、办学水平能否提高为检验标准。

世界上没有标准的大学制度样板，也没有不变的大学制度模式，现代大学制度的基因流传到世界各地时，不同国家往往在继承其基本文化基因的同时，探索形成了不同的制度安排，逐步建立起有自身鲜明特色的现代大学制度。本书仅从学术研究的角度，对加强制度建设和治理能力提升作出探讨，对丰富大学治理理论研究和实践改善提供参考。

本书依托治理理论、组织理论、场域理论等基础理论，采取多学科系统研究范式，综合运用政治学、经济学、哲学、法学、社会学、生态学等不同学科知识，从治理结构、治理权力和治理文化三个维度进行学院治理研究。借鉴国外大学学院治理经验，结合国内大学治理的实情，运用文献研究法、比较研究法和个案研究法等方法，提出完善我国大学学院治理路径的构想，即通过改善学院治理的结构、权力和文化，构建符合治理理念的“理事会领导下的院长负责制”，以此协同学院内部的学术权力与行政权力、学校管理与学院管理的关系，激发学院办学活力，促进学院发展，促进我国现代大学制度建设。本书在结构上分为七部分：第一章导言部分介绍本书研究的背景，进行相关概念界定，介绍研究现状、研究思路与方法，梳理与学院治理相关的治理理论、组织理论、场域理论并分析其在学院治理中的适用性；第二章进行学院治理的理论探讨，从理论上分析学院治理的内涵、要素和特征；第三章为学院治理的现实解读，从治理结构、治理权力和治理文化三个维度探索我国学院治理的现状；第四章为试点学院治理改革的案例分析，以教育部三个试点学院，即B大学J学部、T大学T学院和S大学N学院的治理改革为例进行案例研究，深度剖析三个试点学院的治理结构的运作过程与制度安排之间存在的差异，以及变革所取得的成效和存在的问题；第五章为学院治理的国际比较，研究英国、美国、德国、法国和日本五个国家的大学二级学院治理的特点，分析五国大学学院治理中的治理结构、治理权力、治理文化，探寻对我国大学学院治理的启示；第六章为完善学院治理路径构想，通过理论探讨、现状分析、历史比较、国际比较，提出我国大学二级学院治理改革的路径选择及策略；第七章结语部分再次从“结构-权力-文化”分析框架对学院治理所应持有的理念进行分析，为后续研究指明方向。

吉明明

2019 年 6 月

目　录

第一章
导　言

一、研究的背景

（一）现代大学制度研究是高等教育领域研究的热点问题之一

当前，完善现代大学制度研究已经成为高等教育研究的热点和难点问题。从1995年开始至今近30年，哈尔滨科技大学丛长福发表在《中国高教研究》1995年第2期上的《现代大学制度的办学原则和管理模式》拉开了现代大学制度研究的序幕。2000年，袁贵仁、王冀生、杨东平、周玲等学者分别在《中国高等教育》《高教探索》等期刊上共发表5篇文章，进一步研究现代大学制度的基本问题，从那时起，教育界对现代大学制度的关注与日俱增，特别是2010年《国家中长期教育改革和发展规划纲要（2010—2020年）》颁布后，现代大学制度建设立即成为行文热点，有关现代大学制度研究的发文量稳步增长，2010年首次突破100篇，近几年已接近200篇。这表明，关于现代大学制度的研究已经成为高等教育研究领域的热点问题之一。

2012年1月1日，教育部颁布的《高等学校章程制定暂行办法》正式实施，有力地推进了现代大学制度的建设进程。构建现代大学制度，目的是使大学回归学术组织本真，建立大学自治、学术自由、教授治学、学生积极参与的管理机制，关键是对大学基层组织架构进行合理化设计。治理概念就是在现代大学制度视域下提出的，现代大学制度的核心问题是大学治理结构问题，建立现代大学制度的核心问题是建立现代大学治理结构，改革和完善中国大学治理结构是完善现代大学制度的关键，也是现代大学制度建设的基本内容。

（二）现代大学制度建设的问题症结难以自身破解

建设现代大学制度要处理好大学内外部的权力关系，调整好大学内外部的治理结构，但更重要的是探索出完备的规章制度，这既是一个理论问题，更是一个实践问题。随着我国高校数量的增加，高等教育的健康发展更是需要以制度为依托，但是我国当前的大学制度改革在一定程度上存在行政干预问题，大学的研究、教学、社会服务等活动被包含到行政管理中去。相比于教学活动，学校却更看重科研成果，这是高等教育改革一直面临的问题。对于大学如何去行政化的问题，众多学者运用多学科的方法，从多种角度进行了有意义的探讨。胡建华在2014年指出，从根本上说，大学去行政化的实质就在于改变大学之于政府的从属关系和大学内学术权力之于行政权力的从属关系。①由此可以看出，行政化体现的一个方面就是“管理大学的行政化”，目前看来，政府与大学高度行政化关系的改变存在一定的障碍，政府自我改革的动力稍显不足，改革进展相对缓慢。行政化体现的另一个方面是“大学管理的行政化”，其与政府部门管理大学的行政化体制同宗同源，校级领导都是由上级政府任命的。虽然在2010年10月24日颁布的《国务院办公厅关于开展国家教育体制改革试点的通知》②明确将北京大学、中国人民大学、清华大学等26所部属高校作为“完善高等学校内部治理结构”的试点高校，但从几年来的试点情况来看，改革成效并不明显，学校层面的治理结构改革可谓“雷声大雨点小”。改革“行政化的管理模式”永远在路上。

（三）二级学院治理的改革蹊径倒逼现代大学制度建设

麦吉尔大学著名教授亨利·明兹伯格指出，“事实上，如果企业依靠的是戏剧性的、自上而下的变革，那么，没有一家公司能够生存下去。相反，大多数组织的成功源自于发生在公司中下层的小的变革努力，只是后来被高层管理者所肯定而已”③。同样，大学组织也有一定的相似性。学院是大学的基层组织，是一所大学各项功能的最终承担者，其管理水平和运行情况与大学办学水平密切相关。在美国，“学院控制仍然占主要地位，它所面临的只是官僚性的各个大学行政权力的挑战。大学系统的这些

---

① 胡建华. 略论大学去行政化[J]. 中国高教研究，2014，(2)：1-4.

② 国务院办公厅. 国务院办公厅关于开展国家教育体制改革试点的通知[EB/OL].(2011-01-12)[2017-08-22]. http：//www.gov.cn/zwgk/2011-01/12/content_1783332.htm.

③ 转引自[挪]王克胜，[挪]欧文·鲁斯通·耶莫维克，[挪]伯恩特·布雷姆道尔. 知识管理导论——原理与实践[M]. 杨应崧，潘向翀，译. 北京：高等教育出版社，2004：4.

基层结构基础深厚、牢固，顽强地抵制外部强加的变革”①。由此可以看出，学院在大学组织结构中具有特殊地位。鉴于此，我们是否可以改变思路，另寻改革蹊径，将改革的突破口下移至大学的二级机构——学院层面，寻找一条“自下而上、通过建立‘现代学院制度’来建立‘现代大学制度’的改革路径”②。伯顿·克拉克推崇“基层变革”路线，也曾指出，“一所大学比一个系更难发生变革。一国的高教系统比一所大学更难发生变革”③。所以，以二级学院治理研究为突破口，从学院的治理结构改起，也许是在自上而下路径行不通情况下的一条可行路径。学院通过改革自身治理结构，自下而上形成一种机制，通过建立现代学院制度来促进现代大学制度的建立。④

（四）二级学院治理改革是学院激发办学活力和实现自身发展的需要

二级学院是大学的基层组织，二级学院的发展对大学的发展至关重要。首先，二级学院作为大学的办学实体，承担着大学的各项职能，教学和科研等活动都在学院进行。学院培养的学生走入社会代表着大学的形象，学院取得的科研成就代表着大学的科研能力和水平。其次，大学内部各学院之间存在资源的竞争。一所大学的资源是有限的，二级学院希望争取较多的资源并有效利用这些资源。最后，随着高等教育毛入学率的提高，大学内的人数不断增加，大学的规模不断扩张，大学内的二级学院也不例外，这给二级学院的事务管理带来较大的压力。综合以上多种因素，二级学院由“管理”到“治理”的转变是实现自身发展和激发办学活力的有益尝试。

二、概念界定和理论基础

（一）概念界定

1. 现代大学制度

现代大学制度是大学依法自主办学，理顺和规范大学与政府、社会的关系，完善大学内外部治理结构的大学基本制度。现代大学制度的基本架构包括大学与外

① [加]约翰·范德格拉夫，等. 学术权力——七国高等教育管理体制比较[M]. 王承绪，张维平，徐辉，等译. 杭州：浙江教育出版社，2001：127.

② 周川. “现代大学制度”及其改革路径问题[J]. 江苏高教，2014，(6)：22-26.

③ [美]伯顿·克拉克. 高等教育新论——多学科的研究[M]. 王承绪，徐辉，郑继伟，等译. 杭州：浙江教育出版社，2001：136.

④ 周川. “现代大学制度”及其改革路径问题[J]. 江苏高教，2014，(6)：22-26.

部关系的宏观层面和大学与内部关系的微观层面。建设现代大学制度是高等教育体制改革的关键，要真正做到自主办学、学术自由、师生主体，应改善政府宏观管理，完善大学领导体制，优化大学组织结构，保障大学民主管理，深化管理体制改革，制定大学章程。

现代大学制度是一个中国化的概念，西方学者较少直接使用这一概念。我国高等教育领域自 20 世纪 90 年代中期就开始广泛使用现代大学制度这一概念，并对其内涵和特征进行了持续研究。大学制度就是关于大学管理或治理所形成的管理或治理框架、规则体系和制度安排。应该说，无论中外，有了大学就产生了相应的大学制度。在大学发展的每一个时期都存在大学制度，无论这种大学制度是由大学演变自然形成的，还是在政府和社会的干预下形成的。在西方，中世纪大学是现代大学的源头。中世纪大学滋生和确立了大学独立、大学自治、学术自由的大学理念，开始了大学的制度化过程。大学通过比较完善的制度逐步建构成为一种定型化的、专门的、独立的学术与教育机构，形成了一种“行会型”大学制度。在德国的“第二次大学革命”中，柏林大学基于新人文主义教育理念，创造了一种研究与教学相结合的“学术社团型”大学制度。而美国威斯康星大学则创造了一种面向市场和社会需求的“社会服务型”大学制度。这种大学制度经过与亚伯拉罕·弗莱克斯纳所说的“现代大学”、克拉克·科尔所称的“多元化巨型大学”、伯顿·克拉克定义的“创业型大学”等大学理念的冲突和融合之后，传统大学逐步演化为现代大学，大学制度也相应步入现代大学制度阶段。

从世界范围来看，现代大学制度是现代社会的产物，所指的是特定时期的大学制度。它是从 20 世纪 50 年代开始，在大学逐步进入社会的中心并产生众多利益相关者之后，面对复杂的大学内外部关系和矛盾而形成的关于大学的制度安排以及指向未来的趋势。从历史演进来看，现代大学制度是大学制度在中世纪大学萌芽后，在保持大学传统、应对环境变化、响应社会需要的过程中，经历近千年的磨合和调适，“进化”到现代所形成的大学制度。我们将其称为现代大学制度，以区别于在此之前的大学制度。

关于现代大学制度的特征，教育部前部长周济同志在中外大学校长论坛报告中的论述具有代表性，即“重视大学自我发展与自我约束机制的有机统一，强调大学办学自主与社会职责的相辅相成，追求大学学术权力和行政权力的平衡和谐，鼓励大学人才培养和科学研究的密切结合”[①]。目前，要理解现代大学制度的内涵，有几个关键性认识问题需要得到进一步明确。第一，现代大学制度并非目前的、西

① 周济. 创新与高水平大学建设[J]. 国家教育行政学院学报，2006，(9)：5-10.

方国家的大学制度；第二，现代大学制度具有指向未来的理想特性；第三，现代大学制度是普适性和多样性的统一；第四，现代大学制度仍处在发展变化中。周川认为，从历史的角度看，所谓现代大学制度，其实不完全是现代的，一定程度上也是历史的，它是在高等教育长期发展的历史过程中逐渐积淀形成的，一些基本要素可以说是古已有之的；从世界的范围看，现代大学制度不仅仅是某一国的，更是国际的、世界的；从制度本身来看，现代大学制度也不是某一种单一的制度，更不是某一种具体的制度，而是多种制度的总和，是多种制度的体系。①

2. 学院

目前，我国学院存在的组织形式有四种：一是具有法人资格、可以独立开展办学活动的教育事业单位；二是存在于学校内部的某种行政管理组织，如研究生院、继续教育学院等；三是隶属于学校法人、在学校统一领导下的集教学、科研和行政管理于一体的二级组织机构，也就是我们常说的二级学院；四是高等学校与地方政府或中外企事业单位、个人联合举办的独立学院。本书中提到的学院是指第三种含义的学院，是指按不同学科、专业性质分别设置的教学、科研和行政组织机构，是大学内部管理体制的中间层次，是作为大学二级组织的实体性学院，具有实体性、主体性、自主性等特征。

3. 治理

现代意义上的治理是一个含义广泛的概念，20 世纪 80 年代以后，随着治理理论研究在西方兴起，治理一词被赋予了多种含义。治理理论的创始人之一詹姆斯·N. 罗西瑙在其代表作《没有政府的治理》中将治理定义为："一系列活动领域里的管理机制，它们虽未得到正式授权，却能有效发挥作用。与统治不同，治理是指一种由共同的目标支持的活动，这些管理活动的主体未必是政府，也无须依靠国家的强制力量来实现。"治理"既包括政府机制，但同时也包括非正式、非政府的机制，随着治理范围的扩大，各色人和各类组织等得以借助这些机制满足各自的需要，并实现各自的愿望"②。简·克鲁弗等认为，"治理"一词来自美国③，美国第一本书大学治理的专著是约翰·科森的《学院与大学治理》④一书。库伊曼和范·弗利埃特指出，"治理的概念是，它所要创造的结构或秩序不能由外部强加；它之所以发挥作用，是要依靠多种进行统治的以及互相发生影响的行为者

① 周川. 学院组织及其治理结构[J]. 中国高等教育评论，2012，(3)：118-126.

② [美]詹姆斯·N. 罗西瑙. 没有政府的治理[M]. 张胜军，等译. 南昌：江西人民出版社，2001：55.

③ de Groof，J.，Neave，G.，Svec，J. Democracy and Governance in Higher Education[M]. Boston：Kluwer Law International. 1998：8-9.

④ Corson，J. J. Governance of College and University[M]. New York：McGraw-Hill. 1960.

的互动"[①]。詹姆斯·杜德斯达和弗瑞斯·沃马克认为，治理实际上就是"在教师、托管人、全体职工和行政人员之间力量不断变化着的一种平衡"[②]。罗茨认为，"治理标志着政府管理含义的变化，指的是一种新的管理过程，或者一种改变了的有序统治状态，或者一种新的管理社会的方式"[③]。1995 年，全球治理委员会（Commission on Global Governance）发布了题为"我们的全球伙伴关系"的报告，该报告正式将治理定义为"治理是各种公共的或私人的个人和机构管理其共同事务的诸多方式的总和。它是使相互冲突的或不同的利益得以调和并且采取联合行动的持续的过程。这既包括有权迫使人们服从的正式制度和规则，也包括各种人们同意或以为符合其利益的非正式的制度安排"[④]。根据现有研究，笔者认为，治理是各利益主体在各种组织形态中，遵循分权制衡、参与合作的理念，基于保障利益相关者共同利益的目标，实现各种权力的整合、配置与运行的过程。

4. 大学治理

大学治理随着治理理论的兴起和发展而逐渐引起学者关注。1960 年，美国学者约翰·科森出版的《学院与大学的治理：结构与过程的现代化》（*Governance of Colleges and Universities：Modernizing Structure and Processes*）被称为第一本大学治理的专著，也是大学治理研究的奠基之作。1973 年，卡内基高等教育委员会将大学治理定义为"作决策的结构和过程，从而区别于行政和管理"[⑤]。马金森和康斯坦认为，"大学的治理意味着对内部关系、外部关系以及它们之间互动的综合考察，并且正是这一点可以通向对大学的自我确认，至少是通向对自我概念的考察"[⑥]。2004 年，美国著名学者罗伯特·伯恩鲍姆更深入地研究和揭示了大学治理的内涵，认为大学治理是"平衡两种不同的但都具有合法性的组织控制力和影响力的结构和过程，一种是董事会和行政机构拥有的基于法定的权力，另一种是教师拥有的权力，它以专业权力为基础"[⑦]。美国高等教育研究协会（Association for the Study of Higher

---

① Kooiman, J., van Vliet, M. Governance and Public Management[A]//Eliassen, K., Kooiman, J. Managing Public Organizations. London: Sage Publication, 1993: 64.

② [美]詹姆斯·杜德斯达，[美]弗瑞斯·沃马克. 美国公立大学的未来[M]. 刘济良，译. 北京：北京大学出版社. 2006：147.

③ [英]R. A. W. 罗茨. 新的治理[J]. 木易，译. 马克思主义与现实，1999，(5)：42-48.

④ 转引自俞可平. 治理和善治引论[J]. 马克思主义与现实，1995，(5)：37-41.

⑤ Carnegie Foundation for the Advancement of Teaching.Governance of Higher Education：Six Priority Problem[M]. New York：McGraw-Hill. 1973：11.

⑥ Marginson, S., Considine, M. The Enterprise University：Power, Governance and Reinvention in Australia [M]. Cambridge：Cambridge University Press. 2007：7.

⑦ Birnbaum, R. The end of shared governance：Looking ahead or looking back[J]. New Direction for Higher Education, 2004：15-22.

Education, ASHE)的《高等教育的组织与治理》(*Organization and Governance in Higher Education*) 给大学治理做出的界定是 "大学内外利益相关者参与大学重大事务决策的结构和过程" ①。刘恩允认为，大学治理就是为实现大学目标而设计的一套制度安排，是大学内外利益相关者参与大学重大事务决策的结构和过程，是各种权力在各个主体之间的配置与行使，包括权力分配结构（治理结构）和权力运行机制（治理过程）两个互相匹配的方面。②

笔者认为，大学治理就是大学各利益主体为实现共同目标，参与大学事务决策的结构和过程，是进行权力配置和行使的制度化或非制度化安排。大学治理有外部治理和内部治理之分。外部治理是指大学的外部制度安排，涉及大学与政府、大学与社会、大学与市场、大学与大学之间的关系，表现为大学的办学体制、投资体制和管理体制等，明确大学与政府、社会等利益相关者之间的权益关系；内部治理是指大学的内部制度设计，即一所大学内部的组织结构和运行机制，明确学校与二级学院之间的权责关系，明确大学党委、校长、教师、学生之间的互动关系。

5. 学院治理

本书的学院指的是隶属于大学的二级学院，学院治理是大学治理的核心组成部分。学院治理是大学治理在学院层面的体现，是治理理论在学院组织中的实践应用，是学院内外部利益相关者（多元权力主体）基于一定的文化基础，为实现共同目标，以民主、协商、互动等方式参与学院重大事务决策的结构和过程，是关于学院权力配置和行使的制度化或非制度化安排以及权责关系博弈和互动过程的总和。学院治理分为外部治理和内部治理，外部治理是指学院与大学、学院与学院、学院与社会的权责关系博弈和互动过程；内部治理是指学院内部各利益相关者的权责关系博弈和互动过程。

（二）理论基础

1. 治理理论

（1）治理理论的内涵

治理理论是大学治理的理论基础之一，治理理论不是指某一单个理论，而是由

① Gayle, D. J., Tewarie, B., White, Q. Governance in theTwenty-First-Century University: Approaches to Effective Leadership and Strategic Management [M]. Washington: Johns Hapkins University Press, 2005: 210-212.

② 刘恩允. 治理理论视阈下的我国大学院系治理研究[D]. 苏州大学博士学位论文，2014：17-18.

一系列理论组成的理论体系，主要有委托代理理论、法人理论和人力资本理论等。詹姆斯 · N. 罗西瑙认为，治理是指一系列活动领域里的管理机制，尽管它们没有得到正式授权，却能有效发挥作用。与统治不同，治理指的是一种由共同的目标支持的活动。这种管理活动的主体未必是政府，也无须依靠国家的强制力量来实现。①格里 · 斯托克在对目前流行的各种治理概念进行详细梳理的基础上，将治理的含义概括如下：①治理主体不仅包括政府，也包括政府以外的各种社会公共机构和行为者；②在为社会和经济问题寻求解决方案的过程中，治理主体之间存在着界限和责任方面的模糊性；③治理明确肯定了涉及集体行为的各个社会公共机构之间存在着权力依赖；④参与者最终将形成一个自主的网络；⑤解决问题的能力并不限于政府的权力、政府的发号施令或运用权威。②刘恩允总结出治理理论产生的三种社会背景：全球化是治理理论产生的外部环境；管理危机的出现是治理理论产生的社会历史根源；公民社会的兴起是治理理论实现的基础。③

上文，笔者把治理定义为各利益主体在各种组织形态中，遵循分权制衡、参与合作的理念，基于保障利益相关者共同利益的目标，实现各种权力的整合、配置与运行的过程。本书对治理理论的运用正是从这一内涵出发的。

（2）治理理论在二级学院治理中的适用性

长期以来，我国大学实行行政化的管理体制，在校一级的层面上，《中华人民共和国高等教育法》《中国共产党普通高等学校基层组织工作条例》《国家中长期教育改革和发展规划纲要（2010—2020 年）》的阐述已经基本明确，党委领导下的校长负责制是我国公办高校的根本领导体制。而学院这一层级的相关制度安排则相对模糊。2010 年 8 月修订的《中国共产党普通高等学校基层组织工作条例》在第十一条“高等学校院（系）级单位党组织的主要职责”中明确规定，“通过党政联席会议，讨论和决定本单位重要事项。支持本单位行政领导班子和负责人在其职责范围内独立负责地开展工作”④。既然“党政联席会议”是学院重要事项的最高决策机构，那么，该如何真正将党政集体领导、分工负责的领导体制落到实处？这就需要治理理论的指导。所以，治理理论对完善二级学院治理结构更有意义。如何优化行政权力、强化学术权力、倡导多元主体的治理方式，都是需要深入研究

① ［美］詹姆斯 · N. 罗西瑙. 没有政府的治理[M]. 张胜军，等译. 南昌：江西人民出版社，2001：45-69.

② 格里 · 斯托克，华夏风. 作为理论的治理：五个论点[J]. 国际社会科学杂志（中文版），1999，（1）：19-30.

③ 刘恩允. 治理理论视阈下的我国大学院系治理研究[D]. 苏州大学博士学位论文，2014：45-46.

④ 中国共产党中央委员会. 中国共产党普通高等学校基层组织工作条例[EB/OL].（2010-08-13）[2017-08-22]. http：//zzb.ncist.edu.cn/article/2016-4-26/art11398.html.

的课题。

2. 组织理论

（1）组织理论的内涵

为实现共同目标，由两个以上的人以一定形式加以编制而成的集合体就是组织。从20世纪初开始，组织理论的发展大致经历了以泰勒、法约尔、马克斯·韦伯为代表的传统组织理论，以梅奥和巴纳德等为代表的行为科学组织理论以及综合早期传统组织理论和行为科学组织理论的成果，并以系统观点来分析组织的系统管理理论三个阶段。组织理论的形成和发展是人类认识组织及其活动规律的成果，使人们可以自觉地应用这一理论有效地管理组织，以适应人类自身的组织活动。组织理论的不足之处在于它至今还缺乏统一的概念构架和核心内容。

（2）组织理论在二级学院治理中的适用性

阎凤桥在其著作《大学组织与治理》中，以中国高等教育的实践为个案，将组织理论的一般逻辑进行进一步延伸和修正，在分析大学组织目标、结构、行为、制度以及协调机制等问题的基础上，为中国大学组织的变革提供了一条可循之路，被认为是将组织理论运用到高等教育管理研究并推进高等教育研究走向专门化的一个典范。①二级学院是承上启下的机构，对上向学校负责，贯彻落实上级的方针政策；对下管理所属的系（教研室）、研究所（中心）等组织。美国社会学家帕森斯在《现代社会的结构与过程》一书中认为，任何一种组织，其本身都是一个处在各个社会系统中的社会分系统，分系统内又包括了许多小的社会系统。学校也是一个有机的系统，分为基层的“技术系统”、中层的“管理系统”和上层的“制度系统”三个层次。②就二级学院而言，技术系统包括系（教研室）、研究所（中心）等基层组织，承担着教学、科研、服务社会的任务；管理系统包括党政联席会、总支委员会和院长办工会；制度系统被帕森斯视为整个治理结构的最上层，包括规章程序和社会环境因素。三个系统之间不仅是次第关系，还是有机的系统关系。二级学院在建设内部治理结构的时候，务必要考虑到三者之间的系统性。③二级学院治理结构要处理好学术权力、行政权力、监督权力三者之间的关系。学术权力组织包括教授专家委员会、学术委员会、科研委员会、教学指导委员会等学术机构；行政权力组

---

① 林杰. 组织理论与中国大学组织研究的实证之维——读《大学组织与治理》[J]. 北京大学教育评论，2006，(4)：176-187.

② [美]T. 帕森斯. 现代社会的结构与过程[M]. 梁向阳，译. 北京：光明日报出版社，1988：48.

③ 彭贵川. 基于三大理论视野下的二级学院治理结构及其核心要素建设[J]. 宜宾学院学报，2011，(7)：21-24.

织包括党政联席会、总支委员会和院长办公会；监督权力组织包括二级教职工代表大会（以下简称“教代会”）和工会。除此之外，二级学院还存在着学生权力，其组织是学生委员会。

所以，在组织理论指导下，廓清二级学院治理结构及其核心要素，对完善二级学院治理结构、建立现代学院制度有着重要的意义。

3. 场域理论

（1）场域理论的内涵

场域理论是分析大学组织治理中权力要素及其关系的又一重要理论。场域理论是法国社会学家布尔迪厄社会理论构架中的核心概念。在布迪厄[①]和华康德看来，社会科学研究中的概念的真正意涵来自各种关系。[②]关系是场域理论的基本假设。大学组织治理涉及众多的相关利益主体，充斥着多元利益关系，这为将场域理论引入大学治理问题的研究中提供了可行性。基于布尔迪厄的分析框架，大学组织治理场域涉及的资本类型可分为文化资本、经济资本、社会资本和象征性资本，它们基于各自的行为逻辑，即知识、金钱、权力与影响力的惯习，构成多元化的关系网络，围绕着自治、控制、效率、公平、理念、效益等关系形成既相互作用又相互斗争的竞技场域。[③]

（2）场域理论在二级学院治理中的适用性

二级学院作为大学场域中的一个子系统，既存在与大学母体相同的学术特征与运行方式，也具有自身的独立特征。根据场域的特征来分析，二级学院也是一个独立的场域。基于布尔迪厄的分析框架，二级学院场域涉及的资本类型也可分为文化资本、经济资本、社会资本和象征性资本，它们基于各自的行为逻辑，即知识、金钱、权力与影响力的惯习，构成多元化的关系网络。同样，二级学院场域中的各种资本之间也存在着博弈和竞争，学院中每个竞争的主体都凭借着对于某一类型的资本的有效运用，来增加或维持他们的资本，不同主体通过运用策略，极力提升或维持他们自己优先拥有的资本类型，或者通过改变不同类型的资本之间的兑换比例，来保持自身的有利地位，在大学和二级学院治理的场域中，这种围绕着资本进行的竞争是实实在在且无处不在的。可见，场域理论对于二级学院治理研究是非常适用的。

---

① 因音译不同，此条参考文献将其译为布迪厄。

② [法]皮埃尔·布迪厄，[美]华康德. 实践与反思：反思社会学导引[M]. 李猛，李康，译. 北京：中央编译出版社，1998：133.

③ 何晓芳. 大学治理场域中的资本、惯习与关系[J]. 大连理工大学学报，2012，(3)：112-116.

三、国内外研究概况

进入 21 世纪以来，随着高等教育管理体制改革的不断深化和高等教育领域的综合改革，关于现代大学制度的研究、大学治理研究和学院制的研究引起了学界的广泛关注，无论是从理论层面还是从实践层面，都被赋予更深层次、更具时代意义的特点。

通过在中国知网（中国学术期刊网络出版总库），以“学院治理”为篇名，限定“精确”检索模式进行检索，共检索出文献 98 篇（检索时间为 2018 年 1 月 20 日），其中，有关大学二级学院治理的仅有 45 篇，博士学位论文、硕士学位论文有 2 篇。以“院系治理”为篇名，限定“精确”检索模式进行检索，共检索出文献 22 篇（检索时间为 2018 年 1 月 20 日），其中，有关大学二级学院治理的仅有 19 篇，博士学位论文、硕士学位论文有 1 篇。由此可见，国内外现行研究中有关大学二级学院治理的直接研究非常有限。但是经过检索发现，与大学二级学院治理相关联的研究，即现代大学制度的研究、大学治理研究、学院制研究却比较丰富，这些研究为学院治理研究提供了借鉴。紧扣本书的研究视角，以下拟从“现代大学制度”“学院治理”两部分对国内外研究概况进行介绍。

（一）现代大学制度的研究

通过在中国知网中以篇名包含“现代大学制度”的近 30 年（检索时间为 1987—2017 年）的文献进行检索，共检索出论文 1373 篇，其中，博硕士论文有 62 篇，最早的一篇是哈尔滨科技大学丛长福的《现代大学制度的办学原则和管理模式》，载于《中国高教研究》（1995 年第 2 期），此后几年间的有关研究甚少，直到 2000 年，袁贵仁、王冀生、杨东平、周玲等学者分别在《中国高等教育》《高教探索》等期刊上发表文章，进一步研究了现代大学制度的基本问题。《国家中长期教育改革和发展规划纲要（2010—2020 年）》于 2010 年 7 月正式颁布实施，在学术界掀起了研究现代大学制度的热潮，研究成果稳步增长。这表明，关于现代大学制度的研究已经成为高等教育研究领域的热点问题之一，并将持续升温。

综观这些文献，现代大学制度涉及许多子课题，有学者围绕“什么是现代大学制度”“怎样建设现代大学制度”两大主题开展了深入研究，还有学者围绕“现代大学制度研究”的内容、方法、价值取向等进行了研究。

1. 有关“什么是现代大学制度”的研究

有关“什么是现代大学制度”的研究是研究现代大学制度的出发点，阐明了现代大学制度的内涵、层次、特征和特性等。

（1）现代大学制度的内涵

究竟何为现代大学制度？国内学者和国外学者对于“现代”二字有着不同的诉求。国外学者认为，“现代”是社会发展积累的结果，代表着一个社会的发展历程，“理性化”是其显著的特征。[①]国外学者把“现代化”描绘成“理性化”，并且认为大学制度已经从“现代”转入“后现代”。[②]国内学者则普遍把“现代”看作一种理想的象征，他们基于一定的理论基础提出自己的观点，从不同的角度加以阐述。早在1995年发表有关现代大学制度论文的丛长福在《现代大学制度的办学原则和管理模式》中并未对现代大学制度进行定义，只是指出“适应经济发展的需要和推动社会政治进步是一种进步的大学制度所应具有的”[③]。袁贵仁最早指出“现代大学制度就是在政府的宏观调控下，大学面向社会依法自主办学，实行民主管理”[④]，此定义被后续研究者多次引用。

经归纳，学者对“什么是现代大学制度”有下面几种不同的理解。

观点一：现代大学制度是起源于西方、与中世纪大学制度相对应的大学制度，是一种业已存在的制度，是以包含大学自治和学术自由等内容的制度。北京大学韩水法教授提出，1810年，在洪堡主导下建立柏林大学，从那时起就为现代大学制度奠定了基础。持该观点的学者认为，目前我们建设现代大学制度就是恢复和仿造那种所谓的制度设计。

观点二：现代大学制度是从现代企业制度中移植过来的，是现代企业制度在大学领域中的创造性应用。大学与现代企业制度相结合，借鉴现代企业制度理性化设计以提高大学组织的效率及效益。现代企业制度涉及企业与政府、企业与市场以及企业内部管理体制问题，包括现代企业产权制度、组织制度和管理制度，同样，政府与大学、政府与社会以及大学内部治理结构问题是现代大学制度涉及的问题，也包括大学产权制度、组织制度和管理制度等，现代大学制度与现代企业制度之间有着相似性，可以运用企业管理理论来构建现代大学制度。张维迎认为，大学的理念与企业不同，但大学的管理与企业的管理是有一些共性的，因为大学也是一个由人组成的组织。[⑤]杨望成和熊志翔认为，建立现代大学制度就是实现专业化管理，实

---

① 余碧平. 现代性的意义与局限[M]. 上海：上海三联书店，2000：2.

② [美]道格拉斯·凯尔纳，[美]斯蒂文·贝斯特. 后现代理论——批判性的质疑[M]. 张志斌，译. 北京：中央编译出版社，1999：15.

③ 丛长福. 现代大学制度的办学原则和管理模式[J]. 中国高教研究，1995，（2）：42-43.

④ 袁贵仁. 建立现代大学制度推进高教改革和发展[J]. 中国高等教育，2000，（3）：21-23.

⑤ 张维迎. 大学的逻辑[M]. 北京：北京大学出版社，2005：52.

现大学产权和办学权的分离，这与现代企业制度中实现所有权与经营权的分离是相似的。[①]

观点三：现代大学制度是针对传统大学制度而言的，传统大学制度是建立在计划经济体制下的，现代大学制度则与市场经济体制相适应。传统大学制度在当时的历史条件下促进了我国高等教育的发展，但是随着市场经济的发展，传统大学制度下政府与大学之间的单纯隶属关系大大制约了大学的创新和发展，有必要建立与市场经济体制相适应的现代大学制度。董云川认为，传统大学制度与计划经济体制相匹配，表现为大学无自主权，按照政府的指令运行。[②]宋旭红也认为，现代大学制度遵循和体现学术自治、学术自由和学术责任等基本原则，体现大学精神特质，实现自我发展、自我约束的运行机制，与市场经济体制相适应。[③]

观点四：现代大学制度是一种以促进社会发展和人的发展为目的的新型制度。别敦荣提出了这样的观点，即现代大学制度是在解决现存大学制度积弊的基础上建立起来的新的大学制度，不是历史上的德国大学制度和美国大学制度，也不是旧中国的大学制度。[④]王洪才指出，对于大学制度的认识，人们认为需要用一种新型的或全新的制度模式来替代。人们在能够寻找到的语汇中选中了"现代"一词，用"现代"指代大学制度进展的方向，希望在"现代"的框架内来克服现存大学制度中的种种弊端，并认为"现代"理论具有强大的道义力量，能够赢得政府同意，代表人心所向，从而成为对改革前途设计的共同话语平台。[⑤]张俊宗也认为，建立现代大学制度，首先需要对现行大学制度的缺陷与问题加以诊断。[⑥]邬大光认为，我国现代大学制度无论是宏观层面还是微观层面都表现出与社会转型的不适应，都面临着重新构建的问题。[⑦]

近年来，现代大学制度的含义在第四种观点的基础上得以发展，逐渐全面且清晰。有代表性的学者的观点也趋于一致，并在学界占主流。张应强和蒋华林从四个方面对现代大学制度加以界定，认为现代大学制度不是目前西方国家的大学制度，具有指向未来的理想特性，是普适性和多样性的统一，是一直在发展变化中的制

---

① 杨望成，熊志翔. 现代大学制度的基本特征[J]. 佛山科学技术学院学报（社会科学版），2004，（1）：77-82.

② 董云川. 现代大学制度中的政府、社会、学校[J]. 高等教育研究，2002，（5）：28-32.

③ 宋旭红. 我国现代大学制度建构的三个层次[J]. 辽宁教育研究，2004，（10）：42-43.

④ 别敦荣. 我国现代大学制度探析[J]. 江苏高教，2004，（3）：1-3.

⑤ 王洪才. 试论现代大学制度建设的价值导向[J]. 复旦教育论坛，2005，（3）：21-26.

⑥ 张俊宗. 我国现行大学制度的缺陷及成因分析[J]. 西北师大学报（社会科学版），2004，（2）：96-100.

⑦ 邬大光. 论建立有中国特色的现代大学制度[J]. 中国高等教育，2006，（19）：13-15.

度。[①]著名学者周川分别从时间和空间的视角，以历史的角度和世界的范围加以分析，认为现代大学制度既是现代的，也是历史的，是在长期发展的过程中逐渐积淀形成的；现代大学制度不仅是某一国的，更多的是国际的和世界的。另外，他还从现代大学制度本身来分析，得出现代大学制度不是某种单一的和具体的制度，而是多种制度的总和的结论。[②]马陆亭重申了别敦荣的观点并对其加以发展，指出现代大学制度是针对我国大学目前所承担的现实使命，在解决有关问题的基础上建立起来的有助于学术创新和学生健康成长的制度，以现代冠名表示要与过去不同，体现改革的精神。[③]王洪才的说法就更简明扼要，指出现代大学制度就是适合中国经济社会发展与教育需要的大学制度。[④]方晓田和王德清认为，所谓现代大学制度就是一种独立自主的办学制度，它以制度形式确立了大学办学独立自制，不受政府和社会的干扰，校务独立，思想开放，学术自由。[⑤]别敦荣在综述我国学术界对现代大学制度基本范畴的认识之后，介绍美国学者罗斯布莱特关于现代大学制度的阐述，提出现代大学制度包括制度精神、法人制度、行政制度和职能制度等四个方面的内容。[⑥]

（2）现代大学制度的层次、特征和特性

现代大学制度的层次主要有两层次说和三层次说两种基本的观点。

两层次说主要是指现代大学制度可分别分为宏观与微观、他治与自治、办学体制与管理体制等层次。例如，眭依凡认为，现代大学制度可分为大学他治和大学自治两个层次，大学他治体现在宏观层面，大学自治体现在微观层面。[⑦]刘朝晖认为，现代大学制度是宏观和微观两个层面制度的有机统一，宏观层面指的是国家高等教育管理层面的制度，微观层面指的是大学内部治理的制度。[⑧]

三层次说普遍是指现代大学制度可分为大学与外部组织、大学与内部组织以及大学与大学之间三个方面。袁贵仁认为的三层次是大学与政府、社会的关系，大学与教师、学生的关系以及大学与大学的关系。[⑨]赵文华认为，“现代大学制度是在

---

① 张应强，蒋华林. 关于中国特色现代大学制度的理论认识[J]. 教育研究，2013，(11)：35-43.

② 周川. “现代大学制度”及其改革路径问题[J]. 江苏高教，2014，(6)：22-26.

③ 马陆亭. 从高等教育体制改革到现代大学制度建设[J]. 中国高等教育，2013，(21)：19-22.

④ 王洪才. 现代大学制度建设的根本在于创造[J]. 中国高等教育，2012，(24)：1.

⑤ 方晓田，王德清. 关于现代大学制度建设的三维思考[J]. 江苏高教，2013，(6)：21-23.

⑥ 别敦荣. 论现代大学制度的基本范畴[J]. 现代教育管理，2013，(10)：1-9.

⑦ 眭依凡. 从宏观和微观结合上关注大学制度创新[J]. 中国高等教育，2003，(23)：12-14.

⑧ 刘朝晖. 中国特色现代大学制度视域下的大学权力结构运行探析[J]. 高等农业教育，2007，(9)：11-13.

⑨ 袁贵仁. 建立现代大学制度推进高教改革和发展[J]. 中国高等教育，2000，(3)：21-23.

社会主义初级阶段条件下，与市场经济体制和高等教育发展需要相适应的大学外部关系、内部组织结构及大学成员行为规范的体系”，同时提出“大学外部关系主要是指大学与政府和社会的关系，大学的内部组织结构是指大学的领导体制和管理体系，大学成员行为规范体系主要是指明晰教师、学生、管理人员个人的责、权、利的规章、政策和行为准则”①。同时，钱强认为，“现代大学制度涉及三个层面的问题，一是政府与大学之间的关系，二是大学与社会之间的关系，三是大学内部管理和治理结构的问题”②。王洪才认为，“现代大学制度需要处理的关系就是大学与政府的关系，大学与社会发展需要的关系、大学发展与学术发展内在需要的关系和大学发展和学生发展需要的关系”③。宋旭红提出的三层次说与其他学者的视角不同，认为现代大学制度可分为基于理念层面的现代大学制度的根本制度，处理大学内部事务所必须遵循的原则及体现大学学术组织的基本属性的现代大学的一般制度和大学自我发展、自我约束运行机制在大学内部制度中体现出的现代大学的具体制度。④

笔者认为，无论是两层次说还是三层次说，其只是学者在进行研究分析时选取的分类方法和角度的不同，分层分析有助于大家加深对现代大学制度的认识。

特征是指一事物异于其他事物的特点，这里所阐述的特征是现代大学制度异于“非现代”的大学制度的特点，关于这些，学者也是各抒己见。杨化仁等认为，我国是社会主义国家，应当实行在政府的宏观管理和学校党委的领导下，以“学校自治、教授治学、校长治校、科学管理”为基本特征的，有中国特色的现代大学制度。⑤李巧林等认为，现代大学制度的基本特征是“大学自治、学术自由、教授治校、以人为本”⑥。另外，张增泰认为，现代大学制度应该具有“党委领导、校长行政、教授治学、民主管理”⑦四种基本特征。赵文华认为，“现代大学制度的基本特征是政府宏观调控、大学依法自主办学、民主管理、社会评估监督；举办者、行

① 赵文华. 建立现代大学制度 加快我国研究型大学建设[J]. 上海交通大学学报（社会科学版），2002，（2）：87-90.

② 钱强. 从教育属性视角辨析现代大学制度与现代企业制度[J]. 温州大学学报（社会科学版），2007，（7）：102-106.

③ 王洪才. 论现代大学制度的雏形[J]. 中国高等教育，2007，（13）：33-35.

④ 宋旭红. 我国现代大学制度建构的三个层次[J]. 辽宁教育研究，2004，（10）：41-43.

⑤ 杨化仁，吴振声，孙欣. 建立具有中国特色现代大学制度的探讨[J]. 辽宁教育研究，2006，（10）：20-24.

⑥ 李巧林，王章豹，龙巨东. 试论现代大学制度的构建[J]. 合肥工业大学学报（社会科学版），2005，（4）：2-3.

⑦ 张增泰. 关于建立现代大学制度的思考[J]. 工会理论研究，2005，（2）：42-44.

政管理者、办学者、学习者责、权、利分明”[①]。黄永军认为，“现代大学制度的基本特征概括起来主要有三个方面：一是面向社会自主管理，二是民主管理，三是法治化管理”[②]。

特性是指某事物所特有的性质，也指特殊的品性、品质。笔者从查阅的相关文献中发现，关于现代大学制度的特性有现代性、相对性、开放性、适应性等10多种描述。刘明生认为，“现代大学制度有以下几个特性：相对性、动态性、时代性、开放性、自主性、参与性和自律性”[③]。王洪才提出，“现代大学制度在结构上具有四个方面的基本特性：开放性、适应性、民族性和国际性，其核心特征是适应性”[④]。魏洪沼在基于“世界一流大学的一个共同特点是‘现代性’”的前提下，提出我国“现代大学制度要体现现代性”[⑤]。别敦荣指出，“现代性是大学制度发展进入社会历史的现代时期后所获得的一种属性，但它并不排斥古典性，现代性是大学制度的传统性的延伸和发展。现代大学制度不仅存在于当代，而且还面向未来发挥作用”[⑥]。伯顿·克拉克提出，尽管各个国家的改革步伐和推进程度以及为推进新型治理制度而选用的机制和工具或多或少有所不同，但方向是相似的，现代大学有时会被迫变得更具创业性，能够采取更具有竞争性的类似市场化的行为，以更好地适应外部环境的需要。[⑦]

2. 有关“怎样建设现代大学制度”的研究

有关“怎样建设现代大学制度”的研究可谓不计其数，进入21世纪以来，各类论述经久不息。袁贵仁认为，建立现代大学制度，基础在大学，关键在政府，根本在法治。[⑧]

大学自主办学是世界主要国家的基本特点。德里克·博克指出，“享有不受政府控制的自由是美国大学突出的特点”[⑨]。德国以1998年《高等学校总纲法》的第四次修订为标志，在高等教育领域实施外部管理体制改革，以减少政府对高校在细

---

① 赵文华. 建立现代大学制度，加快我国研究型大学建设[J]. 上海交通大学学报（社会科学版），2002，（2）：87-90.

② 黄永军. 现代大学制度的本质是自组织[J]. 国家教育行政学院学报，2005，（5）：56-59.

③ 刘明生. 构建中国现代大学制度析探[J]. 邯郸学院学报，2007，（4）：45-53.

④ 王洪才. 论现代大学制度的结构特征[J]. 复旦教育论坛，2006，（1）：32-38

⑤ 魏洪沼. 建立现代大学制度的几点思考[J]. 国家教育行政学院学报，2007，（7）：17-20，16.

⑥ 别敦荣. 论现代大学制度之现代性[J]. 教育研究，2014，（8）：60-66.

⑦ Clark，B. Creating Entrepreneurial Universities：Organizational Pathways of Transformation[M]. Oxford：Pergamon-Elsevier Science. 1998：6.

⑧ 袁贵仁. 建立现代大学制度推进高教改革和发展[J]. 中国高等教育，2000，（3）：21-23.

⑨ [美]德里克·博克. 美国高等教育[M]. 乔佳义，译. 北京：北京师范学院出版社，1991：3.

节上的干预，赋予高校办学自主权。[1]英国的大学在招生、课程设置、评价、学校管理和教职员聘任五个维度上保持高度自治。[2]张应强提出，在全球化背景下，现代大学制度改革主要集中于四大核心主题：政府放权、市场介入、大学自主、学术自由。[3]马陆亭也认为，现代大学制度的框架结构应强化建立政府与大学间的新型目标管理关系，要明确大学的治理机构，要建立规范性的大学章程制度。他还就当前我国现代大学制度建设提出几点思考：现代大学制度的建设有助于保证内涵式发展；现代大学制度建设需要把科学理念转化为治理结构；章程是现代大学制度建设成果的结晶。建设现代大学制度要界定好大学与政府、社会的关系，明确大学的治理结构，并以规范性的章程为保证。[4]

王洪才的观点与其也有相似性，他指出，建设现代大学制度就必须重新梳理大学与政府的关系、大学与社会的关系、大学与教授的关系、大学与学生的关系，这些关系的合理确定就是制定大学章程要做的工作。他又说，“本质上讲，现代大学制度建设是一种创造”[5]。许杰在总结建设中国特色现代大学制度成效与经验的基础上，分析建设现代大学制度过程中的深层次矛盾和不确定因素，提出四条对策：需要加强理论和实践的探索；落实和扩大学校办学自主权；做好以章程为载体的制度建设；彰显学术，调整大学内部治理结构。[6]刘献君指出，在现代大学制度建设中要关注四个方面的内容：加快推进大学章程建设；坚定实行党委领导下的校长负责制；协调制衡学术权力与行政权力；努力加大师生民主参与力度。[7]方晓田和王德清从宏观、中观、微观三维视角入手，宏观层面上论述政府宏观管理、市场适度调节、社会广泛参与、学校依法自主办学；中观层面上完善领导体制、学术主导、制度规范；微观层面上论述教师、管理和学生三支队伍建设。[8]

近年来，有关“怎样建设现代大学制度”的研究更具实践意义。王洪才和赵琳琳指出，建立现代大学制度必须落实到具体行动上，提出了四个步骤：一是确立现代大学的核心精神；二是完善大学立法；三是修订《中华人民共和国高等教育法》，

---

① Bogumil, J., Heinze, R. G. Neue Steuerung von Hochschulen. Eine Zwischenbilanz[M]. Berlin：Edition Sigma，2009：7.

② 和震. 西方大学自治理念的演进[J]. 学术研究，2003，(10)：119-122.

③ 张应强. 全球化背景下的我国现代大学制度改革[J]. 高等教育研究，2013，(9)：1-7.

④ 马陆亭. 现代大学制度建设重在完善治理结构[J]. 中国高等教育，2012，(24)：16-19.

⑤ 王洪才. 现代大学制度建设的根本在于创造[J]. 中国高等教育，2012，(24)：1.

⑥ 许杰. 建设中国特色现代大学制度：成效、问题与对策——基于试点院校的探索实践[J]. 教育研究，2014，(10)：57-64，72.

⑦ 刘献君. 中国特色现代大学制度建设的思考[J]. 中国高等教育，2012，(24)：13-15.

⑧ 方晓田，王德清. 关于现代大学制度建设的三维思考[J]. 江苏高教，2013，(6)：21-23.

确立大学与政府、大学与社会、大学与大学及大学内部的基本关系准则；四是激励大学进行现代大学制度创新实验。[①]胡建华指出，大学与政府的关系是构建现代大学制度的重要基础，要实现大学与政府关系的法律化，第一要做到有法可依，要有比较完备的法律条文；第二要做到有法必依，法律必须得到执行与落实。[②]董凌波和冯增俊提出，当前我国现代大学制度改革的当务之急是要建立能够限制各种权力的法律机制。[③]

有学者从跨学科的角度提出现代大学制度建设的新思路，探索现代大学治理的新途径。杨克瑞和谢作诗提出现代企业治理理论的重要发展就是重视人力资本产权激励机制，这对于大学组织同样具有借鉴意义，通过人力资本产权的激励实现大学组织的创新，形成党委领导下的校长负责制与学者民主参与的大学评议会权力结构的有效结合。[④]罗志敏从伦理关系这一核心概念入手阐释现代大学制度，并提出有关大学伦理关系呈现、解析与建构理论解释框架[⑤]，不失为推进现代大学制度研究与实践的一种新思路。

胡建华提出，大学去行政化是构建现代大学制度的重要一环，大学去行政化的实质就是改变大学之于政府的从属关系和大学内部学术权力之于行政权力的从属关系。[⑥]马陆亭也提出一个方案，大学构建以学院为基础的联邦制共同体，学院构建以教授委员会为主导的教师共同体，校学术委员会对学院学术决策予以指导和制衡。[⑦]这些研究都从一个侧面说明了本书的价值。

3. 有关“现代大学制度研究”的研究

现代大学制度研究呈如火如荼之势，也有不少学者对“现代大学制度研究”进行了研究。有学者对现代大学制度建设研究进行了综述，也有学者对现代大学制度研究的价值取向进行了分析，还有学者对现代大学制度研究的文献进行了计量分析，这些对“现代大学制度研究”的研究有利于我们更清楚地认识有关“现代大学制度研究”的现状、进展和不足，为下一步的研究打好基础。

例如，罗志敏在《现代大学制度问题研究：当代挑战与路径转换》中通过对检

---

① 王洪才，赵琳琳. 现代大学制度：缘起、界定与突破[J]. 江苏高教，2012，(3)：31-33.

② 胡建华. 从文件化到法律化：改善大学与政府关系之关键[J]. 苏州大学学报（教育科学版），2015，(4)：4-6.

③ 董凌波，冯增俊. 我国现代大学制度构建基础的缺失与重建[J]. 现代教育管理，2014，(8)：6-12.

④ 杨克瑞，谢作诗. 人力资本产权激励与现代大学制度建设[J]. 复旦教育论坛，2015，(6)：39-43.

⑤ 罗志敏. 现代大学制度问题研究：当代挑战与路径转换[J]. 清华大学教育研究，2012，(6)：100-105.

⑥ 胡建华. 略论大学去行政化[J]. 中国高教研究，2014，(2)：1-4.

⑦ 马陆亭. 当前现代大学制度建设的两个着力点[J]. 苏州大学学报（教育科学版），2015，(4)：12-13.

索出的以“现代大学制度”为题名的577条文献进行整理分析后，发现学界形成了以下一些研究取向：聚焦于起源与本质的历史学取向；聚焦于理念与精神的文化学取向；聚焦于组织与制度的管理学取向；聚焦于法治与权力的法理学取向；聚焦于生态观关照下的生态学取向；还有社会学取向、哲学取向、政治学取向等。他认为这些研究取向存在一些无法回避的问题：研究与探讨的问题集中但视角狭隘；提出的观点大都理想化，缺乏可操作性；专注于制度本身，缺乏对制度操作者，也就是人的作用的探讨，也缺乏对制度生成机制的探讨，更缺乏对现代大学制度内外部关系与连接的分析与探讨。[①]张倩和蔡文伯在《基于文献计量分析的现代大学制度研究》中得出研究主题分布不平衡、关注点较为分散、合作研究有待增强、研究成果分布较为分散等问题。[②]孟亚和李慧玲以2000年以来的584篇期刊论文、108篇博硕士论文为样本，采用内容分析法，梳理了现代大学制度研究的现状、问题及走向，发现在研究方法上，大量的文章集中在概念分析（占68%）上，个案分析只占3.9%，实证分析文章为0，与国外同类研究相比，差距非常明显。[③]英国学者泰特的研究成果表明，在欧洲等地区的高等教育研究文献中，概念分析只有4%，多变量分析（实证分析）为26%。[④]

4. 现代大学制度研究的现实反思

研究热点是一个时期内学科研究的重点，高等教育研究的热点是高等教育理论和实践发展中的热点，现代大学制度研究无疑就是当今高等教育领域研究的热点之一。现代大学制度既是一个重要的理论问题，又是一个重要的实践问题。多年来的研究构建了一定的理论体系，学者对相关概念进行了界定，在许多方面也渐成共识，为我国现代大学制度建设提供了理论指导和实践支持。但是，有关现代大学制度的研究还存在不足，表现在以下几个方面。

第一，研究主题分散，缺少系统性。现代大学制度前期的研究体现了较强的探索性，但后期的研究从内容上看，基本上是对前期研究的重复或深化，缺乏对具有中国大学特色的现代大学制度改革模式的探索。研究成果大多数只是从某个侧面反映现代大学制度的某些问题，较为零碎，研究处于提出问题、形成理念、阐述意义阶段，没有形成系统的研究成果。

第二，研究深度不够，缺少创新性。大多数研究还处于研究问题的表面，没

---

① 罗志敏. 现代大学制度问题研究：当代挑战与路径转换[J]. 清华大学教育研究，2012,（6）：100-105.

② 张倩，蔡文伯. 基于文献计量分析的现代大学制度研究[J]. 高教探索，2014，（2）：30-35.

③ 孟亚，李慧玲. 现代大学制度的研究评析[J]. 教育评论，2014，（9）：3-5.

④ [英]马尔科姆·泰特. 高等教育研究：进展与方法[M]. 侯定凯，译. 北京：北京大学出版社，2010：28.

有进行深入的分析，没有从准确把握大学的本质出发，阐明大学组织与其他组织的区别，把握大学的特性，没有触及现代大学制度的本质和改革的关键问题，而是把现代大学制度界定在一个固定的、僵化的框架中进行研究，缺乏追求独特性的创新精神。

第三，研究理论有余，缺少实践性。现有研究通过概念分析，特别是借鉴西方经验形成了一些理论研究成果，涉及案例分析和数据分析的研究少之又少，不成体系，没有在总结经验的基础上对存在的问题进行思考，从而更好地指导实践，对我国高校正在进行的现代大学制度试点改革的关注度不够，缺乏系统调研和分析，没有形成比较系统、科学、完善且又有针对性、时效性、可操作性的理论和实践体系。

第四，研究视角狭窄，缺少多样性。现代大学制度的建设是一个系统工程，涉及政治、经济、文化、教育、法律等多方面知识，研究现代大学制度不能只局限于教育学的视域。现行的研究对其他学科知识的借鉴度和运用度不够，从其他学科视角研究现代大学制度的文献也不多，缺少综合运用多学科知识，从政治学、法学、经济学、社会学等视角进行综合研究。另外，前文也已阐述，研究方法局限于概念分析，缺少实证和案例研究。

教育研究应以问题为导向，同样，现代大学制度研究也应针对高等教育的现实问题。高等教育的不断发展必然导致现代大学的不断发展，现代大学制度的研究也永远是一个不断发展的课题。分析研究现状，认清存在问题，必然会给后续研究者拓展研究思路和研究空间，奠定坚实的基础。

（二）学院治理的研究

进入 21 世纪以来，随着高等教育管理体制改革的不断深化，高等教育领域的综合改革全面推进，有关学院制的研究如火如荼。笔者于 2018 年 1 月 20 日通过中国知网以篇名包含“学院制”进行检索，共检索出论文 274 篇，其中博硕士论文有 19 篇；以篇名包含“学院治理”进行检索，共检索出论文 64 篇，其中硕士论文有 2 篇，研究“独立学院治理”的就有 22 篇；以篇名包含“二级学院治理”进行检索，共检索出论文 14 篇，其中仅 1 篇硕士论文；以篇名包含“院系治理”进行检索，共检索出论文 13 篇，其中仅 1 篇博士论文，为苏州大学刘恩允博士的《治理理论视阈下的我国大学院系治理研究》。从发表年份上看，以篇名包含“学院治理”的科研成果在 2000 年为 1 篇，2005 年为 2 篇，2007 年为 6 篇，2008 年为 8 篇，2009 年为 4 篇，2010 年和 2011 年皆为 5 篇，2012 年和 2013 年皆为 3 篇，

2014—2017年分别为4篇、5篇、6篇和12篇。由此可见，近几年，学界关于“学院治理”的研究逐渐增多，但从整体上看，学界关于“二级学院（系）”的研究非常少。根据所获得的文献，围绕学院治理问题进行的研究主要集中于学院制的研究、学院组织结构研究、学院运行机制研究以及学院治理比较研究等方面。为此，关于现有学院治理研究的文献梳理也将从上述几个方面展开。

1. 学院制的研究

关于学院制的内涵众说纷纭，没有形成一个完整的、简约的、被大多数学者认可的概念。在西方教育发展史上，学院制是特定历史时期的产物，因而有其特定内涵。“纵观西方大学的学院制，归结其核心内容为学院是大学权利的主题，学院内部成员就大学管理中的问题共同协商、集体决策的方式与制度。学院或其成员控制大学一切事务，大学组织相对松散，这种组织与制度亦被称为学院模式，中世纪大学学院的组织形式与制度规章统称为学院制。”①宣勇认为，学院制的内涵有三点：一是大学内部的一个从事教学、科研和管理的实体性机构；二是在学校的校、院、系三级管理中，它是学校管理工作的重心；三是直接参与培养人才、开展科学研究、提供社会服务。②闵维方教授分析了学院制改革的动因和阻力，指出学院制的再度兴起不等于传统意义上的简单回归，而是在新的起点上得到不断丰富和发展，高校二级学院的建立和发展，有利于实现校与系之间的学科门类层面的行政职能，使集权与分权结构能够更好地结合，大大提高大学的管理绩效。③阎光才提出了大学组织结构的知识品性的三种模式：一是以纯粹知识的创造和生产为目的的传统模式；二是以知识的传播为目的的学院制模式；三是以知识的广泛应用和开发为目的的学院制模式。④耿华萍认为，二级学院不仅是一种组织结构形式，还应该是一种管理理念，是一种进行分权管理，将实体性、依附性、目标性贯穿到大学一切管理活动中的管理理念。⑤贺国庆也持相似的观点，认为大学的学院制应该是一种建立在把学院定位于学科群体和学术机构观念上的学术与行政相结合的制度，并且不断追求学科发展的目标与境界才是实施学院制的最根本目的。它不仅是一种组织结构形式，也应该是一种管理理念。⑥严燕指出，学院制是大学以学院为实体性主体和管理重心，凸显培养人才和发展学科等职能目标的内部组织结构形式与管

---

① 赵俊芳. 论大学学术权力——教育政治学的研究视角[D]. 吉林大学博士学位论文，2006：105.

② 宣勇. 大学组织结构研究[M]. 北京：高等教育出版社，2005：143.

③ 闵维方. 高等教育运行机制研究[M]. 北京：人民教育出版社，2002：247-272.

④ 阎光才. 识读大学：组织文化的视角[D]. 华东师范大学博士学位论文，2001：39-41.

⑤ 耿华萍. 改革中的我国大学学院制研究[D]. 扬州大学硕士学位论文，2005：27.

⑥ 贺国庆. 欧洲中世纪大学[M]. 北京：人民教育出版社，2009：157.

理模式，实体性是提高学院制运行效率的保证。[①]朱建成论述道，所谓学院制，是指学院在大学总的目标、原则的指导下，拥有与它的责任、任务相一致的足够的权力与利益，真正成为充满活力的办学实体。[②]杨如安指出，学院制是指大学以学院为管理中心，具有实体性、主体性、自主性特性的大学内部组织结构形式和管理模式，概括为“一中心三特性”。[③]

学院设置是学院制研究的重要内容，是学院组织结构设计和职能划分的关键问题，是大学内部治理结构的重要一环。那么，大学应该根据什么来设置学院？应该设置多少学院合适？许多学者对国内外大学的学院设置情况进行了比较研究。

一个是学院设置的原则问题。根据学科发展和社会需求设置学院，尤其是按学科群来设置学院，增加学院学科容量，已成为研究者的普遍共识。史秋衡在论文《大学学院制的设置标准》中通过对中美两国大学的比较以及对国内大学学院的研究得出学院设置的几种情况：一是按传统的一级学科设置学院；二是将学校若干科类相近的系合并成一个或几个学院，以体现该校的强项和优势所在；三是跨一级学科设院；四是由于形势所迫或机遇（如联合办学机会）而成立学院；五是由于行政级别的攀比或搞个人学术小圈子而建院等。[④]郭桂英根据学科分类体系分析了按照学科群建院的基本原理，指出按学科群建院顺应了科学发展综合化的趋势，也适应了社会对新型人才培养的需要，并结合学科跨度、社会需求、大学性质等多种因素对学院建制进行了结构设计。[⑤]时伟强调，学科是大学存在的根基，院系结构的调整必须坚持学科原则。[⑥]严燕提出，学院制的内涵要求学院的设置要遵循管理幅度原则、发展学科原则、情境性原则。[⑦]林健根据学院的目的性、实体性、发展性、特色性和包容性五个特点，提出学院设置的五个原则：战略目标原则、学科发展原则、精干高效原则、权责对等原则和动态适应原则。[⑧]贾莉莉指出，世界一流大学的学院主要按照学科门类进行设置，而我国大学的学院设置则主要按照一级学科进行设置，因此，我国大部分学院的学科基础范围偏窄，学科容量偏小，不利于与国外大学开展对等的国际交流与合作，所以，要顺应国际潮流，按

---

① 严燕. 学院制的内涵与学院的设置[J]. 教育研究，2005，(10)：76-79.
② 朱建成. 学院制改革浅析[J]. 高教探索，2008，(3)：35-38.
③ 杨如安. 学院制的内涵及其特性分析[J]. 教育研究，2011，(3)：41-44.
④ 史秋衡. 大学学院制的设置标准[J]. 有色金属高教研究，1995，(1)：64，69.
⑤ 郭桂英. 学科群与学院制[J]. 高等教育研究，1996，(6)：45-49.
⑥ 时伟. 论学科发展与院系调整[J]. 江苏高教，2007，(5)：32-35.
⑦ 严燕. 学院制的内涵与学院的设置[J]. 教育研究，2005，(10)：76-79.
⑧ 林健. 大学校院两级管理模式中的学院设置[J]. 国家行政学院学报，2010，(10)：17-24，16.

照学科门类设置学院。[①]王为正提出以学科（群）关系为标准设立学院。[②]樊华强指出，学院应当是一个学科群，不只是二级学科的学科群，一般应是一级学科的学科群。[③]

另一个是关于学院设置的规范和数量问题。从以往文献来看，学界已基本达成共识，认为当前我国大学学院设置不够规范、数量过多、管理跨度太大，不利于提高管理效率。许多学者对国内外大学进行了比较研究。刘少雪等指出，我国名牌大学的学科综合化程度不高，学院设置大多以一级学科为基础，按学科大类设置的学院所占比例较小，与国外学院设置模式相反，借鉴美国学科专业目录（Classification of Instructional Programs，CIP）设置及世界著名大学学院设置的经验，建议国家制定统一的学科专业目录，科学合理地划分学科门类，规范一级学科设置，淡化二级学科设置，为新兴学科和交叉学科预留发展空间，名牌大学整合院系体制，减少学院数量，提高学院设置的学科层次，按学科大类或学科群设置学院。[④]贾莉莉比较了美国研究型大学和我国部分“985 工程”高校的学院设置状况，发现在学院设置的数量、标准、类型和学科覆盖率等方面存在较大差异。我国大学学院设置的数量远远多于美国的大学，在学院设置标准上，我国大学多数学院以一级学科为设置标准，美国研究型大学学院大多以学科门类或学科群为设置标准，此外，我国大学学院设置有贪大求全的现象。他们建议从规范学院设置、建立弹性化基层组织、建立超文本组织等方面调整我国研究型大学学院设置。[⑤]樊华强分析了中美研究型大学学院设置情况，分析了中美研究型大学学院设置存在差异的三个原因，即宏观政策导向不同、院长权力构成不同、人才培养目标不同，提出了学院设置应有利于人才培养，应有利于推动学科发展，应有利于提高管理效率，最后提出了国内高校应减少学院数量，以学科群设立学院的建议。[⑥]可见，学院设置要以学科为基础，学院设置的目的就是要最大限度地促进学科的发展。林健在《大学校院两级管理模式中的学院设置》中得出结论：一所大学的学院数目以 10 个为宜，最多不超过 15 个，理由是各种层次和类型的大学不可能有一个固定的学院数目，各所大学要结合本校的实际情况确定可以设置的学院数目，大学学院数目的确定应主要考虑学院的实体化程度和大学的内部管理水平两个因素，然后综合考虑其他

① 贾莉莉. 学科视角下的中美研究型大学学院设置比较分析[J]. 中国高教研究，2009，(7)：51-54.
② 王为正. 合并高校校院两级间的权力博弈与分层治理[J]. 教育研究，2010，(8)：45-48.
③ 樊华强. 中美研究型大学学院设置之比较[J]. 高教发展与评估，2012，(7)：64-69.
④ 刘少雪，等. 创新学科布局规范院系设置[J]. 清华大学教育研究，2003，(10)：66-75.
⑤ 贾莉莉. 学科视角下的中美研究型大学学院设置比较分析[J]. 中国高教研究，2009，(7)：51-54.
⑥ 樊华强. 中美研究型大学学院设置之比较[J]. 高教发展与评估，2012，(4)：64-69，123.

影响因素。①

2. 学院组织结构研究

二级学院作为以学科为基础设置的实体性机构，其组织形式直接决定着学院学术本位职能的实现。关于学院组织结构研究的著作和文章都较多，有的从大学、学院的内部组织来进行研究，有的从外部组织进行研究，有的从其功能方面进行研究，还有的从组织原则和组织结构的设计方面进行研究。胡建雄等从学科建设入手，进而对大学、学院和系的设置等问题进行研究。②贾效明和焦文俊指出，“学院治理结构的改革要遵循‘党为核心、行政管理、教授治学、民主参与’的基本原则”，进而“落实和完善‘党政分工合作、共同负责’的学院领导体制”③，在此基础上注重发挥学术权力的作用。教授委员会是学术权力的载体，因此，教授委员会在学院治理结构中具有特殊意义。有的研究正是从教授委员会入手进行分析，尝试探索学院治理结构的建设。薛传会和王立新的研究表明，“学院行政权力过大”“学术集权现象严重”“民主管理流于形式”等是我国大学学院治理存在的主要问题，为此，要平衡行政权力与学术权力之间的关系，就必须设立教授委员会，“建立党政管理、教授治学、教职工民主管理‘三位一体’的分工协作、相互支持的互动协调机制”④。周川认为，作为学术组织的学院和作为行政组织的学院，要想纵横交错形成伯顿·克拉克所描绘的那种“矩阵”，关键就在于找到这个“矩阵”的平衡点，既确保学术权利，又合理行使行政权力；既突出学术的根本，又不失行政的效率。据此，他对学院治理结构做了四个方面的设计：第一，设立院务联席会作为学院的综合决策机构；第二，院长作为学院的主要行政领导，采取校党委组织考察和教授投票选举相结合方式产生，学院行政副职采取学校选定和学院选举相结合的方式产生；第三，赋予学院学术委员会在本院教学、科研等所有学术事务方面的评定权；第四，赋予学院教职工大会实际权力。⑤

3. 学院运行机制研究

美国高等教育管理学家、马里兰大学罗伯特·伯恩鲍姆分析了大学和学院作为一种组织机构所具有的独特的结构及其运行过程，构建了四种虚拟的学院运行模

---

① 林健. 大学校院两级管理模式中的学院设置[J]. 国家行政学院学报，2010，(10)：17-24，16.

② 胡建雄，等. 学科组织创新：高等学校院系等学科结构的改革研究[M]. 杭州：浙江大学出版社，2001：236-237.

③ 贾效明，焦文俊. 大学学院实体化建设中学院治理结构的改革与调整[J]. 北京理工大学学报（社会科学版），2005，(6)：64-66.

④ 薛传会，王立新. 基于教授委员会建设的学院治理结构探索[J]. 前沿，2012，(8)：14-15.

⑤ 周川. 学院组织及其治理结构[J]. 中国高等教育评论，2012，3：118-126.

式和理想的综合控制模式。[1]谭婷分析了当前我国高校二级学院决策机制的现状，认为其存在制度化建设不足、学术决策权力影响力不足、科学性和专业性不足等问题，提出了二级学院应实现决策主体的多元化，实现政治权利、行政权力、学术权力和民主监督权力"四位一体"的权力框架体系，提升学术决策权力，规范决策体系。[2]严蔚刚建议我国高校二级学院应建立党、政、学三者共同负责、分工合作的机制，实行"行政学联席会"制度；修订相关法律法规，对学术权力组织在大学治理结构中的地位做出明确规定；突破行政二元机构，重视"学"的力量。[3]陈金江以案例分析的方式研究了中国大学本科精英学院运行模式，归纳出精英学院运行的核心要素：变"以专业为中心"为"以学生为中心"、学术优势积累和渐进式持续变革。[4]张德祥和方水凤基于政策变革的思考，梳理了我国大学学院（系）治理变迁的三个时期，指出我国大学学院（系）治理变迁与大学治理历史变迁具有同质性、政策主导整个变迁过程、历史变迁具有阶段性和连续性等特征。[5]还有研究者为改善我国大学学院运行与治理机制，从多个角度提出意见与建议。例如，罗建河针对高校内部院系运转失灵而提出的一项新的管理举措——学术接管，认为学术接管的最终目的是将院系重新交由教员自治。[6]王战军和肖红缨提出，完善大学内部治理结构的关键和建设一流大学与一流学科的必然要求是推进大学院系治理现代化，主张通过大数据推动校院关系的重构和职能转换，助力学科交叉融合和协同创新，催生学术生态形成和共同体构建。[7]陈廷柱提出将窄型院系组织结构调整为宽型院系组织结构，同时优化校院系权力结构，应是我国高校推进院系治理结构改革的最佳路径。[8]

4. 学院治理比较研究

国外大学学院治理状况与模式一直是国内学者长期研究的方向，了解与把握国外一流大学学院治理的经验，对于我国大学学院的发展具有十分重要的意义。在学院治理的比较研究中，国内学者对此进行了积极探讨。如李立国和张翼对美国研

---

① ［美］罗伯特·伯恩鲍姆．大学运行模式——大学组织与领导的控制系统[M]．别敦荣，主译．青岛：中国海洋大学出版社，2003：23．

② 谭婷．治理理论视角下高校二级学院决策机制研究[J]．高教探索，2015，（7）：10-14．

③ 严蔚刚．教授委员会在高校二级学院治理结构中的地位[J]．复旦教育论坛，2013，（4）：49-52．

④ 陈金江．中国大学本科精英学院运行模式研究[D]．华中科技大学博士学位论文，2010：189-195．

⑤ 张德祥，方水凤．1949 年以来中国大学院（系）治理的历史变迁——基于政策变革的思考[J]．中国高教研究，2017，（1）：1-7．

⑥ 罗建河．学术接管：高校院系治理的新举措[J]．江苏高教，2015，（1）：40-43．

⑦ 王战军，肖红缨．大数据背景下的院系治理现代化[J]．高等教育研究，2016，（3）：21-27，38．

⑧ 陈廷柱．院系治理改革的路径选择及其系统化策略[J]．中国高教研究，2017，（1）：8-12，17．

究型大学学院治理的行政结构与学术结构、权力分配、领导角色和职责以及教授委员会等组织的运行进行了探析，并总结了美国高校学院治理的具体模式和治理理念。①蔡蕾和鲁世林基于中美研究型大学的比较研究，指出“院为实体”校院两级管理体制改革的三个方向：一是进一步确立权力下放、分权治理的校院两级权力分配体系；二是进一步强化以学术权力为主导的学院实体地位；三是进一步完善校内民主和社会监督的民主管理体制。②还有一些学者选取了英、美、德等国的典型大学进行案例研究，如牛津大学、斯特灵大学、爱丁堡大学、伯明翰大学、加利福尼亚大学、马里兰大学、肯恩大学等，在分析其内部治理结构时，或多或少地涉及校院关系、院系关系等学院治理问题。

还有学者对国外大学某一具体学院的相关治理情况进行了研究。例如，何晓芳和宋冬雪对密歇根大学的学院治理结构进行了分析，认为“重心在下，以院为主”的学院治理对我国大学学院治理的开展具有启发意义。③谢凌凌对剑桥大学教育学院院长杰夫·海沃德教授进行了访谈，就其学院治理架构、运行机制、学院文化营造、师资管理与人事政策、大学创新与创业进行了访问，并征询其对我国高等教育的看法与建议。④

此外，对国外大学学院治理的研究往往出现于一些学位论文中。例如，有研究以美国、英国和日本的大学为例，对其学院治理模式进行了研究，指出国外大学学院治理的基本特征在于“横向治理多中心”、“纵向治理多中心”、健全的委员会体系以及坚持教授治学与教授治校的传统与理念等。⑤还有研究选择英、美、德三个国家高校的二级学院的治理结构进行了分析，指出教授治院、共同治理、依章治理以及基层治理是国外大学院系治理采取的普遍方式。⑥

综上所述，以学院为主体和实体的管理模式和运行机制备受学界关注。多年的研究可谓丰富庞杂，为我国大学学院制的改革提供了理论指导，学者在许多方面已经达成共识。但通过梳理这些研究发现，现有研究存在如下问题。

第一，研究内容松散，主题趋同。前期的研究体现了较强的探索性，为当时大

---

① 李立国，张翼. 美国研究型大学学院治理模式探析[J]. 清华大学教育研究，2016，(6)：15-27.

② 蔡蕾，鲁世林. “院为实体”校院两级管理体制改革的三个方向——基于中美研究型大学的比较研究[J]. 高教探索，2017，(11)：83-88.

③ 何晓芳，宋冬雪. 美国密歇根大学内设学院治理结构分析[J]. 现代教育管理，2017，(2)：6-11.

④ 谢凌凌. 世界一流大学的学院治理与高等教育创新——对剑桥大学教育学院院长杰夫·海沃德教授的访谈[J]. 高等教育研究，2017，(5)：1-8.

⑤ 郭书剑. 我国大学学院治理问题研究[D]. 南京师范大学硕士学位论文，2017：61-81.

⑥ 郑霞. 我国高校二级学院治理结构研究[D]. 中国石油大学（华东）硕士学位论文，2014：21-26.

学内部管理体制改革做出了理论贡献。但后期的研究基本上都是对前期研究的重复或深化，缺乏对具有中国大学特色的学院改革模式的探索。研究成果散见于有关高校管理的著作和期刊文章中，大多数研究只是从某个侧面反映学院性质、地位及管理的某些问题，没有形成一定的系统。

第二，研究深度不够，创新不足。很多研究拘泥于老生常谈的话题，缺乏跨学科的研究和理论创新的贡献，缺乏对现实的引领和对改革的敏感度。因而，这些研究难以形成系统的、类似制度构建的内容，对大学内部治理结构改革的政策支撑力不强，无法形成现代学院制度研究的综合成果。后期关于学部制改革的研究在一定程度上反映并引领了大学内部治理结构改革的动向，但研究成果还不够丰富。

第三，研究理念有余，但缺乏实践。以往研究对学院整体宏观层面的研究居多，对当今学院各具特色的改革举措缺乏系统调研和分析，没有形成比较系统、科学、完善且又有针对性、时效性、可操作性的理论和实践体系。

因此，本书将以宏观研究为借鉴，试图在理论与实践结合的节点上，在微观领域开创新的研究范式，概括当今二级学院改革经验与不足，构建二级学院治理新模式。

四、研究方法和思路

（一）研究方法

巴甫洛夫曾指出，“科学随着方法学获得的成就而不断跃进，方法学上每前进一步，我们便仿佛上升了一节阶梯，于是我们就展开了更广阔的眼界，看见从未见过的事物”[①]。高等教育学层次的研究方法实际上就是社会科学研究的一些通用方法。研究方法关系到研究的可行性和研究结论的可信性，关系到研究的成败，在社会科学研究中具有举足轻重的地位。研究方法是研究得以顺利开展的基础，选择适当的研究方法决定着研究的科学性和水平。现代大学制度视域下二级学院治理研究是一个跨学科的研究领域，既要研究宏观层面，又要研究微观层面，既要理论研究，又要指导实践，所以要综合运用文献分析法、比较研究法、个案研究法、实证研究法、量化分析法等多种方法。

1. 文献分析法

本书通过梳理各种资料，对“现代大学制度”“治理”“大学治理”“学院制”等关

① 转引自胡建华，等. 高等教育学新论[M]. 南京：江苏教育出版社，2006：489.

键词进行研究综述，并对核心概念进行界定，对治理理论、组织理论、场域理论以及这些理论与二级学院治理的关系进行阐述，然后进一步搜集和整理有关二级学院治理改革的研究资料、政策文本与历史记录等，分析各利益主体之间的关系。

2. 比较研究法

比较是认识事物的基础，运用比较研究法就是通过比较，确定事物的共同点和不同点，在此基础上找出事物的本质属性。本书选取英国、美国、德国等高校的二级学院，结合其时代背景、文化特征和发展思路，对多个学院的治理机构进行比较研究，借鉴经验，启发思路，为构建中国特色的二级学院治理模式提供启示。

3. 个案研究法

个案研究法是指对某一个体、某一群体或某一组织在较长时间里进行连续调查，从而研究其行为发展变化的全过程，这种研究方法也被称为案例研究法。个案是以一个典型案例来代表同类的事物，从中发现一般规律，有助于认识事物的本质。本书选择 B 大学 J 学部、T 大学 T 学院和 S 大学 N 学院三个试点学院为研究对象，三个单位既有教育部直属高校，又有地方高校；既有从事教育科学教学研究的学部，又有一般学科的学院；既有人文社会科学类的学院，又有自然科学类的学院。应该说，这三个单位作为研究对象有很强的代表性。

（二）研究思路

治理活动的开展要在一种治理结构中进行，学院治理的顺利进行离不开良好的学院治理结构和有效的治理实践。学院治理结构、治理功能与治理的实际行动三者之间具有内在相关性。在对学院治理进行研究时，首先，应该将治理结构纳入分析框架中。其次，治理是围绕权力的配置与协调而进行的，权力是治理的核心要素，学院治理依靠权力的运行而实现。学院内部的不同组织之中的群体通过运用权力处理其与他组织、他群体在学院里的关系，处理各组织内部的大小事务。最后，治理结构的建设、治理权力的运用都离不开治理主体和治理文化的形成、治理理念的树立、治理制度的制定和治理传统的传承与变革。文化的力量在学院治理中不容被忽视。综合上述思考，本书以治理结构、治理权力和治理文化为分析框架，对大学学院治理进行多维分析。

在三维分析框架之内，本书从基本概念界定、国内外研究现状与趋势以及对治理理论、组织理论、场域理论的解读出发，通过理论探讨、现实解读、借鉴反思几个阶段，最后提出二级学院治理改革构想。具体分五步：第一步是综合运用治理理论、组织理论、场域理论对学院治理结构进行理论探讨，并研究这些理论对学院治理的适用性；第二步对学院治理理论进行进一步探讨，从理论上分析学院治理的内涵、要素和特征，并从治理结构、治理权力、治理文化三个维度探索我国学院治理的现状；第三步以教育部三个试点学院，即B大学J学部、T大学T学院和S大学N学院的治理改革为例进行案例研究，深度剖析三个试点学院的治理结构的运作过程与制度安排之间存在的差异，以及变革所取得的成效和存在的问题；第四步进行学院治理的国际比较研究，研究英、美、德等国学院治理经验；第五步在总结试点学院改革经验和借鉴国外学院治理经验的基础上，结合我国学院治理现状，提出完善我国大学二级学院治理结构的路径构想。研究技术路线如图1-1所示。

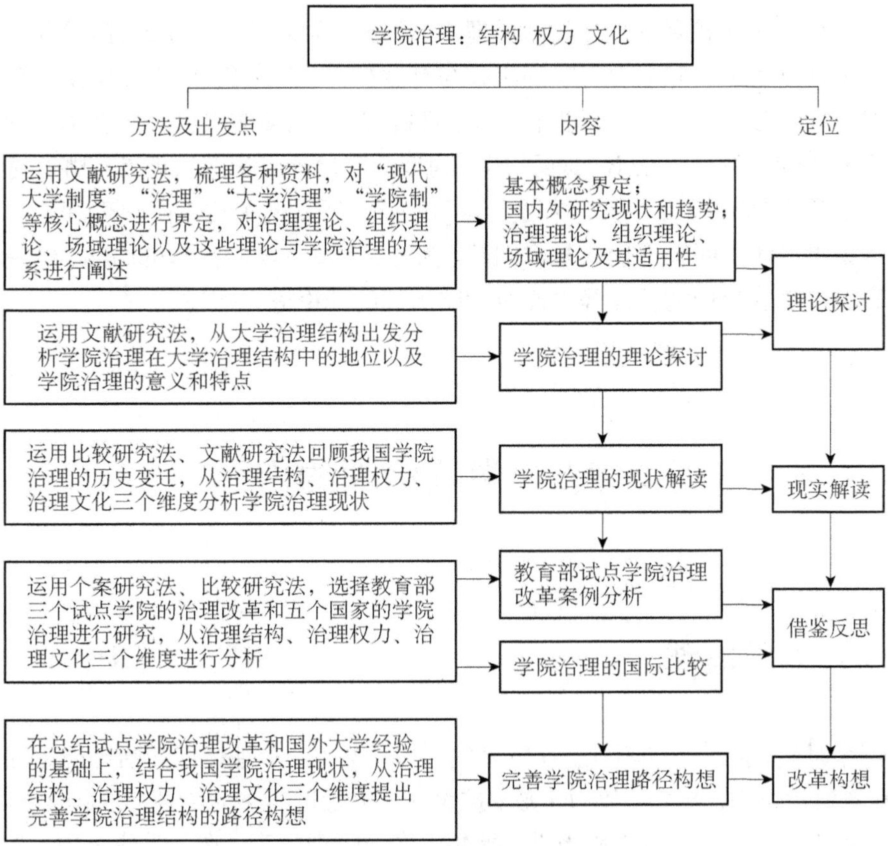

图1-1 研究技术路线图

第二章

学院治理的理论探讨

学院治理的开展离不开学院治理理论的研究。学院治理理论研究水平的提高、成果的丰富有利于学院治理的顺利实施与有效推进。理论指导实践，学院治理理论的探讨由此十分重要。大学治理理论如今日益成熟，大多数人已经对大学治理的含义及意义比较明确，但我们仍需要思考：何谓学院治理？学院治理具有哪些基本要素？学院治理具有什么特征？探讨上述问题就需要我们关注学院治理理论，只有通过理论思考才能回答好这些基本问题。为此，本章从学院治理的内涵、学院治理的要素以及学院治理的特征等方面对学院治理的理论进行探讨。

第一节　学院治理的内涵

一、大学治理

当今时代，治理无处不在：在国家发展中，要实现治理体系和治理能力的现代化；在政府运行中，要注重权力下放，扩大社会力量进行多元治理；在企业管理中，要引入治理理念，激发员工积极性，提高生产与管理效率；在大学成长中，为体现学术型组织的特殊性、发挥教授治学的重要作用，就要重构大学运行模式，处理多元利益相关者的关系。为进一步明晰治理概念，有必要将管理、统治等与治理相关的概念进行区分。在公司治理领域，有人将治理与管理进行区分，“公司治理侧重于决策和控制，关注投资者关系；管理侧重于运营执行，关注客户关系”[①]。管理是人们在特定的环境下，通过计划、组织、指挥、协调和控制等行为活动，对其可调动的组织资源进行优化配置，以有效实现组织目标的活动。治理则是制定组织目标、决策目标实现方法的活动。这样看来，治理先于管理发生，是管理的前提和基础；管理是治理走向现实的路径，是治理的实施形式。显然，治理和管理是驱动组织健康发展的“双轮”，二者应实现和谐运转。治理与统治也需进行进一步分辨。格里·斯托克认为，治理意味着“统治的含义有了变化，意味着一种新的统治过程，意味着统治的条件已经不同于以前，或是以新的方法来统治社会”[②]。与统治相比，治理较少具有自上而下的权威色彩，其在治理主体的自组织过程中、协同合作状态下发挥功能。还有学者将行政与治理进行比较，认为“‘行政’一词基本上指执行政策，而非制定政策……在中世纪，由于大学目标比较单一，履行大学职责的人们对于大学的目标有着清晰的理解，社会不需要设置专门的机构实施正式的、日常的控制。因此，由中世纪大学的教师所作出的决策是最简明意义上的行政，而非治理”[③]。

要研究学院治理，首先要明晰大学治理的含义。目前对大学治理的研究很多，但是对大学治理本身的理论，诸如涉及大学治理概念及本质、大学治理理念等的研究或散见于诸多文章的引言部分，或经常被忽略，总之，较为系统地探讨大学治理理论的研究很少。什么是大学治理？关于这一问题的回答可谓众说纷纭、莫衷一是。有学者通过分析政府、高校与社会三者之间的关系，认为高等教育的治理意味着政府的角色或功能发生重大变化，引入市场机制，将政府、高校和社会之间的权力关系进行重组。[④]有学者在比较大学治理与政府治理、企业治理的基础上，提出大学治理不同于后两者，其指的是“大学组织内部管理与外部制度环境互动的过程”，“它不是以盈利为目标”，“它不是靠民意奠定组织合法性基础”。[⑤]此外，李福华对大学管理与大学治理进行比较分析，指出“大学治理是在大学利益主体多元化以及所有权与管理权分离的情况下，协调大学各利益相关者的相互关系，降低代理成本，提高办学效益的一系列制度安排”[⑥]。还有研究者认为，大学治理指的是大

---

① 李维安. 治理与管理：如何实现和谐运转？[J]. 南开管理评论，2009，(3)：2.

② 格里·斯托克. 作为理论的治理：五个论点[J]. 华夏风，译. 国际社会科学杂志（中文版），1999，(1)：19-30.

③ 欧阳光华. 董事、校长与教授：美国大学治理结构研究[M]. 北京：高等教育出版社，2011：6.

④ 盛冰. 高等教育的治理：重构政府、高校、社会之间的关系[J]. 高等教育研究，2003，(2)：47-51.

⑤ 朱德米. 大学治理：自主、控制与责任[J]. 同济大学学报（社会科学版），2007，(3)：1-5.

⑥ 李福华. 大学治理与大学管理：概念辨析与边界确定[J]. 北京师范大学学报（社会科学版），2008，(4)：19-25.

学决策中不同利益主体之间的权力平衡问题。[①]对大学治理相关理论的研究不仅局限于大学治理概念的界定，还有学者关注大学治理的内在逻辑和模式问题，认为大学自治是大学治理的逻辑，美国大学治理模式对我国大学改革和制度建设有着示范作用。[②]有关大学治理本质的探讨仍在持续，对于大学治理的理论来源问题亦受学者的关注。目前对于大学治理理论基础这一问题，较为系统的研究来源于李福华的专著《大学治理的理论基础与组织架构》，在该书中，他提出大学治理主要来源于大学理念、法人理论、委托代理理论、利益相关者理论、管家理论和教育消费理论等六种不同的理论，这为进一步研究此问题打下了良好基础。[③]但研究并未停留于此，研究者进一步追问：大学治理究竟来源于哪种理论？哪种理论更加适切于大学治理？对此，人们将视角聚焦于政府治理理论和公司治理理论，认为二者对大学治理理论的形成都有直接的影响。对于哪种理论更加适切大学治理的问题，赵成认为，“公共管理学角度理解的大学治理主要是作为现象描述或修辞使用，没有带来比传统大学管理研究更丰富的内容”[④]。李曼认为，严格意义上，大学治理理论源于公司治理理论，公司治理理论比政府公共治理理论更适合大学治理理论与实践的发展。[⑤]

治理理念进入大学环境中，引起了从制度到文化、从校外到校内等一连串反应。但是，在“大学治理”被提出若干年后的今天，我们似乎看到的是学术界关于大学治理的“大讨论”，实务界关于大学治理的“小试验”，“大讨论”与时俱进，有增无减；“小试验”却如“蜻蜓点水”，时断时续。对此现象，一些学者开始在总结和梳理既有研究的基础上进行审视与反思。王建华在其《重思大学的治理》一文中指出，“当前大学的治理仍以科层制和学科制作为组织框架，学科间与教授间的联系被体制阻断，现实中大学的种种危机并没有因为治理而缓解，反倒有加剧的倾向”[⑥]。分析其原因在于治理一词在积极治理主义盛行的时代被滥用甚至误用，出现治理实践的表面化、象征性，进而使得大学在伪治理作用下的可治理性缺失，面临治理失灵的困境。

在上述研究的基础上，笔者认为大学治理就是大学各利益主体为实现共同目标，参与大学事务决策的过程，在这个过程中，各利益相关主体的参与影响着大

① 李曼. 大学治理：背景解析、实践迷思与变革路向[J]. 教育研究与实验，2015，(2)：59-64.
② 王洪才. 大学治理的内在逻辑与模式选择[J]. 高等教育研究，2012，(9)：24-29.
③ 李福华. 大学治理的理论基础与组织架构[M]. 北京：教育科学出版社，2008：12-13.
④ 赵成. 大学治理的含义及理论渊源[J]. 现代教育管理，2009，(4)：35-38.
⑤ 李曼. 大学治理：背景解析、实践迷思与变革路向[J]. 教育研究与实验，2015，(2)：59-64.
⑥ 王建华. 重思大学的治理[J]. 高等教育研究，2015，(10)：8-13.

学内外部权力的配置，即大学与其他利益主体权力之间的博弈与平衡；影响着大学内外部结构的调整，即大学治理过程中的运行机制和制度安排；影响着大学内外部文化的塑造，即大学与各利益相关主体形成的有关治理的信念、行为规范；等等。

二、学院治理

作为一个新兴话题，学院治理无论是在学理研究中还是在现实操作中都是新的。这就为学术界与实务界对学院治理的探讨留下较大发展空间。在学界，人们开始尝试对学院治理与大学治理进行比较与分析，其中，有研究者试图对学院治理下定义，以明确学院治理的研究对象。目前，学界对学院治理的定义方式主要是仿照大学治理的定义展开的，主要表现为以下几种类型。

（一）学院治理与大学治理相似，可分为内外治理两个部分或层次

持这种观点的学者较多。例如，钱颖一认为，学院内部治理是指涉及学院教师和职员的职责和权力的配置，具体地说，就是合理划分学院内部学术、行政、监督之间的权力和责任边界；学院外部治理则是明确学院与大学的关系，发挥学院外部利益相关者的作用，包括学生、校友、顾问委员会、与学科相关的行业组织、媒体等。[①]王建华认为，学院治理就是在学院内部进行权力和职能划分，对学院内部各单位之间的沟通与控制方式及其与大学之间的关系进行处理。一般而言，学院治理分为内部治理与外部治理，前者在学院内部进行权力与职能的划分，对学院内各单位之间的沟通与控制方式进行处理，而后者在于处理学院与外部环境（学院与大学、学院与学院）之间的关系。[②]刘恩允在其博士论文中指出，院系治理是为实现人才培养、科学研究和社会服务等办学目标，院系内外部利益相关者作为权力主体参与院系发展的过程及一系列制度安排。同时，院系治理也有外部治理和内部治理之分，外部治理指学院与大学、兄弟院系、社会之间等外部利益主体关系的制度安排；内部治理指明确学院书记、院长、教师、学生、管理人员之间的权责关系，明确党政联席会、教授委员会等民主决策的参与机制及运行机制等。[③]

---

① 钱颖一. 学院治理现代化：以清华大学经济管理学院为例[J]. 清华大学教育研究，2015,（2）：1-6.

② 王建华. 学院的性质及其治理[J]. 中国高教研究，2017,（1）：13-17.

③ 刘恩允. 治理理论视阈下的我国大学院系治理研究[D]. 苏州大学博士学位论文，2014：18.

（二）学院治理以权力为中心，关乎治理权力在不同治理主体之间的分配与制衡

李立国和张翼认为，学院治理主要涉及管理人员、教师、学生等在学院决策过程中的博弈和互动以及所起到的作用和所产生的影响，还涉及学院权力在各方的分配和彼此博弈。[①]肖国芳和彭术连也认为，学院治理的本质是学院治理主体通过一定的制度和程序结构安排进行的权力和利益分配、控制、协调、博弈均衡的过程，以实现学院公共利益最大化。[②]

（三）学院治理在于协调多元利益相关者之间的关系

在利益相关者视域下，有研究者认为，学院治理指的是多元的学院利益相关者在多中心分化的基础上，为了实现共同目标，以民主、协商、互动等方式协调彼此权力、义务关系，配置学院资源的一系列过程。其中，学院多元的学院利益相关者不仅包括公共的大学中心、学院中心，还包括教师中心、学生中心以及校友中心。[③]其实，学院治理的利益相关者理念也被包含在上述两种观点之中。利益相关者是指决定或影响组织生存发展的任何个体、群体或组织。大学是典型的多元利益相关者组织，大学内部包含教师、学生、管理者个体或群体。在大学外部存在大量对大学的生存和发展产生各种影响的个体、群体或组织，如政府、校友、用人单位、家长、捐资者、合作共建者、媒体、社区，他们是大学重要或潜在的外部利益相关者。但教师和学生无一不是依托院系存在和发展的，也无一不是依托学科开展教学、科研、专业学习等具体活动的，他们是决定院系生存和发展的核心力量，是院系治理的核心利益相关者，关于他们及他们所依托机构的权责划分、相互关系的制度安排属于内部治理结构。大学外部的很多利益相关者，如校友、合作共建单位、国际同行专家更多的是以院系为纽带，与院系发生各种互动关系，他们是院系的外部利益相关者。就大学而言，大学与政府、大学与社会的关系属于外部结构要素问题，政府、用人单位、捐资者属于外部利益相关者问题，大学和院系的关系、院系之间的关系以及教师、学生和管理者之间的互动关系都属于内部治理结构要素和内部利益相关者问题。但就院系而言，大学与院系的关系、院系之间的关系，与大学和校友、捐资者、用人单位等校外主体的关系一样，

---

① 李立国，张翼. 美国研究型大学学院治理模式探析[J]. 清华大学教育研究，2016，（6）：15-27.

② 肖国芳，彭术连. 治理视阈下高校二级学院分权治理研究[J]. 江苏高教，2017，（2）：37-40.

③ 郭书剑. 我国大学学院治理问题研究[D]. 南京师范大学硕士学位论文，2017：4.

属于外部治理结构问题和利益相关者问题。基于此，开展院系治理最重要的是认真识别利益相关者，对内外远近的利益相关者进行分层分类，界定哪些是核心利益相关者，哪些是重要利益相关者，哪些是次要利益相关者，哪些是潜在利益相关者，明确其参与院系决策的途径、方式，充分调动其参与的主体性，提高其参与的程度和水平。

国内以耶鲁大学治理实践为对象的研究是较为集中的。耶鲁大学治理进程起步较早，现已形成良好的内部治理结构，正如克拉克·克尔所认为的，在美国，最先将权力转让给教授的一所著名大学是耶鲁大学①。对此，有研究者通过对耶鲁大学进行深入考察，认为“强大的财力”“耶鲁共同体”“较为完善的规章制度”是推动耶鲁大学成为世界一流大学的三大动力。②耶鲁大学能够实现良好的治理，原因在于其完善的治理结构和治理制度，如其在学院治理层面上可以体现为，每个学院除了院长等职务外都设有单独的教授会和终身教职委员会或其他治理机构，在一定权限范围之内，每个学院的教授会有权制定学院的教育政策，建立若干个委员会，依照程序处理学院内部事务。耶鲁大学能在院系一级建立完善的治理结构和制度，关键在于整个大学以 12 个学院为基本单位开展教学、研究和社会服务工作，充分赋予教授或其他学术人员有关院系一级的课程设置、教学组织等一般较为具体的学术性事务的决策权、监督权。③

与耶鲁大学治理传统相同，哈佛大学的办学与管理模式为多元化领导的分散经营体制，很多日常行政事务的处理主要由各个拥有各自的财务及人事权的学院完成，整个大学是一个由若干相对独立与自治的学院松散联合而成的联邦。④担任哈佛大学文理学院院长 10 余年的亨利·罗索夫斯基从其切身的工作体验出发认为，作为一名文理学院院长，意味着“你必须全部投入行政管理工作，要处理的大多数问题与你的学科无关”⑤，而且这些事情是十分琐碎、零散的，原因在于院长每天接触的是整个学校最具多样性、能动性的教师与学生群体或个人，院长需要对他们负责并做出回应。如果学院缺乏合理的治理结构，将学院治理权力分配于相关

---

① ［美］克拉克·克尔. 大学的功用[M]. 陈学飞，等译. 南昌：江西教育出版社，1993：15.

② 复旦大学访美考察团. 为何耶鲁是耶鲁——耶鲁大学考察报告[J]. 教育发展研究，2004，(2)：34-36.

③ 杨克瑞. 从董事会到教授会——耶鲁大学治理重心的变革与现代大学制度的探索[J]. 河北师范大学学报（教育科学版），2014，(3)：82-86.

④ 陈颖，赵涵. 哈佛大学内部治理结构研究[J]. 华章，2012，(12)：109-110.

⑤ ［美］亨利·罗索夫斯基. 美国校园文化：学生·教授·管理[M]. 谢宗仙，周灵芝，马宝兰，译. 济南：山东人民出版社，1996：214.

利益者之中，院长等领导人员必将被繁杂的大小事务缠身而分身乏术，低效的管理会制约学术生产力的提高，削弱学科和专业的竞争力，激起学院内部矛盾，进而成为学院发展的阻碍。

美国私立大学具有悠久的自治传统，因而其大学内部治理结构具有优越性，美国公立大学也不例外。“自由”“自主”“自律”的理念促成了公立大学优良的治理结构，其中有关学院治理的传统成就了大学的卓越发展。对于美国公立大学治理的研究主要以加利福尼亚大学伯克利分校、弗吉尼亚大学等共同治理模式为研究对象，分析董事会、校长、院长、系主任、教师以及学生之间权、责、利关系和治理行为互动的问题。美国学者瑞德曼和巴利以一所大学中的护理学院为例研究其治理问题，认为该学院在获取资源和配置资源方面面临着来自学院内部和大学外部的压力。造成这一问题的原因在于当前的学院治理模式不能完全发挥作用，这不仅浪费教职人员的时间，还制约学院的发展。[①]学院治理问题不容忽视，必须优化学院治理方式，以促进学院的良好可持续发展。

综上所述，学院治理具有和大学治理相似的特征，即学院治理的过程同样涉及权力分配、结构调整和文化重塑的问题。但它和大学治理又有所区别，主要表现在治理主体、治理范围和治理权限上。学院外部治理主要指的是学院与大学、同级的其他学院和社会之间的权责博弈关系与互动的过程，内部治理主要指的是学院内部教师、学生和行政管理人员之间的权责博弈关系与互动的过程。总的来说，学院治理就是学院各利益相关主体为实现共同目标，以民主、协商、互动等方式参与学院重大事务决策的过程。

第二节　学院治理的要素

所谓学院治理的要素是指构成学院治理不可缺少的因素，具体来说，学院治理主要有三大基本要素，分别是学院治理结构、学院治理权力和学院治理文化。

---

① Redman，B. K.，Barley，Z. A. Governance system of university schools of nursing[J]. Journal of Nursing Education，1978，(7)：27-31.

一、学院治理结构

（一）公司治理结构的定义

“治理结构”这一概念由新制度经济学代表人物威廉姆斯提出，他将其界定为，为保障一个组织有效运行并实现其根本目的，通过权力配置和运作机制来达到平衡其中各种利益群体的相互关系，从而达成利益最大化。[①]这一概念最先被广泛应用在企业及其治理过程中。经济学家对公司治理结构概念持不同看法。柯林・梅耶认为，公司治理结构是公司赖以代表和服务于它的投资者利益的一种组织安排。[②]美国公司董事协会（National Association of Corporate Directors）的研究指出，公司治理结构是确保企业长期战略目标和计划得以确立，确保整个管理结构能够按部就班地实现这些目标和计划的一种组织制度安排。[③]此外，玛格丽特・M. 布莱尔从狭义与广义两个层面理解公司治理结构，其中狭义上的公司治理结构是指有关公司董事会的功能、结构以及股东的权力等方面的制度安排；广义上的公司治理结构是指有关公司控制权和剩余索取权分配的一整套法律、文化和制度性安排，这些安排决定公司的目标、谁在什么状态下实施控制、如何控制、风险和收益如何在不同企业成员之间分配等这样一些问题。[④]上述定义从不同角度强调了公司治理结构的内涵，其共同点都集中在对公司治理结构是一种制度安排与组织安排的认识上。概言之，公司治理结构是一套用以支配若干在公司中有重大利害关系的团体——投资者（股东和贷款人）、经理人员、职工之间的关系，并从这种联盟中实现经济利益的制度安排，主要包括如何配置和行使控制权、如何监督和评价重大利害关系团体以及如何设计和实施激励机制等问题。[⑤]

（二）学院治理结构的定义

基于对公司治理结构的理解，我们可以认为大学治理结构就是一种关于大学治理的一套组织安排与制度安排，其在“本质上是指体现大学‘非单一化组织’属

---

① 转引自赵文华，龚放. 现代大学制度：问题与对策[M]. 上海：上海交通大学出版社，2007：74.

② ［英］柯林・梅耶. 市场经济和过度经济的企业督导机制//谭安杰. 改革中的企业督导机制[M]. 北京：中国经济出版社，1997：7.

③ 胡铭. 公司治理结构研究[M]. 北京：中国财政经济出版社，2002：8-9.

④ 张维迎. 所有制、治理结构及委托-代理关系——兼评崔之元和周其仁的一些观点[J]. 经济研究，1996，（9）：3-15，53.

⑤ 钱颖一. 企业的治理结构改革和融资结构改革[J]. 经济研究，1995，（1）：20-29.

性和委托代理关系特点的决策权结构，旨在满足具备独立法人地位的大学在面向社会和市场自主办学的过程中应对‘冲突和多元利益’的治理需要”[①]。张维迎认为，大学治理的基本问题是“用什么样的制度才能保证大学目标和理念的实现”[②]的问题。而保证大学目标和理念得以实现的制度被包含在大学治理结构之中。制度设计和安排与治理结构密切相关，但目前大学治理结构的失调是造成中国大学许多问题的根源。[③]为应对大学治理结构失调的问题，我们应从大学治理及其结构之外寻找问题解决方法，关注学院治理及其结构对变革大学治理的潜在价值与功用。

与大学治理结构一样，学院治理结构也可分为内部治理结构与外部治理结构两部分，学院内部治理结构是指学院重大事务决策权在内部不同利益相关者之间的配置和运行机制；学院外部治理结构主要指学院与大学、校内同级组织和校外组织之间的权力分配与制度安排。

（三）学院治理结构的形成

学院治理结构基于学院组织结构，因而学院组织结构的形成过程在某种程度上会促成学院治理结构的形成。

组织结构具有历史性。关于组织结构的形成，理论上有两种主要的观点：一是沉淀论，认为现存组织结构是不同历史时期各种残余组织形式沉淀的结果；二是利益论，即促进结构体制化的原因在于定格和长期维护人们的基本利益，因而一个组织的成员总是要努力使服务于他们和保护他们的组织形式持久化。[④]笔者认为，一个相对稳定的组织结构不仅是历史沉淀的结果，还是人们利益博弈的产物，即为实现组织目标，组织成员会在长期博弈过程中适时、适宜地不断创造、变革或废弃某种组织结构。而正是在组织成员不断博弈与调整组织结构的过程中，一套渐成体系化的、协调彼此权力义务关系的制度最终被固定下来，组织治理结构由此形成。对于学院组织及其治理结构而言，沉淀论与利益论同样适用。

学院治理结构亦具有历史性，适宜的学院治理结构对学院治理意义重大。在奥利弗·威廉森看来，经济领域中的治理结构是一种交易的完整性在其中得到确

---

① 龚怡祖. 大学治理结构：现代大学制度的基石[J]. 教育研究，2009，(6)：22-26.

② 张维迎. 大学的逻辑[M]. 北京：北京大学出版社，2012：1.

③ 王英杰. 治理结构：现代大学制度的基石——评《董事、校长与教授：美国大学治理结构研究》[J]. 比较教育研究，2012，(2)：85-87.

④ [美]伯顿·克拉克. 高等教育系统——学术组织的跨国研究[M]. 王承绪，徐辉，殷企平，等译. 杭州：杭州大学出版社，1994：245.

定的制度矩阵。[①]这些制度矩阵是由不同层次、不同指向的十分复杂的制度安排构成的，而制度安排指的是确定合作或竞争方式的经济实体之间的合约关系。[②]按照阿兰·施米德的说法，制度是“人们之间的多组安排好的关系，这些关系规定着人们的权力，使人们面对他人的权利、特权及义务”[③]。因而，治理结构可以被简化为不同主体之间的合作或竞争关系、权力或义务关系。确立治理结构可以减少机会主义、降低交易成本。尤其在双边依赖但又存在矛盾冲突的关系中，明确治理结构有利于弥补有限理性所造成的制度真空，提高决策效率。此外，阿尔文·古尔德纳和米歇尔·克罗齐耶先后对结构、功能与实际行为三者之间的关系提出看法，认为有必要将结构与功能、结构与实际行动联结起来，因为“这样可以使人将结构视为解决诸问题的一种权宜性方法，被解决的问题是组织成员在他们日常行动中碰到的问题，这一联结可以使人将结构看作是一种布局安排，它使个体之间的合作得以制度化和永久化”[④]。受该观点的启发，学院治理结构、治理功能与学院治理的实际行动三者之间具有内在相关性，学院治理实际行动需要在学院治理结构中进行，学院治理功能的发挥离不开良好的学院治理结构和有效的治理实践。因为学院治理结构的功能还在于它能决定治理权力的分配与运行方式。正如伯顿·克拉克所说的，“结构准许或否定群体成员的意见，这不仅表现在它决定由谁来安排议程和由谁来告诉其他人做什么——决策，而且表现在它限制将要作出的决定的范围——非决策”[⑤]。由此可见，学院治理结构在学院治理中占有十分重要的地位。

二、学院治理权力

（一）权力的定义

“我们是权力的产物”，正如阿尔温·托夫勒所言，“在我们生活的所有方面中，

① ［美］奥利弗·E. 威廉森. 治理机制[M]. 王健，方世建，等译. 北京：中国社会科学出版社，2001：479.

② ［美］奥利弗·E. 威廉森. 治理机制[M]. 王健，方世建，等译. 北京：中国社会科学出版社，2001：480.

③ 转引自［美］奥利弗·E. 威廉森. 治理机制[M]. 王健，等译. 北京：中国社会科学出版社，2001：3.

④ 转引自［法］埃哈尔·费埃德伯格. 权力与规则：组织行动的动力[M]. 张月，等译. 上海：上海人民出版社，2005：53.

⑤ ［美］伯顿·克拉克. 高等教育系统——学术组织的跨国研究[M]. 王承绪，徐辉，殷企平，等译. 杭州：杭州大学出版社，1994：120.

权力却是鲜被大家理解而又最为重要的东西之一”[①]。由于“权力意味着在一种社会关系里哪怕遇到反对也能贯彻自己意志的任何机会，不管这种机会是建立在什么基础之上”[②]，因此，在某种意义上，权力现象无时无刻不发生在我们身边，我们不仅是权力的支配者，还是权力的被支配者。正如米歇尔·福柯所说，不能简单地将权力理解为支配关系，权力是人的生存方式，而不仅仅是压制手段，任何人都无法垄断权力，每个人都在被支配的同时，又在实施着权力。权力通过一种类似网络的组织被实行，并且个人不仅在权力的脉络之间流转，而且永远处于这样一种状态：即体验到权力支配的同时又实施着权力[③]。一方以强制的方式支配和影响另一方的能力，体现了权力的本质所在。人们为调配各种资源以支持既定目标的实现而行使权力以支配与影响他人。无论是统治、管理，还是治理，它们都无不将权力视为最为核心的要素，视为实现目标的工具，它们的区别主要体现在权力在权力主体间的配置方式与使用方式上。

在米歇尔·福柯看来，权力是社会形态最根本的基石，社会的数不胜数的表象、形态、能指以及无法估算的规模、尺度、范围，最终都可以浓缩和还原到权力的基石上。权力是社会各因素的最后归宿，也是它们最终的根源。庞大的社会组织正是围绕着权力的运作机制才得以建立和发展起来的。整个社会结构盘根错节般地缠绕在权力上面。权力的性质、形态和机制变了，社会结构就会随之发生变化。[④]

（二）学院治理权力的定义

一切社会现象、组织现象都可被还原为权力现象，作为社会组织的大学也同样如此。大学组织机构是建立在大学权力基础上的，大学治理的本质就是权力的配置与运行。既然如此，那么大学内部的各个学院也都是权力的产物，权力配置及其运行也是学院治理的实质。为此，研究学院治理必须从学院治理权力出发，通过分析学院治理权力的内涵以进一步把握学院治理深层次意义。

学院治理权力是由学院治理主体的动机与学院治理主体所拥有的资源构成的。詹姆斯·麦格雷戈·伯恩斯认为，“有些事情我们有能力去做，但缺少动机——如买枪杀人，向那些没有能力的恶人们挑衅，驾车行驶在拥挤的城市人行道上，虐待动物等，有些事情我们有动机去做，但缺少资源——如成为总统或议员，购置一

---

① ［美］阿尔温·托夫勒. 权力的转移[M]. 刘江，等译. 北京：中共中央党校出版社，1991：9.
② ［德］马克斯·韦伯. 经济与社会（上卷）[M]. 林荣远，译. 北京：商务印书馆，2006：81.
③ 转引自巴登尼玛，郑富兴. 多元文化与教育（第 3 辑）[M]. 成都：巴蜀书社，2013：258.
④ 汪民安. 身体、空间与后现代性[M]. 南京：江苏人民出版社，2015：265-266.

艘豪华的游艇，向慈善事业捐赠数百万元钱，成年累月地出外旅游，维护公正事业，斥责老板等”，可以说，“权力的两个必备条件就是动机和资源。二者是相互联系的，缺少动机，资源的力量就会减少；缺少资源，动机就会成为空话。二者缺少任何一个，权力就会崩溃”。① “无论从任何方面和内容来讲，权力的基本作用都是一样的。当权者用他们的权力基础内的资源来实现他们的动机，其他人的动机和资源依靠他们行使的权力来实现。”②对于学院治理权力而言，学院治理主体的动机决定学院治理权力有无产生的必要。多元的学院治理主体具有多元的动机，是否开展治理，对何进行治理，关键在于不同主体有无学院治理的动机和对治理事务的选择。一方面，学院院长、系主任等行政人员积极推动学院治理，说明他们意欲吸纳来自教师、学生、校友等多方力量来应对那些行政力量难以独立解决的问题，正因有此动机，自上而下的治理权力才会谋求与自下而上的治理权力的合作；另一方面，广大教师、学生等学院基层学术人员积极呼吁开展学院治理，说明他们意欲发挥主人翁作用，扩充基层权力以表达对学院相关事务的合理关切，正因有此动机，自下而上的治理权力才会“挑战”自上而下的治理权力。此外，学院治理主体占有资源的情况决定学院治理权力效力发挥的情况。有学者曾在讨论学术权力在英国大学“幸存”时写道：“广义地说，在大学内部，流行的观点可以概括为‘知识即权力’。意思就是，在任何领域决定权应该为有知识的人共享，知识最多的人有最大的发言权，没有知识的人无发言权。”③若从资源角度看，“知识即权力”说明知识就是资源，知识的资源属性使其本身成为一种权力。这便不难理解为何学院基层学术人员能够与学院管理层行政人员共享学院治理权力。而且，若一个学院尝试与大学校级中心或其他院系组织进行“谈判”“博弈”，则说明该学院是为了获取外部资源而运用治理权力。

（三）学院治理权力的类型

学院治理权力是一个集合式的概念，笼统意义上的学院治理权力需要进行具体划分才能促进学院治理的有效运行。那么，学院治理权力具体包含哪些内容呢？大学是当今社会的“宠儿”，是社会的中心，大学组织权力必然具有多元性和复杂

---

① ［美]詹姆斯·麦格雷戈·伯恩斯. 领袖论[M]. 刘李胜，等译. 北京：中国社会科学出版社，1996：12-13.

② ［美]詹姆斯·麦格雷戈·伯恩斯. 领袖论[M]. 刘李胜，等译. 北京：中国社会科学出版社，1996：18.

③ ［美]伯顿·克拉克. 高等教育系统——学术组织的跨国研究[M]. 王承绪，徐辉，殷企平，等译. 杭州：杭州大学出版社，1994：174.

性。伯顿·克拉克曾按照组织层次将高等教育系统权力分为三种形式：以系或讲座、学部主体的学科权力；以大学和联合大学为主体的院校权力；州政府和中央政府则组成系统的权力。此外，我国学者还多将大学的权力分为学术权力和行政权力两大类型，并对这两种权力的性质、价值取向、运行方式和主客体关系进行界定。还有研究认为，大学各种各样的身份与角色交织在一起形成了其治理过程中三种最基本的权力，即行政权力、学术权力与市场权力。①由于大学治理权力与学院治理权力具有较高同质性，因此，我们可以在相关研究基础上从以下几个方面对学院治理权力进行具体分析。

1. 从权力所指来看，学院治理权力可主要分为行政事务治理权、学术事务治理权

在某种程度上，不论是中世纪大学还是现代大学，大学从来就不是一个纯粹的学术组织。换言之，大学不仅仅是为学术而生的，其存在的意义还在于为了社会、为了国家。这意味着，大学是一个从事并处理纷繁事务的组织，只不过其他各类事务是围绕学术事务而开展的。随着大学职能的不断扩展，在大学走出“象牙塔”并日益走向社会中心的进程中，非学术性事务不仅在数量上大大增加，而且在种类上更加丰富，其范围早已突破大学的边界而渗透到广袤的社会中去。在诸多非学术性事务中，大学行政事务在数量上、种类上占有多数，进而成为现代大学必须高度重视并积极有效处理的一大事务。由此，现有研究也主要是从行政事务与学术事务出发关注大学行政权力与学术权力的。作为大学职能的承担者，学院必然也具有行政性与学术性的双重属性，行政事务与学术事务亦是学院所应处理的主要事务。对于学院而言，行政事务主要包括学生管理、财务管理、人力管理、科研管理、宣传管理等；学术事务则主要包括在教学和研究活动中维护学术规范和学术自由的原则、评定学术成果、对学术发展规划和学术资源配置做出决策等。但事实上，学院行政事务与学术事务之间的界限是模糊的，既没有纯粹的行政事务，也没有纯粹的学术事务，因此，行政事务治理权与学术事务治理权相互交织于学院治理权力统一体中。

2. 从权力主体来看，学院治理权力可主要分为教师权力、学生权力与行政人员权力等

学院治理中的教师权力与学生权力从大学产生之时起便存在了，行政人员权力的产生则是较晚的。早期中世纪大学多属于自生型大学，教师与学生最先掌握大

① 苏君阳. 论大学治理权力的来源[J]. 人文杂志，2007，(3)：165-169.

学主导权，因而形成了“以教师治校”为主导的巴黎大学模式以及“以学生治校”为特色的博洛尼亚大学模式。在这两种大学模式下，学院权力自然也分别被分配到教师与学生群体之中。重视并维护教师治理权和学生治理权是大学与学院治理民主化的要求。在现代大学与学院中，学生是否仍应像中世纪大学那样拥有治理权？对此，有些国家在大学与学院治理结构设计中并没有将学生权力作为重要内容予以考虑，例如，在美国，长期以来，人们围绕“学生是否有资格进入校董事会”这一问题进行争论，有些观点以学生是大学的“临时人员”为理由反对学生参与校董事会，还有观点认为学生没有相应的知识、经验和能力参与大学治理而主张校董事会不应吸收学生为其成员。由此在实践中，有些校董事会没有学生代表，有些校董事会虽有学生代表，但是没有赋予其决策权。然而根据利益相关者理论，学生是大学与学院中规模庞大的群体，他们理应享有一定治理权力以维护自身合法权益，因此，今后大学与学院治理应重视并保护学生治理权。相比于学生权力，人们对教师权力与行政人员权力不曾质疑，二者成为公认的大学与学院治理权力的构成部分。1967 年，美国大学教授联合会（American Association of University Professors，AAUP）与美国大学董事会、美国教育联合会率先联合发表了《大学和学院的治理声明》（Statement on Governance of Colleges and Universities），强调“首要责任首要权力”的原则。这一原则指出在大学董事会的统一领导下，教师基于专业知识有权参与大学治理，行政人员基于管理能力也有权参与大学治理，其中教师对教学和科研事务承担首要责任，他们享有教学和科研事务的决策权。[①]但“由于教师和管理人员都不能完全理解复杂的学校组织或不能充分地控制学校资源，所以，教师和管理人员都无法承担起管理学校的全部责任权力的分配”[②]。基于此，大学与学院治理权力的有效行使以及大学与学院治理的有效运行离不开教师与行政管理人员的相互合作，“共同治理”“权力共享”便成为大学与学院治理必须遵循的基本原则。

3. 从权力运行场域来看，学院治理权力还可分为学院内部治理权力和学院外部治理权力

学院内部治理权力是指学院对自身机构及其人员进行治理时所行使的权力。学院内部治理权力具有较强学术性，其在不同系科之间、师生与行政人员之间横向运行，协调与合作是其得以生效的基本方式。而学院外部治理权力是指学院在处理

---

① 郭卉. 如何增进教师参与大学治理——基于协商民主理论的探索[J]. 高等教育研究，2012，(12)：26-32.

② [美]罗伯特·伯恩鲍姆. 大学运行模式——大学组织与领导的控制系统[M]. 别敦荣，主译. 青岛：中国海洋大学出版社，2003：16.

同大学校级机构、其他学院组织以及社会团体之间关系时所行使的权力。学院外部治理权力具有较强行政性，在“官僚科层制”模式下，其纵向运行于院校之间，但在同级学院机构间、学院与校外社团间，其以横向运行为主，竞争与合作是其得以发挥效用的基本方式。

学院治理权力的类型与内容固然重要，但对于极具实践性的学院治理而言，学院治理权力的分配更为关键，因为“权力不同分布的后果有着根本性的意义。它影响系统作为系统的活动、所发生的变革的类型、所贯彻的价值观念”①。需强调的是，学院治理应构建底部占主导地位的权力结构。与大学内部其他组织机构相比，学院更加具有学术性，学术权力更应成为学院治理权力的核心。“底部沉重”②是学术权力结构的基本特征，因此，学院治理权力分配的依据主要包括大师统治的传统、教学与研究的自由、专业知识发展的需要等几个方面。在学院内部学科逻辑的要求下，学科专长有其扩张的动力，专业人员应享有最纯粹的自治。正如伯顿·克拉克所指出的那样，“在高等教育系统中权力应被往下拉向专业的基地，因为越来越多的决策和判断越来越需要建立在教授们的深奥知识基础上；每一个系有权主张获得中心地位并能要求作为特定学科或专业领域的有权威的单位，因为在那里，知识就是权力”③。

三、学院治理文化

（一）组织文化的定义

文化存在于任何组织中，它以不同方式引导和塑造着组织成员的思维方式与行动方式。埃弗雷特·休斯说，“当一组人形成了一点共同的生活从而与其他人有了一定的距离，当他们占据社会一个共同的角落，有了共同的问题，或许有了几个共同的敌人的时候，文化便产生了”④。

---

① [美]伯顿·克拉克. 高等教育系统——学术组织的跨国研究[M]. 王承绪，徐辉，殷企平，等译. 杭州：杭州大学出版社，1994：143.

② [美]伯顿·克拉克. 高等教育系统——学术组织的跨国研究[M]. 王承绪，徐辉，殷企平，等译. 杭州：杭州大学出版社，1994：145.

③ [美]伯顿·克拉克. 高等教育系统——学术组织的跨国研究[M]. 王承绪，徐辉，殷企平，等译. 杭州：杭州大学出版社，1994：175.

④ 转引自[美]伯顿·克拉克. 高等教育系统——学术组织的跨国研究[M]. 王承绪，等译. 杭州：杭州大学出版社，1994：83.

西方组织文化研究专家埃德加·沙因在他人研究的基础上归纳出10类关于组织文化的定义：其一，人们互动时可见的行为规则，包括人们所使用的语言、习俗、传统、仪式典礼；其二，群体规范，指组织发展形成的内隐标准及价值观；其三，外显价值，清楚明白的、政策性宣告的原则和价值观，指组织公开宣称要追求得到的成果；其四，正式的哲学观，指组织面对诸多利益相关者时所持有的一般性政策和组织认同的行为指导原则；其五，游戏规则，指要进入组织成为其中一员的潜在规则，这些“内幕”是一个想要被大家所接受的新人必须学习的做事方式；其六，气氛，指一个群体借由物质摆设以及成员彼此之间、与外人之间的互动方式所传达的一种感觉；其七，深植的技巧，指群体成员在完成特定任务时所发展的才干，或使特定事务无须凭文字就可以代代相传的一种能力；其八，共享的认知架构，即引导组织成员的知觉、想法和语言，并且在初始社会化的历程中将其教导给新人；其九，共享的意义，指组织成员彼此互动时所创造出来的始料未及的了解；其十，根本暗喻或整合的象征，是指组织成员所发展出来的用以区分自身的主意、感觉和形象，其已嵌入群体的建筑物、办公室摆设以及其他的物质、事物之中。①根据上述分类，我们可根据组织文化的可现程度，将其分为显性组织文化和隐性组织文化，那么上述第一、第三、第四种组织文化可归为显性组织文化，其余七种组织文化可归为隐性组织文化。如此看来，组织文化往往被视为隐性的、看不见的、无形的、更多隐藏于组织成员个体或群体之中的文化，它在暗中指引、调控着成员行动与组织行为。通过对上述文化类型的分析，埃德加·沙因提出自己对组织文化的定义：“群体在解决其外在适应与内部整合的问题时，学得的一组共享的基本假定，因为它们运作得很好，而被视为有效，因此传授给新成员，作为当遇到这些问题时，如何去知觉、思考及感觉的正确方法。”②

（二）治理文化的定义

在现有研究中，当众人纷纷关注大学治理结构对于大学治理如何重要以及大学治理结构应该如何设计、如何运行时，有少数学者对此进行反思并从另外的角度提出了不一样的看法。学者伊恩·麦克尼在对大学治理形态变迁进行解释时，将关注点置于权力、价值与文化等一系列影响政策的要素上，提出一种经典的文化模型，其

① [美]埃德加·H. 沙因. 组织文化与领导[M]. 陈千玉，译. 台北：五南图书出版有限公司，1996：7-9.

② [美]埃德加·H. 沙因. 组织文化与领导[M]. 陈千玉，译. 台北：五南图书出版有限公司，1996：12.

对不同外部资源环境是如何影响大学治理形态的形成问题具有较强解释力。该理论模型启示我们，在思考大学治理问题的同时也应考虑文化特性，因为文化与大学治理形态紧密相连，二者具有同一性和不可分离性。[①]顾建民和刘爱生认为，大学治理效果与大学治理结构之间并不是简单的线性关系，大学治理结构仅仅是大学治理得以有效实现的必要条件而不是充要条件。他们指出，“实现大学的有效治理，囿于治理结构的调整和优化是远远不够的，必须超越大学治理结构重视组织文化建设、领导力提升等非结构性因素”[②]。在此之前，已有研究者从文化理念的角度对现代大学治理结构进行解析，在现有正式制度的基础上提出了以大学文化填充“制度之网”形成“制度之幕”的观点。[③]还有学者认为，要实现大学治理，就要在建设现代大学制度的同时关注大学文化的传承和发扬，从制度维度转向文化维度，因为“制度是壳，文化才是核”[④]。制度即规则，大学规则成为大学运行的既定规矩，但是“没有任何一个组织可能完全按照写下来的规矩治理好的”[⑤]。因此，从文化等非结构因素视角看待当前的大学治理不失为一个亮点，给人们以较大启发。在学院治理诸要素中，学院治理结构与学院治理权力都具有某种程度上的“刚性化”“硬性化”特征，构建学院治理结构的目的在于使不同治理主体在学院治理中各安其位，配置学院治理权力的目的则在于使不同治理主体在学院治理中各尽其责。然而，学院治理结构与学院治理权力的有效结合还离不开学院治理文化的衔接与润滑功能。如果说大学治理结构是大学共同治理必备的硬件要素，那么以民主化的大学治理文化以及以此为基础的大学治理过程的互动化，客观上就构成了大学共同治理必备的软件要素。[⑥]健康、适宜的治理文化是大学与学院治理结构高效运作的基本保证，当前导致我国许多大学与学院治理问题的一个重要原因就是缺乏一种优良的学院治理文化。一种优良、适宜的文化往往能使一个组织得以顺利运行与健康发展。文化不仅内涵于组织个体中，还蕴含于整个组织团体中，当不同个体之间在价值、观念、目标等方面保持高度一致时，组织团体文化便形成了。一般所说的组织文化本质上就应是超越个体文化而存在的团体文化，当无形的文化与有形的治理结构相结合时，才能真正发挥组织文化的效用。组织文化与治理结构相结

---

① 甘永涛. 论伊恩·麦克尼有关解释大学治理形态变迁的文化模型[J]. 比较教育研究，2008，(12)：57-61.

② 顾建民，刘爱生. 超越大学治理结构——关于大学实现有效治理的思考[J]. 高等教育研究，2011，(9)：25-29.

③ 赵成，陈通. 现代大学治理结构解析[J]. 天津大学学报（社会科学版），2005，(6)：470-474.

④ 赖明谷，柳和生. 大学治理：从制度维度到文化维度[J]. 现代大学教育，2005，(5)：90-93.

⑤ 张维迎. 大学的逻辑[M]. 北京：北京大学出版社，2005：42.

⑥ 陈金圣. 从行政主导走向多元共治：中国大学治理的转型路径[J]. 教育发展研究，2015，(11)：40-48.

合产生组织治理文化。可以说，一个组织的治理文化是组织文化在组织治理结构方面的体现。关于治理文化的研究最早出现于公司治理领域，为此相关研究者对公司治理文化的研究已较为成熟。一般认为，公司治理文化是指“股东、董事、监事、经理人员、重要员工等公司利益相关者及其代表，在参与公司治理过程中逐步形成的有关公司治理的理念、目标、哲学、道德伦理、行为规范、制度安排等及其治理实践”①。受此启发，我们可将学院治理文化定义为学院内外部人员在参与学院治理过程中逐步形成的有关学院治理的理念、目标、哲学、道德伦理、行为规范、制度安排等及其治理实践。虽然大学学院治理文化在形式和类别上与公司治理文化相差无几，但在文化性质与文化内核上，二者有着根本区别，这体现了大学与公司在本质属性上的差别。

（三）学院治理文化的特性及作用

埃德加·沙因在提出组织文化定义后，还对“一个大群体能否只有一种文化”的问题进行了探讨。他认为，“文化的定义并无指定它所适用的社会单位的大小”②，并且一个大群体中的次群体具有多样性特征，由此导致的次群体文化也普遍存在于大群体文化中。在承认文化多元性的基础上，埃德加·沙因指出，即便有许多自成一格的次文化系统，若组织的所有次单位之间存在着共享的假定，那么一个整体的组织文化则具有正当性。尤其是当发生危机或面临共同的敌人时，组织存在的共同假定就会发生作用，使次单位及其文化紧密团结为一个完整的系统。②据此，一个整体的大学学院治理文化是存在着的，即其成员的异质性程度决定了学院治理文化具有多元性、熔融性等特征。换言之，大学学院治理文化是一个多元异质文化的糅合体系，不仅包含行政文化与学术文化，也包含教师文化与学生文化，还包含传统文化与新兴文化。此外，学院治理文化具有层次性，由学院治理内外相关利益者共同信守的基本信念、价值标准及精神风貌等构成的精神文化层是学院治理文化的核心，具体包括治理目标、治理理念、治理价值观、治理风气和治理道德等；制度文化层是学院治理核心理念的具体化和体现，包括一系列具体的规章制度及各项行为规范、治理策略等。正如瑞士学者皮埃尔·塞纳克伦斯所言，“治理确实属于制度的范畴”③。无形的治理文化为学院不同相关利益者提供目标引领、信念

---

① 郭鹰. 公司治理文化研究综述[J]. 宁波工程学院学报，2006，(1)：25-29，38.

② [美]埃德加·H. 沙因. 组织文化与领导[M]. 陈千玉，译. 台北：五南图书出版有限公司，1996：14-15.

③ 转引自俞可平. 治理与善治[M]. 北京：社会科学出版社，2000：243.

支撑，有形的治理文化则以规则形式指引着学院不同相关利益者的思维方式与行事方式。作为一种资源，治理文化对于学院治理来说是相当重要的。首先，学院治理结构、治理体系的完善，必然应以治理文化建设为基础。只有在治理文化潜移默化的影响下，学院治理才能由外部推动变为内部生成，而只有内生的学院治理才能实事求是地、有条不紊地开展。其次，优良的学院治理文化对学院内外利益相关者具有较强激励性。良好的学院治理文化能保证学院治理以学术为本，以教师为中心，进而在院系内部推行共同治理的思想观念和行为准则，能够激发和调动全体师生及行政人员参与学院治理的积极性和促进学院治理"向善"的使命感。最后，良好的学院治理文化有利于降低决策成本、提高决策效益。学院治理的结构和过程存在于组织的文化之中，学院治理的改进和绩效的提升不在于设计出一种最好的治理制度，而在于学院的参与者共享一种学院治理文化。"治理并不在于参与人数的多寡，或者是否需要向某一群体进行咨询，而在于向这些互动的各个群体输入意见和看法。"[①]在治理活动中，如果各利益相关者在价值和行为取向上相互冲突，治理文化将通过协调机制减少冲突和摩擦，大大降低学院决策过程中的交易成本，并提高决策质量和可实施性。

治理文化的缺失或异化将有损于大学学院的发展。克拉克·克尔发现，在美国的很多学校里，"有些教授不那么愿意在各种委员会供职，或者接受其他职责，因为它们花费时间并在他们的兴趣范围之外，还要卷入不愉快的'激烈的争论'"[②]，其结果是，大学的共同管理精神遭受损失。出现上述问题的原因在于20世纪70年代之后大学和教师群体中新学术文化的出现，其"更加强调个人和集体的利益以及感兴趣的事情，而较少强调学院和大学作为一个倾全力于促进知识增长的自治的共同体的全面的福利"[③]。此外，学术机构的"报酬结构对出版的科研成果和外界的赏识比对教学和对内部管理的贡献给予更多的荣誉；还有，越来越多的内部管理正在被越来越多的行政人员接过去，从而降低了大学是一个自治的共同体的意识"[④]。换言之，大学机构与教师普遍重科研、轻教学以及多"向外看"、少"向内看"的观念和文化久而久之使大学自治意识变得越来越淡薄。由此看出，努力培植

---

① 王利华. 校兴之道：加拿大的大学发展及思考[M]. 北京：北京理工大学出版社，2015：57.

② [美]克拉克·克尔. 高等教育不能回避历史——21世纪的问题[M]. 王承绪，译. 杭州：浙江教育出版社，2001：158.

③ [美]克拉克·克尔. 高等教育不能回避历史——21世纪的问题[M]. 王承绪，译. 杭州：浙江教育出版社，2001：157.

④ [美]克拉克·克尔. 高等教育不能回避历史——21世纪的问题[M]. 王承绪，译. 杭州：浙江教育出版社，2001：158.

含有多方参与、民主协商、正和博弈、共同治理等精神内核的治理文化对于大学学院具有重要意义。

第三节 学院治理的特征

在西方绘画艺术史上，拉斐尔的《雅典学院》以其精湛的技艺展示着对“黄金时代”的追忆，苏格拉底、柏拉图、亚里士多德等不同时代的思想家汇聚一堂，展示着人类对真理与智慧的渴望。柏拉图所建立的雅典学院是西方大学的经典范例，作为其精神的延续，今天作为城市地标的大学及其内设的二级学院的精神旨归依旧是对真理的追求，其精神血脉里依旧偾张着对学术的依恋；作为时代的产物，今日的大学以及学院注定也有着时代的特点，有着一些不同于柏拉图及其后继者不曾经历的大学特点。现在，当我们驻足于对二级学院治理特点的观察时，从上述基点出发，基础性、学术性、自主性不可避免地成为笔者讨论的焦点。

当下，现代大学制度的建设是我国高等教育事业追赶世界高等教育发展脚步的积极行动，作为现代大学制度的组成部分，二级学院在大学的发展过程中具有基础性作用，因为只有二级学院得到坚实的发展，由一个个学院集合而成的大学才会得到坚实的发展，只有保障学院发展制度的建设与完善，现代大学制度才有可能得以建立。正如《雅典学院》所体现的那样，不论是柏拉图对于精神生活的追求，还是亚里士多德对于实体物质的思索，还是其他一众杰出的思想家所不以为忧、反以为乐的思想、讨论、辩驳、反思，学术都是他们坚定的理想信念，虽岁月不居、沧海桑田，但这种精神依旧是当下学院的根本使命，只有以学术性立命，学院及其构成的大学才有了根基，也只有以学术为使命担当，学院及其构成的大学才有了存在的合理性，不然，无论是流于大众还是过于空泛，大学都会失去其存在的理由与价值。学院或者大学的信念与治理有着内在的一致性，基于学术的学院与对于自身事务经营的治理，都自内而外氤氲着对自主性的执着，原因在于，基于对真理的追求，勇敢而坚定的思想者踏上了学术的征途，基于对自身事务的理解与追求，基层的力量推动着现代治理方式的变革，可想而知，如果没有相关利益主体挺身而出，没有其自主性的发挥，无论是学术生产、交流、质疑以及理解与认同，还是不同力量主动参与涉及其中的事务，都是不太可能的。

进一步而言，基础性、学术性、自主性与二级学院治理的“结构-权力-文化”的整体思路具有契合性。如上所言，二级学院与大学的构成关系的基础性便是二级学院治理在结构方面的特点；学术性所凸显的则是治理与管理在权力关系上的不同，大学或者学院管理的最大特点是行政权力高于学术权力，而学院治理则致力于转换行政权力与学术权力的位次，高扬学院这一学术组织的根本理想；而自主性则是治理文化在二级学院治理中的映射，唤发出学术群体内在的激情，继而使其献身学术事业。

一、学院治理的基础性

二级学院治理在现代大学制度体系中首先具有基础性的特点。所谓基础性，是指无论是在大学机构的组成上，还是在大学功能的发挥上，二级学院治理在大学发展过程中都具有建基性的作用，在现代大学制度的形成上具有关键性的作用。

（一）学院组成了大学

二级学院治理具有基础性，其最简单明了的逻辑起点在于学院组成了大学。作为学术组织，在许多以大学命名的机构中，其组成部分均是一个个具体的二级学院，在各色大学中分列着一个个以学科类别划分的具体学院。仅以我国为例，在改革开放初期，面对几经风雨、历经曲折坎坷的中国高等教育发展现实，学院制成为高等教育发展的重要选择。学院制的起源伴随着西方中世纪大学的产生，其后经过不断的丰富、发展和完善，学院的设置趋向于以学科关系进行组织，学院的种类也越来越多，自 20 世纪 80 年代中期，我国恢复“校-院-系”序列管理体系以来，学院制成为我国大学组织的基本结构。①这一事实决定了我国的大学治理必然要以二级学院治理为基础，二级学院治理的成效也以基层变革的形式引导着大学发展道路的变革。

由此，基础性意味着我国现代大学制度的重心必然要完成从管理时代的重心上移向治理时代的重心下移的转变。管理时代的结构组织与制度设计影响了基层

---

① 宣勇. 论大学的校院关系与二级学院治理[J]. 现代教育管理，2016，(7)：1-5.

组织能动性的发挥，二级学院在一定程度上成为学校系统的依附。需要说明的是，此处虽然涉及行政权力与学术权力的纠葛，但笔者更多地着眼于学校的结构体系，而非在下一部分要讨论的学术性特点方面的学校的权力关系。在治理时代，随着社会底层力量逐步强大的社会发展趋势，在高校内部，底层力量也逐渐崛起，更兼高等教育领域内部治理改革的推进，学校管理重心逐步下移到基层，即二级学院。笔者不否认，这一重心下移的趋势必然是长期的，笔者更不否认，重心下移趋势也会出现波折，甚至这些波折会来自二级学院内部，例如，有学者就已提出二级学院治理失灵的问题，但无论如何，重心下移是高校治理改革的必然趋势。在相关实践中，“学院（系）逐渐成为相对独立的办学实体”①，在高校中，人才引进、职称评审等人事权以及津贴、行政经费的支配等财务权，均逐步由学校向二级学院下放，或者二级学院在相关领域的自主权逐步提高，由此院系逐步成为决策主体。此外，我们还可以看到，一些学院在招生方面的自主权也越来越大，学校在招生政策方面给予学院更广泛的权力。

由此可以看出，在学院组成了大学的逻辑基点上，不论是学院制的高等教育管理体制设计，还是现行高校改革尝试，二级学院均成为当代大学发展的基础，二级学院的发展在当代大学发展进程中具有基础性的作用。

在上述逻辑基点的叙述中，笔者对二级学院治理的分析始终立足于关系性的立场，即二级学院对于大学的发展是基础性的，其原因在于我国的特殊国情，抑或我国二级学院治理的特殊场域。就大学内在结构而言，在欧美国家，院（系、所）保持的学术自治的传统及其学科自治与学术独立的内在逻辑，使得学院与大学的关系事实上比较松散，学院的发展没有强有力的学校层面的指令性控制；而在我国，二级学院有着组织体系上的行政主导特性。②置身于这一特殊场域，我国的二级学院治理改革必然呈现出一种关系性的基础性特征。

（二）学院成就了大学

所谓二级学院治理的基础性，其逻辑基点不仅在于学院组成了大学，还在于学院成就了大学。即二级学院对大学的意义在于，学院是大学职能的首要的和最终的承担者。换言之，大学所具有的人才培养、科学研究、社会服务的功能都主要由二

---

① 罗建河. 学术接管：高校院系治理的新举措[J]. 江苏高教，2015，(1)：40-43.

② 沈勇. 院系治理的中观分析：章程建构、实践张力与路径优化[J]. 国家教育行政学院学报，2016，(7)：15-20.

级学院负担和完成。

以人才培养为例，作为大学治理的典范，由学校董事会、学术领袖、教授和学生等主体构成的美国大学治理的基本结构，履行着“大学的责任在于塑造有思想的公民”的使命，坚守着“大学理应成为学生演练政治参与的最佳场所”的信条。① 如前所述，美国大学的学科自治、学术独立等自治传统，由其学院与大学的独特的、松散的关系可知，同样适用于二级学院的治理传统，甚至可以说，美国的大学治理其实就是二级学院治理。在这里，通过自治的治理传统，二级学院成就了美国大学的教育信条，成就了美国精英教育的神话。

以科学研究为例，在英国，系作为学术组织，是剑桥大学的基层单位，其在教学和科研、课程设置、教师聘任与晋升、科研经费预算等方面拥有诸多的自主性，以此成就了剑桥大学在科研方面的显著成绩，基层组织的作为成就了剑桥大学作为名校的声誉，正是这些基层组织架构和运行机制，为学院乃至大学的生存和发展提供了良好的组织保障。②

（三）学院突破了大学

除了学院组成了大学、学院成就了大学以外，二级学院治理所彰显的基础性还在于学院突破了大学。众所周知，随着高等教育规模的不断扩大，不断发展的“巨型大学”现象已不足为奇，而与之相伴随的是“巨型学院”的出现。

“巨型大学”不仅表现在大学的人数众多，一些国内的知名大学中，动辄在校生三万人以上者比比皆是，甚至于有五六万在校生的名校也不乏其例；“巨型大学”还表现在大学下设的学院较多，有学者指出，我国大学的学院设置数量整体偏多，如原属于“985 工程”的大学的学院数量为 20 个左右；原属于“211 工程”的大学的学院数量则在 16 个左右；而众多地方院校的学院设置数量则在 17 个左右，与之相比，美国大学所设置的学院数量则在 8～10 个。③如此，中国的大学诚可谓“巨型大学”。“巨型大学”的发展显示的是当代高等教育规模的扩大，而高校平均规模的扩大则使其内部二级学院在结构与规模上越来越接近“小大学”④，此即笔者所谓的“学院突破了大学”，即今日之大学已远非昔日之大学，而今日之学院胜似昔

① 马培培. 论美国大学治理中的学生参与[J]. 高等教育研究，2016，(2)：104-109.

② 李成刚，许为民，张国昌. 大学治理结构中学术力量和行政力量的配置与定位研究——基于四所国外高校的分析[J]. 中国高教研究，2014，(8)：11-16.

③ 宣勇. 论大学的校院关系与二级学院治理[J]. 现代教育管理，2016，(7)：1-5.

④ 王建华. 学院的性质及其治理[J]. 中国高教研究，2017，(1)：13-17.

日之大学。学院完成了在规模和结构上的突破，由此更加彰显出二级学院治理的基础性。因此，“无论是作为法人实体的大学还是作为大学二级单位的学院对治理的需要都日益迫切”[①]。因应于时代，二级学院作为“小大学”，其规模、结构乃至功能等方面的突破，不仅为当代大学的管理带来了困难，其突破甚至于是昔日大学所不能比肩的。在一些知名院校中，其二级学院学生甚至达至几千人的规模，二级学院继而建立学部等实体组织，之后改变相应的管理规则，将治理提上议程。至于功能方面，这些“小大学”自诞生之日起，便面临着与昔日大学完全不同的命运。学院制的基础是壁垒分明的学科，而在今日，“随着全球化进程的加快、网络技术的普及，知识形态已经发生了转变，知识生产也不再是单一的以纯粹的科学研究为手段的学科型、专业化的模式，同时出现了以跨学科或多学科问题导向的知识生产模式”[②]。这样的时代变化，这样的“命运挑战”促使大学的前途系于这些“小大学”自身的改变，通过这些“小大学”的形态转化与治理革命，完成当代大学命运的基础性变革。这样的基础性变革要以二级学院治理的形式，实现“底部沉重”的组织与管理架构变革，即在二级学院治理体系中，学院作为办学实体，将承担更多管理职责，制定更多决策，从而加速更多的学科融合，更鲜明地体现二级学院的“基础性”作用。

二、学院治理的学术性

在一次演讲中，知名学者丁学良指出，完成从行政主导到学术主导是北京大学及其他高校改革的焦点，是建设研究型大学的必由之路。[③]如果追究大学的产生，我们可以看到，无论是何种类型的大学，从柏拉图、亚里士多德时期的学院到中世纪神学主导的大学，乃至文艺复兴以来星光璀璨的西方大学，都是以学术为追求的。无论是大师级的学者，还是新入职的讲师，他们都将学术视为自己的天职与志业，为之献身，矢志不渝。今天立足二级学院治理的问题，环视东西方大学的不同特点，“底部沉重”的西方大学，或者更具体地说是学院，或者是由多个学院组成的学部，其治理的学术性自不待言，甚至于中国的大学，在面临现实形势深刻变化

---

① 王建华. 学院的性质及其治理[J]. 中国高教研究，2017，(1)：13-17.

② 张德祥，李洋帆. 二级学院治理：大学治理的重要课题[J]. 中国高教研究，2017，(3)：6-11.

③ 丁学良.丁学良：何谓世界一流大学？[EB/OL].(2017-12-20)[2018-12-20]. http://www. qunzh. com/mjcz/mjppt/201712/t20171220_35839.html.

带来的危机与跻身“世界一流大学”、建设“世界一流学科”、建立“现代大学制度”的主动变革中，二级学院的治理也应更多具备学术性特点。

二级学院治理的学术性主要体现在两个方面：一方面是二级学院以学术为生命；另一方面是二级学院的治理失灵问题需以学术力量解决。从第一个方面上讲，学术性是大学及其下设学院存在的根本理由，高深学问的生产是大学及其下属学院的天职，追求真理是大学教师乃至求学者的志业，这一逻辑起点所决定的是二级学院的治理在权力关系上必须高扬并坚守学术性，因为只有学院治理首先是学术性的，才能保证学院的学术性生命；从第二个方面上讲，治理失灵的问题之所以要以学术的方式解决，原因在于，只有保证学院的生命是属于学术的，或者说学院的生命首先属于学术，才能保证学院治理的学术性，才能保证学院治理失灵的治疗不会留下太多的后遗症。

（一）二级学院以学术为生命

多年以来，关于大学改革、现代大学制度建设、高校治理改革以及近来较热的“双一流”建设问题的具体体现虽然是五彩缤纷、色彩斑斓的，但学者的落脚点却多集中于高校内部层面、高校与社会关系层面的行政权力与学术权力的纠葛。因为二级学院与其所属大学的特殊关系，这些纠葛也会落实在二级学院治理问题的讨论上。诚如有学者所说，二级学院是一个学术共同体，大学的几乎所有学术人员都在二级学院工作，所有的学科专业都在这里汇集，相应的学术资源也在二级学院分配，但二级学院又是一级行政单位，具有科层制的特点，有明确的职位和层级，有确定的权力和职责，二级学院的领导一般是经过民主推荐程序后由学校任命的。①在由学校到学院这一直线型的科层制体系中，很多改革制度，包括二级学院治理改革都是由政策以由上而下的方式推动的。由此，学术力量与行政力量成为大学及其学院权力体系中的二元结构，两者共同推进大学的发展，如此学术与行政可以相互融合，但由于这两股力量在构成基础、组织文化、运行逻辑和组织目标等方面的差异，不可避免地会产生冲突。②兼以文化传统的差异，行政与学术的冲突与融合在西方国家与东方国家表现出很大的不同。基于对西方国家二级学院治理进行的考察，我们不妨借鉴其大学治理模式。伯顿 · 克拉克整理了大学治理的四种主要模

---

① 张德祥，李洋帆. 二级学院治理：大学治理的重要课题[J]. 中国高教研究，2017，(3)：6-11.

② 李成刚，许为民，张国昌. 大学治理结构中学术力量和行政力量的配置与定位研究——基于四所国外高校的分析[J]. 中国高教研究，2014，(8)：11-16.

式，分别是学术力量突出而行政力量比较弱的德国模式、行政力量突出而学术力量较弱的美国模式、学术力量和行政力量相对均衡的英国模式以及混合型的日本模式。[①]就我国现实情况而言，二级学院的治理模式类似于美国模式，但与其有明显的不同，在中国的大学、学院中，行政力量居于优势地位，而且行政力量高居学术力量之上的局面也许会长期存在。但在根本上，再强大的行政权力也否认不了学院是一个学术组织的性质，因为学术性是学院的首要特性，也是学院治理的首要特性。

学术性作为二级学院治理的特点，主要表现为学术自治。西方大学学术自治的传统起源于早期学者行会自治管理的决策方式。在这种决策方式之下，招生、课程开设、考试、学位授予以及职称评定均由学者自治管理。因此，学术自治作为二级学院治理的精义，主要表现为学术事务的自我管理，教师广泛控制学术活动、教学活动、学校管理，充分体现了二级学院治理的学术性。[②]这种学院治理的学术性有力地表现在伯顿·克拉克所说的大学治理的德国模式中。众所周知，研究型大学的兴起得力于德国教育家洪堡的推动。在 19 世纪初期以前，大部分学者和科学家都是“各自为政”的“自主工作的通才”[③]。在洪堡的努力下，现代大学研究体制与研究理念开始流传于德国的大学，第一批现代研究型大学在德国兴起。当分工、学科与专业之间的关系变得更加紧密时，当研究理念由古典骤然转变到现代时，当研究的专业化程度不断深入使得某种协调机制变得越来越重要时，当他们的工作需要越来越多的相互配合、需要更加有序的交流时，那些“依据新的研究理念工作的学者们就有必要为自己的努力寻找一个稳定的、制度化的家园”，“人们越来越清楚地认识到，他们只能在大学中进行自己的工作，即在为了提供这样的纽带而建立的或重新设计的机构内工作”[④]。由此，基于学术研究的需要，以学科为分界线的学院纷纷形成。学术性才是学院发展的客观动力，二级学院治理只有更好地体现学术性，以学术力量为主才能更好地证明学院存在的合理性。同样，二级学院治理只有将行政力量服务于学术力量的属性加以明确并且落实，才能保证学术至上的变革理想。

---

① [美]伯顿·克拉克. 高等教育系统——学术组织的跨国研究［M］. 王承绪，徐辉，殷企平，等译. 杭州：杭州大学出版社，1994：76.

② [美]约翰·S. 布鲁贝克. 高等教育哲学[M]. 王承绪，郑继伟，张维平，等译. 杭州：浙江教育出版社，2002：32.

③ [美]安东尼·克龙曼. 教育的终结：大学何以放弃了对人生意义的追求[M]. 诸惠芳，译. 北京：北京大学出版社，2013：72.

④ [美]安东尼·克龙曼. 教育的终结：大学何以放弃了对人生意义的追求[M]. 诸惠芳，译. 北京：北京大学出版社，2013：79.

（二）二级学院的治理失灵问题需以学术力量解决

如果仅就学术发展来谈学院治理，上述论断并没有问题，但如果就各种力量均衡发展、协商的治理来谈学院治理，上述论断则失之于简单，因为治理问题的实质是权力配置问题。作为大学内部治理的重要方面，二级学院治理事实上是学校、学院之间的纵向权力配置①；作为学院内部治理，二级学院治理事实上是学院内部学术权力、行政权力等的横向配置问题。在不涉及行政力量的前提下，如果在二级学院内部诸多学术力量之间出现治理失灵的问题，又该如何加以解决呢？所谓院系内部的治理失灵问题主要表现在学术力量的失衡或者教师群体之间产生派系斗争，导致学院不能正常运行的情况。

一旦出现二级学院治理失灵问题，为了保证学院及其治理的学术性特征，应该以学术的力量加以解决，而非以前惯常使用的以行政力量的方式解决问题。如安东尼·克龙曼所言，学院对于学者来说是一个稳定的、制度化的家园②，但也正是因为这个原因，学院里的因学术而起的派系斗争有时会不可避免地发生，乃至出现有学者所说的“教员欺侮”现象。教员内部派系的形成“是与高校教师中竞争、独立和分裂的职业文化联系在一起的”③，而派系斗争是院系运转失灵的重要原因。面对学院的运转失灵以及学院治理的失灵，为了尊重学院的学术性，也为了尊重学院治理的学术性特点，就有必要引入学术接管的概念。学术接管是在学院出现运转失灵状况后，在院系值得保留且院系成员愿意接受接管的基础上，由学校选派有管理经验的人进行接管，但需要指出的是，这种接管既不是问责，也不是惩罚，而是在尊重学院的学术性的前提下，通过改革等方式使学院重回正轨。④不难看出，学术接管是体现二级学院治理学术性特征的治理方式。

综上所述，学院治理的学术性体现在两个方面，一是在治理秩序处于正常情况下的学术权力至上而行政权力辅助的权力关系，如此才能体现学院起源以来的初心，这种初心不仅要涵盖研究型大学兴起以前的学者，如以苏格拉底、柏拉图、亚里士多德为代表的那种独立状态的思考，也要涵盖自大学发展史上的“洪堡时代”以来的合作状态的研究；二是在治理秩序处于非正常状态下的权力关系，因为治理

---

① 叶文明. 差异化放权：大学内部治理变革的策略选择[J]. 高等工程教育研究，2017，(2)：134-138.

② [美]安东尼·克龙曼. 教育的终结：大学何以放弃了对人生意义的追求[M]. 诸惠芳，译. 北京：北京大学出版社，2013：79.

③ 罗建河. 学术接管：高校院系治理的新举措[J]. 江苏高教，2015，(1)：40-43.

④ 罗建河. 学术接管：高校院系治理的新举措[J]. 江苏高教，2015，(1)：40-43.

的实质毕竟是各种权力的相互均衡作用，而学院的特质又难免具有“书生意气”，真正的二级学院治理，即使在学术权力处于混乱的状态下，也要在自愿的基础上，以学术为重，坚持使命，通过形成学术共识、遵守学术秩序来回归二级学院治理的秩序。只有兼具二者的特点，才是学术理想与权力运行现实的交汇，才是完整的二级学院治理的特点。

三、学院治理的自主性

前已述及，在组织结构及功能问题上，二级学院具有基础性；在权力关系问题上，二级学院治理则凸显出鲜明的学术性。在这一部分，笔者将进一步讨论二级学院治理在治理文化上的自主性。

（一）治理文化的自主性

就实质而言，治理是管理幅度的“扁平时代”里底层力量的崛起，是管理跨度的“规模扩张时代”里底层力量在自身事务管理问题上日益明显的主动作为。因此，对于治理在社会管理上通常被理解为“行政力量与各种社会力量对自身事务管理上的合作”①的说法，笔者愿意将其理解为治理概念在其原生文化上的生机勃勃的自主性。笔者将这种自主性理解为社会力量对行政权力的“平视”，而非昔日的“仰视”；笔者还愿意将这种自主性理解为社会力量对于自身责任的“自觉”，而非昔日的“说服”；笔者也愿意将这种自主性理解为社会力量对于自身事务的“主动”，而非昔日的“被动”。也就是说，只有在“平视”的世界里，社会力量才能补充行政力量的缺失；只有在“自觉”的世界里，社会力量才会懂得、明确理解自己的需求，才能日益完善自身；只有在“主动”的世界里，社会力量才能对自身价值的实现发挥作用。一言以蔽之，治理文化的特点主要是自主性。

（二）学院特点与治理文化自主性的一致性

当治理文化的自主性落实到二级学院治理的问题上，学院的特征便得到了更大的体现，学院的内在特点与治理文化具有高度的一致性。首先，大学及其学院为

① 徐金燕，陆自荣，蒋利平. 合作治理视野下社区公共服务供给主体关系的断裂与重构——基于长沙市天心区的实证调查[J]. 湖南科技大学学报（社会科学版），2013，（3）：136-140.

“育人”而生，高等教育的阶段特性决定了如下的事实：那些至少经历过四年本科教育的学生，一旦走出学院及大学，就要成为主动担负起社会责任的中高层精英，成为社会的意见领袖，成为精神产品生产领域的杰出工匠。一句话，大学及学院作为高等教育的场所而存在，其培养目标就是要成就那些可以推动社会进步、引领时代发展的人才，其培养方式便是要发现、呵护、引领这些人原生的品质，这是二级学院在人才培养问题上与治理文化的自主性特点一致性所在的表现之一。其次，大学及学院为“研究”而生，这里汇集着知识分子的一部分群体，生活着为了探求真理、思考世界的思想家的一部分群体，耕耘着推动知识更新、生产高深学问的大部分群体。总之，他们以学术为使命，积极履行着自己的职责，这是大学及学院在科学研究方面与治理文化的自主性特点一致性所在的表现之二。最后，作为一股社会力量生存在今天这样一个知识社会里，作为“社会大脑”的重要组成部分，大学、学院与社会的交流日益密切，成为改造社会的中间力量，这亦是大学及学院在社会服务方面与治理文化的自主性特点一致性所在的表现之三。

上述种种一致性表明，基于学院精神与治理文化的一致性，生长于治理发展的历史进程、蕴涵治理文化核心气质的二级学院治理，为了保证大学及学院在人才培养、科学研究和社会服务方面的自主性，其必然天生也具有自主性的基因。

（三）学术自治是学院治理自主性的表现

二级学院治理的自主性表现在什么地方呢？笔者以为，结合学院的学术性特点，二级学院治理的自主性主要表现在学术自治上，其原因在于，只有在具有学术自治理想的二级学院治理中，才能保证学院在科学研究方面的精益求精，才能保证学院在人才培养方面的独立精神、自由思想，才能保证学院在社会服务问题上的独树一帜。当然，基于大学二级学院的本质功能，有学者指出大学的本质功能在于人才培养，不论是社会服务还是科学研究，都要以人才培养为导向。①此说法与笔者所谓的学术自治并无冲突，其原因在于只有大学及学院坚持学术自治的独特精神与精神禀赋，才能在人才培养及以人才培养为导向的科学研究、社会服务中实现其培养目标，让社会多一点求真务实、追求真理的风气，让学院多一些不阿世、不流俗的独立的人，让社会发展的速度更快、进步的程度更深。也就是说，只有大学及学院坚守学术自治的传统，二级学院治理才能发扬治理的自主性精神，才能在其培

① 陈杰. 人才培养是大学最本质的职能——对《大学的逻辑》之现代大学理论的商榷[J]. 高教与经济，2007，(4)：13-16，37.

养的人才精神轨迹里烙下良知的印记。

以上只是就二级学院治理在其人才培养结果的自主性上展开论述，那么二级学院治理究竟需要什么样的自主性呢？英国学者阿什比曾经论述了大学的自主权，包括对经常性拨款的支配权、对新生考试和录取的掌握权、对课程的控制权、对教职员工的任用和对教师的任期的确定权。[①]也就是说，学者之间或以正式或以非正式的方式，人人平等，一人一票，民主协商，就某一问题进行决策，共同维护学术信仰与学术自由，共同分享权力。[②]这与上述所引布鲁贝克教授在《高等教育哲学》一书中的论述颇为相似，表现了学院在教学这一人才培养的主要途径上的自主性。而一旦着眼于二级学院治理问题，笔者发现，学院治理涵盖的范围比单纯的学术自治涵盖的范围要大得多，因为在今天，学院除了教学之外，有更多的事务要进行自主治理。比如，在今天，高新知识层出不穷、更新速度加快，高等教育部门比其他部门更容易陷入各种社会压力中，需要社会赋予其更大的自治权以使其履行它们的职能，因为现在这“是高等教育中对社会做出贡献的一个最中心的部分，但是也是需要从社会得到最高程度的自治的部分”[③]。再如，在学术自治不断深入时，行政力量以更加平稳的方式予以教授等学术群体更大的自主权。有学者指出，我国大学自主性的缺失在于政府权力和学术权力绕在一起。[④]这一问题同样适用于描述二级学院的治理问题。在平等观念深入人心的今天，既需要二级学院的行政官员与教师群体平等自治，又需要教师群体与学生群体平等自治，甚至于美国大学教授联合会在 1920 年《关于教师在大学治理和行政中的定位和功能的报告》（Report on Place and Function of Faculties in University Government and Administration）中讨论了“校长、其他行政人员、教师在大学治理中究竟扮演什么角色”的问题，并认为大学治理应体现“共同担责和全面合作的精神”[⑤]，这一问题同样存在于二级学院治理范围内。如此种种，皆是二级学院治理的自主性特点所在。

---

① ［英］阿什比. 科技发达时代的大学教育[M]. 滕大春，滕大生，译. 北京：人民教育出版社，1983：56.

② ［美］罗伯特·伯恩鲍姆. 大学运行模式——大学组织与领导的控制系统[M]. 别敦荣，主译. 青岛：中国海洋大学出版社，2003：83-84.

③ ［美］克拉克·克尔. 高等教育不能回避历史——21 世纪的问题[M]. 王承绪，译. 杭州：浙江教育出版社，2001：121.

④ 宣勇. 大学必须有怎样的办学自主权[J]. 教育发展研究，2010，（7）：1-9.

⑤ 转引自刘爱生. 美国大学治理结构的主要特征及其文化基础[J]. 外国教育研究，2014，（8）：62-70.

第三章 学院治理的现实解读

如前所述，治理这一概念大致有两种含义：在广义上，治理不仅作为管理的同义词而存在，更兼有一种理想的"管理的成绩"的意思在内，如《荀子·君道》中的"明分职，序事业，材技官能，莫不治理，则公道达而私门塞矣，公义明而私事息矣"①；在狭义上，治理特指20世纪90年代以来的一种公共管理思潮，如全球治理委员会的界定，治理是"公或私的个人和机构经营管理相同事务的诸多方式的总和"②。在本书中，治理的内涵是狭义层面上的，因此，学院治理的主要意义在于超越传统的学院行政管理模式，让包括行政主体在内的更多的主体参与到学院管理的过程中，不仅实现多元的权力主体对学院事务负责，从而实现学院权力的分散、转移以及制衡，而且实现这些权力主体各自可以采用多样的管理方式，因时因地、灵活应对随时可能出现的新问题、新形势，更好地实现二级学院人才培养、科学研究、社会服务的功能。

具体而言，本章将从二级学院的治理结构、治理权力与治理文化三个方面展开分析。其原因在于，首先，随着二级学院规模的不断扩大，其利益主体呈现多元化发展趋势，其利益诉求也不断分化，因此，学院治理结构的设置需要在相应的层面进行组织和制度架构建设，为多元利益主体的利益表达和维护创造条件，为实现其利益诉求提供相应的机制保障。其次，在本质上，学院治理要重塑既有权力配置模式，一方面要重新调整大学及其二级学院之间的权力关系，乃至重塑政府、大学及其学院之间的权力关系，将各自的权力划分明确的界限，这是学院治理权力运行的规则与依据；另一方面，明确不同权力之间的地位是平等的，具有相同的进行谈判

---

① 荀况，司马哲. 荀子[M]. 西安：中国长安出版社，2009：177.

② The Commission on Global Governance. Our Global Neighborhood[M]. Oxford: Oxford University Press, 1995.

和协商的地位，这是学院治理权力调整的基本要求。最后，治理文化既是学院治理的现实土壤，又影响着学院治理的发展走向，因此，需要对当前的学院治理文化进行适当的观察、揭示，对当前学院治理的现实境遇进行再认识、再研究，以解决学院治理的科学性与适用性之间的关系，以便更好地推进学院治理落地的进度。

然而，治理结构、治理权力与治理文化这三个概念并非可以被明确划分的，比如，治理结构与治理权力存在着密切的关系，前者是后者的载体依托，而后者是前者的内在属性，同时，治理文化深刻地存在于治理结构与治理权力之中。因此，在本书中，这三个概念的使用是为了更好地对学院治理进行分析而做出的暂时性的划分。

第一节　学院治理结构现状分析

治理结构是组织中利益群体之间的关系，是为了维护和保障组织的正常运行而进行的权力与运行机制的组织结构设置。①组织机构与运行机制是治理结构定义的关键词，其中，组织机构是运行机制的载体，而运行机制是组织机构得以运作的规则体系。本节中，笔者将从组织结构和运行机制两个角度，对现实的二级学院治理结构进行研究解释。就二级学院治理的总体情况而言，其治理结构既有治理的特征，亦有管理的特征，甚至可以说，无论是在理念上还是在实践中，在学院治理问题上，管理与治理的界限是模糊不清的，因此，学院治理的组织结构和运行机制两个方面存在着现实的困境，很难说清楚学院治理改革究竟在多大程度上是成功的和深入推进的，而且现实中也不乏以学院管理取代学院治理而进行所谓的学院治理改革的行为，表面上轰轰烈烈、紧锣密鼓推进学院治理改革，实际上改革处于止步不前、举步维艰的局面。②也就是说，我们的学院治理或者学院治理改革的举措究竟是治理多一些还是管理多一些，这一问题既有现实的困境，也有理念的困境。学院治理在取得重要进展的同时，也面临着难以逾越的障碍。基于如此的改革现实，笔者就管理结构与治理结构中共有的一些组织结构和运行制度，以及明确进行

① 熊庆年，代林利. 大学治理结构的历史演进与文化变异[J]. 高教探索，2006，(1)：40-43.

② 刘冬冬，张新平. 高校二级学院治理：困境及其消解路径[J]. 现代教育管理，2018，(6)：17-22.

学院改革工作典型学院的组织机构和运行制度进行研究，以期清楚认识当下我国的二级学院治理结构。

简单来说，二级学院治理结构可以分为学院内部治理结构和学院外部治理结构，前者是学院内部的组织机构和运行制度，后者是学院外部的组织机构和运行制度。学院内部治理结构具有行政主导的特点，而学院外部治理结构则具有大学主导的特点。

一、行政主导下的学院内部治理结构

英国学者迈克尔·夏托克曾经表示，成功大学的管理要尽力平衡大学不同层级或者机构之间的治理权，即不能完全依靠单方面的治理，而是要实现共同治理、合作管理。①在我国，大学的二级学院的组织结构和运行制度事实上不仅是其所属大学的组织机构和运行制度的翻版或复制版，也是国内大多数大学的组织机构和运行制度的翻版或复制版，因为不论是“985 工程”“211 工程”院校，还是普通的地方院校和职业院校，国内的大学在组织机构和运行制度方面具有“千校一面”的特点。所谓二级学院内部治理，实质上亦即平衡其所辖行政机构、权力机构、学术机构以及相关利益群体的治理权，而这依赖于学院内部的治理机构的组织机构设置与运行机制，从而实现二级学院人才培养的本质职能，以及创造与传播高深学问的科学研究、社会服务功能。因此，二级学院治理结构要解决学院内部利益群体之间权力关系的问题，以自身治理结构的重塑实现加快高深学问的产生、促进高深学问的传播、培养学生追求真理与实现价值的人生取向的治理改革目标。优良的学院治理结构既是改善学院管理方式、丰富和延伸学院管理内涵的内在要求，也是对学院管理的一种超越，是学院提升人才培养能力和水平、适应时代发展变化要求的自觉反应。也就是说，时代特点要求学院在管理方式上朝向扁平化、放权化方向发展，要求学院权力转向以服务取向为主，改变以往行政权力一贯到底、学院行政化的问题，实现学院权力主体多元化、平等化，以此理念重塑学院的治理结构，在组织机构和运行制度上实现由贯彻行政目标到落实人才培养和学术传承创新方向的转变。

因此，由学院管理到学院治理，我国诸多的学院治理改革实践主要集中在以治

① [英]迈克尔·夏托克. 成功大学的管理之道[M]. 范怡红，主译. 北京：北京大学出版社，2006：194-195.

理权为核心重新塑造二级学院的组织机构及其运行制度上。林林总总的改革措施大致可分为两类：一类是按照治理的要求，重新设置、完善学院内部的组织结构和运行制度，并赋予这些机构实质性的治理权；另一类是以行政权为主，完善已有各类组织机构的职能，或是重新确认这些组织机构的职能，以实现学院治理改革。在第二种类型的学院治理中，长期行政化的学院发展方式让一些体现民主的组织机构形同虚设，如教授委员会、教师代表会议等，这些机构本来是学院民主的重要力量，但是因为行政权力独大的局面，这些机构因应有职能不能得到正常发挥而形同虚设。但这些机构在组织机构和运行制度方面又符合学院治理结构的要求，因此在这场治理改革中，需要对这些机构的功能和权力重新加以确认，使其重新成为学院民主治理的重要结构。

客观来讲，现有学院治理研究基本集中于教师群体治理权的各种治理结构的研究上。所谓教师群体治理权，即被研究者经常讨论的、经久不衰的行政与学术的关系问题，以及被研究者常常忽略不提的教师群体其他方面的利益的维护问题。行政与学术的关系诚然是一个问题，不仅是一个关系学院治理合法性、可行性的问题，而且是一个与治理结构相关的很重要的问题。

在学院治理中，行政与学术的关系是绕不开的问题。以高深学问的产生、传播为核心的学术问题是关系到学院、大学存在的合法性和合理性的根基性问题，如果学院内部治理及其治理结构不能很好地维护和促进学术的发展，那么这种学院治理不管是内部治理还是外部治理，都不具备合法性，因为这样的学院已不能被称为学院，这样的学院已经无“学”可言，只是一个具备完善行政职能并且正常运行的官僚机构罢了，甚至我们也可以设想一下，一旦成为无“学”可言的学院，那么学院的行政权是否还能存在也就成了一个问题；同样地，如果学院治理在治理结构改革问题上不能直面行政问题，有意忽视、绕道甚至无意地避开这一问题，不能勇敢面对这一现实的瓶颈问题，那么学院治理及其治理结构基本不具备可行性。只有合理平衡学术与行政关系的学院治理结构才能有效推进学院治理的改革。这正如迈克尔·夏托克所言，如果只有行政管理机构享有治理权，而没有强大的学术委员会，那么就会破坏学院的创造性和活力。此外，如果像英国“牛桥”大学模式那样，学院仅仅由学术人员进行治理，那么学院的运作就会出现许多其他的缺陷，其中“最突出的就是‘安逸的状态’，它削弱了人们对大学治理的责任感，导致了在进行管理合作时，必要的权力的严重缺失”[①]。因此，笔者有理由相信，不管是当下的

① [英]迈克尔·夏托克. 成功大学的管理之道[M]. 范怡红，主译. 北京：北京大学出版社，2006：119.

学院管理时代，还是若干年后当学院管理升级优化到学院治理的时代，学术权与行政权的关系问题仍然将是学院管理研究和实践领域的一个热点和经典问题，甚至这一问题将伴随大学与学院的始终。由此可知，在学院治理实践的"教师群体治理权"治理结构中，一个学院的治理离不开各类教师群体的参与，"教师群体治理权"治理结构，不止于学术性的治理结构和行政性的治理结构，也必然具有复杂性和多样性。

在学院治理中，党委、行政以及各种委员会是学院治理常常被提及的重要组织，也是"教师群体治理权"治理结构中不可或缺的一类组织机构。根据我国的现实情况，在现阶段的学院治理改革实践中，党委、行政组织结构，尤其是党委组织在学院治理的"教师群体治理权"中处于权威领导地位，党政共同负责制是二级学院治理的主要决策模式。正式将党政联席会议制度确立为大学及其院系党组织的工作体制和决策方式的政策文本是发布于 2010 年的《中国共产党普通高等学校基层组织工作条例》，该条例明确赋予大学学院党政联席会议的最高决策地位，指出学院要"通过党政联席会议，讨论和决定本单位重要事项。支持本单位行政领导班子和负责人在其职责范围内独立负责地开展工作"①。据教育部网站，截至 2017 年 5 月 31 日，全国高等学校共计 2914 所，其中，普通高等学校有 2631 所（含独立学院 265 所），成人高等学校有 283 所。②作为本书研究对象的公办本科高校有 817 所，按每所高校大约有 15 个二级学院计算，大约有 12 000 个二级学院。在我国，学院是大学的映射，即大学有什么功能，学院必定有什么功能；大学有什么组织机构，学院也必定有什么组织机构，因此，学院是一个"小大学"，它"麻雀虽小但五脏俱全"。这 12 000 多个二级学院目前绝大多数实行的是党政共同负责制，当然也有少部分学院实行党委（党总支）领导下的院长（系主任）负责制，取消二级学院领导行政级别试点改革，少数试点学院启动理事会领导下的院长负责制。

这里详细介绍占绝大多数的党政共同负责制。党政共同负责制下学院的决策机构是由学院院长、党委（总支）书记、副院长、副书记等领导班子成员组成的学院党政联席会议，其根据相关议事规则讨论决定人才培养、科学研究、学科建设、师资队伍建设、思想政治工作和行政管理等学院发展运作的各项重要事务。

与学院的母体大学实行党委领导下的校长负责制不同，党政共同负责制下的学院党组织和行政组织除在工作职责上有所区别外，二者在学院的地位平等、责任

---

① 中共中央组织部二局，教育部思想政治工作司.《中国共产党普通高等学校基层组织工作条例》学习辅导读本[M].北京：高等教育出版社，2011：6.

② 教育部. 全国高等学校名单[EB/OL].（2017-06-14）[2017-09-01]. http：//www.moe.gov.cn/srcsite/A03/moe_634/201706/t20170614_306900.html.

平等，不存在主次关系、从属关系、上下关系，实行集体领导、分工合作、民主决策、共同负责的运行机制。学院党组织的主要职责有：保证和监督党和国家方针、政策以及学校有关规章制度、决策决定在本学院的学习宣传与贯彻执行；通过党政联席会议，参与讨论和决定学院发展目标、总体规划和学科专业建设、人才培养、科学研究、行政管理等方面的重要事项；负责思想政治工作、师德师风建设、精神文明建设、廉政建设等工作方案的提出及组织实施；负责学院领导班子自身建设、干部培养与管理、服务和联系人才等工作；负责安全稳定、保密工作以及重大突发事件的处理。学院行政组织的主要职责有：发展目标、总体规划、学科专业建设与发展方案、重要规章制度及年度工作计划和总结等拟定及组织实施；教学、科研、学生管理以及学科专业建设等工作方案提出及组织实施；组织机构设置与调整、岗位设置、人员聘任、业务骨干培养、考核奖惩、收入分配等方案拟订及组织实施；年度经费预算、大宗经费使用、办学资源调配以及各类平台建设投入等方案提出及组织实施；开展对外交流与合作，积极争取社会办学资源。

在“教师群体治理权”治理结构中，由教授组织起来的各种委员会则对学院的科研、学术发展以及与科研、学术发展等相关问题发挥主要作用。近年来，有关高校学术委员会的相关政策有教育部于2012年颁发的《教育部关于推进试点学院改革的指导意见》、2014年颁布施行的《高等学校学术委员会规程》等，这些文件要求学院赋予学术委员会学科建设、学术评价、学术发展中的审议权以及学术成果评价等方面的评定权等。

在现有学院治理结构中，教代会、工会等是体现教师群体利益的较大的组织机构。以教代会为例，其全称为教职工代表大会，根据我国相关法律，它是以教师为主体的民主管理与民主监督的组织形式。无论是在法律规定还是在组织运行规则上，教代会是体现教师整体利益的组织，有了教代会，学院教师可以民主参与学院的管理事务，对学院发展、学术研究、人才培养等问题提出建议与意见，对学院的行政机构进行监督、问责，与此同时，教代会的作用更在于维护教师在学院、学术发展过程中关系自身的各种利益。虽然也要求学院党政共同负责的主要事项，决策前要充分发扬民主、酝酿协商；涉及教职工切身利益的重要事项，要通过教代会、教授委员会等途径，广泛听取和征询师生员工的意见和建议，但教代会毕竟是一个“临时机构”。但是“临时机构”并不意味着教代会的作用不重要，笔者使用“临时机构”意在表明，其在学院治理结构中的作用依赖于每年度的集中会议，而学院治理更多的是依赖学院的“常设机构”，这也正是许多进行学院治理的实践强调较多的是党委、行政等机构的原因。也正因此，学院教授委员会、学术委员会等专业委员会的作用有限，教代会、工会发挥的作用也相对较小。

二、大学主导下的学院外部治理结构

有学者指出，“组织是植根于由其他组织组成的环境之中的。它们对其他的组织由于资源的需求而具有依赖性”[①]。组织对其所处的环境具有依赖性，那么学院治理对其所处的环境有何依赖性？学院对其所处环境的依赖性主要体现为对大学的依赖、对政府的依赖。进一步而言，这种依赖性具有单向度性，即二级学院的治理要依赖于其所属的大学及相关政府做出的决定，如果只是二级学院单方面做出的治理改革决定，不仅面临着合法性的危机，也面临着资源的束缚，相对而言，大学、政府对二级学院的依赖则相对较小。这种依赖性的单向度性和严重不平衡导致了学院外部治理结构的受制约性。因此，对学院治理结构的考察不应仅仅局限于学院内部，而更要着眼于学院所处的大学、大学所处的社会，即学院外部的治理结构。实事求是地讲，学院治理最终能不能由理念或梦想转变为现实，不取决于学院内部治理，而更多地有赖于学院外部治理。

如果说学院内部治理结构所谋求的是二级学院内部各群体、各组成机构之间平等、民主的关系，其所追求的是团结合作、一心为公的精神的话，那么学院外部治理结构首先应当追求具有相同职责或功能的、不同级别的、具有一定隶属关系的群体或组织之间的事务性合作，其所追求的精神与价值则应当是明确职责、有效执行。二者的区别在于，学院内部治理结构是一种平行性的组织结构关系，而学院外部治理则主要是序列性的组织结构关系。在平行性的组织结构关系中，具有不同职能的不同群体、机构之间进行合作；而在序列性的组织结构关系中，具有相同或类似职能的群体、机构具有类似官僚制的统属关系，他们为同一事务而开展工作。这样说，笔者并非否定在学院外部治理上不存在彼此合作关系，只是意在强调其主要关系。在进行具体分析时，首先从学校组织结构与学院外部治理结构开始，进而扩展到政府组织结构与学院外部治理结构的关系上。

（一）学校组织结构与学院外部治理结构

在一些学院治理结构改革的实践中，虽然学校对相关学院或学部的组织机构

---

① [美]杰弗里·菲佛，[美]杰勒尔德·R. 萨兰基克. 组织的外部控制：对组织资源依赖的分析[M]. 闫蕊，译. 北京：东方出版社，2006：2.

进行了调整，但是其依然与学校系统的组织机构保持着相当大的一致性。图 3-1 是 B 大学学校系统的机关部处等部门。B 大学学校系统层面有党委办公室/校长办公室负责学校的党务与政务工作，B 大学 J 学部则相应地设有党政综合办公室，负责党务与行政工作等；B 大学学校系统层面有人事处，B 大学 J 学部不仅在学科建设办公室下设有负责人事工作的部门，甚至有专门的专业委员会负责相关人事工作；B 大学学校系统层面有教务处、本科生工作处、研究生工作处等部门负责教务与学生工作，B 大学 J 学部同样设有教学办公室、学生工作办公室，负责教育与学生工作。如此设置的现象正是体现出学校与学院的序列性治理结构上管辖与从属、决策与执行的关系。

机关部处

党委办公室／校长办公室	发展规划与学科建设处	孔子学院管理处
（监督督办办公室）	（共建办公室）	保卫部（处）
（校史研究室）	教务处	资产管理处
党委组织部	研究生院	基建处
（党校）	人事处	（新校区建设指挥部）
（全国干部教育培训基地办公室）	财经处	后勤管理处
党委宣传部（新闻中心）	审计处	离退休工作处
党委统战部	科学技术处	产业管理处
纪检监察办公室	社会科学处	（经营性资产管理委员会办公室）
本科生工作处	国际交流与合作处	国内合作办公室
（武装部）	（港澳台事务办公室）	全国教师志愿服务联盟办公室
研究生工作处	（学生国际教育中心）	

图 3-1　B 大学校级机关单位截图

由此可见，正是依靠这些或是综合或是单一的机构设置，学校治理结构就足以实现对学院治理结构的控制，更何况学校更握有人事、财务、编制等资源配置的权力，进一步掌握对学院治理结构的控制。也就是说，学校作为学院外部治理结构的重要环节，对学院的影响并不仅仅限于在组织结构设置上的领导，更在于其可以通过人事、财务等手段，加强对学院治理结构改革的引导与控制。由此而言，当下的学院治理改革并没有在权力下放、权力分配上做足功夫、实行到位，是一种局限于学院内部的改革，对于学院外部改革，乃至大学学校层面的改革没有启动。由此，学院治理结构处于一种被学校管理的状态。

（二）政府组织结构与学院外部治理结构

学院治理结构不仅受制于学校层面的组织结构，更受制于政府层面的组织结构，即学院治理结构不仅处于一种被学校管理的状态，还处于一种被政府管理的状态。就通常状态而言，后者的控制常常处于一种间接的状态。但需要说明的是，政府对学院治理结构的这种控制虽具有明显的间接特征，但是其效力往往高于直接的学校管理。因为就事实而言，学校对学院的控制力度虽不能说是高于政府对学校的控制，但至少不弱于政府对学校的控制，甚至是政府的相关意向成为学院治理结构变革的重要合法性来源以及推进改革的动力保障。

就日常行政工作而言，政府一般不会越级对学院直接进行管理，而是通过学校层面对学院改革以及其他事务进行控制，而这样一种方式造成了学院治理工作运行中的一种悖论，即治理是一种自下而上的基层变革，但是学院治理的各个方面完全是政府指导下的、学校大力推行的一种自上而下的改革。就表面来看，学院治理结构改革是学院自行组织的，但是如果细细审视相关过程，其改革的目的乃至推行的手段大都来自由政府开始、由学校中转、由学院推行的传输链。

有的学校领导及相关部门领导也并非不知需要进行学院管理体制的改革，但囿于现实情况以及深知改革的阻力，而只是对相关改革要求一推再推，直至政府部门以文件的形式说明。例如，山东省于 2016 年 4 月出台文件《关于推进高等教育综合改革的意见》，要求“创新二级学院管理体制，2016 年选择 5 所左右省属高校试点取消二级学院行政级别，实行职员制，进一步理顺校院两级管理体制，提高二级学院管理的专业化水平”①，某些学校才开始打起精神进行改革。再如高校去行政化问题，高校为行政化问题所苦由来已久，直至《国家中长期教育改革和发展规划纲要（2010—2020 年）》提出相关意向，进而《教育部关于深入推进教育管办评分离　促进政府职能转变的若干意见》进一步强调“建立符合学校特点的管理制度和配套政策，克服行政化倾向。积极创造条件，逐步取消学校行政级别”②后，相关问题的解决仍然有待时日。又如学院乃至大学治理问题，该问题早已被探明，而在十八届三中全会将“推进国家治理体系和治理能力现代化”作为全面深化改革的总目标后，大学治理和学院治理才成为全国上下各领域热烈讨论并实践的焦点。

---

① 山东省委办公厅，省政府办公厅．关于推进高等教育综合改革的意见[EB/OL].（2016-05-09）[2017-09-01]. http：//edu.shandong.gov.cn/art/2016/5/9/art_12046_992249.html.

② 教育部．教育部关于深入推进教育管办评分离　促进政府职能转变的若干意见[EB/OL].（2015-05-04）[2017-09-01]. http：//www.moe.gov.cn/srcsite/A02/s7049/201505/t20150506_189460.html.

三、学院治理结构的问题与不足

（一）学院的单中心治理结构

在我国，从政府到学校，再从学校到学院都是一脉相承的高度行政化的管理模式，在这种管理模式下，行政力量居于政府、大学、学院各自领域内各种权力的最高地位，就大学和学院来说，行政力量在各自领域内居于最高地位；就权力的运行而言，行政力量还具有明显的单中心地位。因而，不论是管理还是治理，在大学和学院中存在着对应的单中心管理模式和单中心治理结构。以此前和当下正在进行的现代大学制度的建设为例，有时建设现代大学制度只是停留在文件中，一旦涉及进一步的放权，一旦涉及各种内外部权力的协调，一旦涉及各种传统习惯与现代大学制度相冲突的关键问题，改革的步伐就变得迟缓乃至沉重了，其原因就在于学院现行的单中心治理结构。而我们所讨论的二级学院治理问题具有同样的现实困境。

一个学院的院长、书记，既是管理者，又是执行者，同时也是教师群体中的一员，也就是说，学院的领导层既有行政管理的使命，也有学术研究的责任。但在目前的环境下，院长与书记被动地接受来自大学层面高度行政化的管理，同时在学院层面，院长与书记也自然地将大部分精力用于行政化的管理，忽略了或者被动放弃了作为教师的职业责任。在处理学院事务时，院长与书记的权限有限，基本上仍是围绕学校层面的上级领导的意志和要求办事，院内的各类民主管理机构，如教授委员会、学术委员会、教代会以及工会等都成为学院事务管理的工具。其结果是，基层教师的发言权十分薄弱，参与学院治理的机会十分有限。虽然在大学治理改革下，学院也进行了一些类如绩效分配、用人制度、人才培养模式等的改革，但其本质上仍是在行政权力主导下、在行政人员支持下、在行政化模式框内所进行的改革。

这些问题主要产生于学院的单中心治理结构，这是我国大学学院普遍存在的治理结构特征。单中心治理结构有着严重的问题：第一，治理结构的不完善，可以说学院治理改革从学院管理时代继承了一个“先天不足”的肢体，由此学院治理改革举步维艰、摇摇晃晃；学院治理改革从学院管理时代继承了一套传统思维严重的行动“遗产”，每次小小的改革都要面临自身的思想斗争和行为习惯上的不适应；学院治理改革从学院管理时代继承了一家独大的权力格局，学院治理改革的领导力量薄弱、力量对比悬殊，无异于一次螳臂当车的冒险。第二，治理结构过于狭窄，仅仅存在于学院一域，即学院治理结构的生长环境艰难。如果没有顽强的生命力，在过于严苛的大环境下，学院治理改革的宿命就不可言说了。

（二）学院治理结构的缺失与职能交叉

如果着眼于既有的相关学院的改革措施，笔者不能不注意到当下学院治理改革中的治理结构缺失与治理结构职能交叉的问题，这将决定我们的学院治理改革成功与否。原因有以下三点。

首先，学院的存在不仅在于有学术，更在于有学生，因此，依据这样的逻辑和学生群体“失声”这一现实情况而言，一场成功的学院治理改革不能仅仅是强调学术权力地位、提升学术力量的改革，更应该是保障学生权力的改革。在此意义上，反思当下的学院治理改革研究，喧嚣、热闹的关于学院治理改革的学术论坛也好，文笔犀利、思路清晰的各类学术期刊杂志上的讨论也好，就笔者所见，这些讨论似乎很少涉及学生群体在治理结构改革中的作用，熙熙攘攘的研究者，无论是教师还是在读研究生，似乎仅仅把学院治理改革当作学术与行政力量的调整，而没有关注到学生群体在治理改革中应有的地位。在笔者看来，这是极为不稳妥的。

大学和学院的根本职能在于人才培养，教师的学术研究、管理者的管理抑或服务都应该以这个根本职能为核心、引导、使命。在此意义上，学院治理改革不是学院行政力量和学术力量的重新定位，而应该是围绕“人才培养”的使命，重新调整学院的组织结构、职能运行。在此意义上，学院治理结构也不能缺少学生群体。

以此反思当下的学院治理改革实践，相关学校既有的治理结构改革多是集中于教师群体的改革，是以提升学术力量为主的改革，较少涉及学生群体的改革，较少在组织结构方面为学生群体留出足够的空间，较少在制度运行上完善已有学生组织的合法地位、保障措施。在本质上，教育是教师与学生之间发生的故事，是一种双向的心灵沟通，教师与学生在对话、凝视、思考中相互提升，教育不是教师对学生的知识恩赐和灌输。没有学生组织群体参与的学院治理是单纯的教师群体之间的一场利益的重新分配、洗牌。其理由在于，学院归根结底是一种由关系性存在组成的组织，学生与教师缺一不可，而在这一关系中，学生的权重无疑要重于教师。学生如此重要，而学生又是缺场的，那么教师群体的学院治理就没有了合法性，由此更无学院治理的治理结构的合法性问题了。因此，合理的治理结构的改革如何能不涉及学生群体，没有学生群体的身影的治理结构改革是不可想象的。缺少了学生的存在，教育成了教师的独角戏。而当下在学院治理改革研究中，在学院治理改革的实践中，教师唱独角戏的现象非止一例。也就是说，我们的改革和研究在实践和理论上，在治理结构方面都面临着主体缺失的问题和困境。

其次，在当下的学院治理改革实践中，治理结构职能划分不清的现象时有存在。在相关研究的表述中，学术与行政的关系仍然面临着一定的困境。如上所言，相关治理改革实践主要集中于教师群体中，而在教师群体的学院治理结构改革问题上，在行政、分党委、各专业委员会之间，其组织职能仍然是理不清的，行政力量仍然居于领导地位，可以说，在这些改革中，存在学术力量行政化的发展趋势。如此则产生了以下问题：在学院治理结构之间既存在边界不清、职能交叉的问题，也存在学术力量服从行政力量的问题。接下来的改革可能仍然需要在理清学术与行政的关系上进行进一步深化改革，仍需要在各结构的功能设置上进行进一步优化。

最后，教师或行政人员也在学术与行政之间纠结。现实中不乏这样的现象：第一，一位知名教授被评上“长江学者”之类的头衔后，各种行政的职务就会接踵而来，既包括学术委员会负责人的职务，也包括学院乃至学校的行政职务，还包括某学科全国性、地方性协会负责人的职务，这样的现象在进行学院治理改革的学院中也不乏其例；第二，有的学术地位不高、学术成就不大的教授或者副教授在担任党政职务后，课题资源、学术资源会源源不断而来，其身影也会频频出现在各类论坛之中，由此而兼任相关学术委员会、学术组织的负责人，这也是常见的一个现象。也就是说，一位知名教授既可能在学院党委中任职，又可能在行政上任职，更有可能是各专业委员会的成员乃至组长或副组长，甚至可能是众多的学院机构的负责人；一位行政领导既能在相关学术委员会中担任要职，也能在学术组织中担任要职乃至负责人。简言之，一个人可能在学院各种委员会、领导层身兼数职。那么，如何防止其因自身的角色混乱而带来治理结构的学术与行政的职能混乱？如何防止其在不同的学术组织中不发生角色混乱和职能紊乱的现象？如何使其平衡自身不同角色的利益诉求？这些问题都对现行学院治理结构提出挑战，需要对学术界和学院管理的传统习惯进行自我改革。笔者这么说，不是不提倡知名学者兼任不同职务，而是想说明，我们的学院治理改革应在制度设计上防止学术组织和行政组织负责人因角色混乱而引发治理失灵问题。

第二节　学院治理权力现状分析

上一节从学院治理结构角度对学院治理现状进行了初步分析，然而学院治理的本质在于权力的运用，如果说管理解决的是“如何实现组织目标”的话，那么在治理中，“如何实现组织目标”的问题已非第一性的问题，而“谁有权力”“有什么权力”的问题则至关重要。在学院治理权力问题上，存在三组需要理清的关系：首先，学院与学校之间的关系，就其实质而言，是自主权与控制权的关系；其次，教师群体与学院之间的关系，即学术权与行政权的关系；最后，学院之内的学生群体与教师群体之间的关系，即主体权与主导权的关系。

一、学院自主权与学校控制权

就管理而言，在我国当前学院治理问题上，学校与学院有着天然的矛盾。因为学院治理就其本质而言所代表的是底层改革意志，是学院自发地管理学院事务的意愿和行动；而学校不仅代表自身的管理惯性，而且还时常代表着国家改革意志，由此对学院治理提出各种意见，指导其全部过程，并对其进行全面监督。尽管底层改革意志与国家改革意志未必会有冲突，从治理改革的宏观视野来看，两者也有不少重合之处，但就实际操作而言，底层改革意志无疑是二级学院的自主权，而国家改革意志无疑是强有力的控制权。

（一）学院治理的“底层改革意志”面临着巨大障碍

大学里的教师群体大致可分为两类：一类是行政序列之内的教师，他们在作为专任教师的同时又身兼学院或学校的领导或者管理者职务；另一类是专任教师，除了教学外，他们几乎不参与学校与学院管理。现实生活中，不论是在学院的教师群体中，还是在学生群体中，第一类教师的身份首先是行政性的，是院长、副院长、主任等。进而言之，学院中的第二类教师，即单纯的专任教师即使在学界再有名望，如果没有相应的行政头衔，一般对学校决策难有影响，如我国研究者所指出的那样，在高等学校管理中，这类教师除了作为学术委员会或学科评审组成员参与和审议职称评审、学位授予等事务外，无论是作为个人还是作为集体，他们都不正式参与学校管理。[①]

即便是有行政职务的教师群体，他们更要面对管理体系的控制，不仅很难提出一些改革意见，而且一些自上而下的改革行动也会挤占学院自主开展的底层变革的空间。长此以往，学院治理的外部空间就会不断缩小，同时学院治理的内部空间也会缩小，最终学院治理也会成为空谈。如此，学院与学校在学院治理问题上的博弈仅存在于具有行政职务的学院教师群体与学校层面的教师群体之间，由于他们所处的管理体系，更由于治理的内在精神，我们完全可以将他们在治理问题上的争议确定为自主权与控制权之争。也就是说，二级学院的自主改革意志、自主改革权是受约束的。

可以说，学院自身未必没有改革意愿，谋生于学院或者献身于学术的教师无时无刻不想改变现状，让学院多一点学术，少一点官气；求学于学院的学子无不对学术能力强又风趣幽默的教师充满敬佩之情，而对官气厚重、作风慵懒的教师深恶痛绝。因此，不论是学生还是教师，甚至有官职的教师未必没有改革意愿，但开展一次改革，不仅要有改革意愿，更要有改革意志。而学院的教师却未必有足够的改革勇气和坚定的改革意志。因此，我们看到本应由底层发起的治理改革却由官方发声并进行试点改革，但国家的改革意志需要由上向下的行政体制予以推动，如果没有整体改革，没有综合改革，局限于学院内部的学院治理改革就会遇到瓶颈，即使学院内部改革搞得再轰轰烈烈，改革也难出学院的门庭，在学校层面即会遭遇改革的“天花板”，因为学校层面没有进行相应配套的整体改革和综合改革；即便进一步而言，当学院治理试点改革得以进一步推进，在所有大学广泛铺开，学校也进行了综合改革和整体改革时，但是在学校之外，若没有相应的配套改革措施，学院治理改革也会遭遇来自动力源的阻碍。

（二）学院治理具有极强的“政府-学校-学院”行政管理色彩

学院治理是在国家改革意志之下的改革行动，而且学校与学院治理相关的改革均是在管理框架内进行的，简言之，即在学院治理改革路径上，学院治理改革走的仍然是以管理推动治理的老路。例如，现代大学制度、院校两级管理体制改革对学院与学校关系的调整，在大学制度改革框架内的学院制改革要求学校管理重心下移，旨在形成学校-学院两级管理层次、建立以学院为中心的管理体制、明确校

---

① 别敦荣. 我国高等学校管理权力结构及其改革[J]. 辽宁高等教育研究，1998，(5)：39-43.

院职责和权限。[①]改革的目标是明确的，但这种改革具有明显的控制色彩。对于大学管理而言，官僚制很大的弊端在于其决策与执行过程，而不在于官僚组织本身，对良好的大学治理最严重的威胁并非来自雄心勃勃的管理机构本身，也不在于持反对意见的学术团体，而是来自于控制过度的或偶尔失效的执行部门。管理机构对其管理行为的监控通常很不充分。[②]也正如上一部分笔者所言，贯彻国家改革意志的执行措施可能成为学院治理改革和国家改革意志的障碍，即指明在贯彻和执行决策方面的行政管理控制问题。

受国内现实以及国际形势的影响，大学在 1949 年后被纳入计划经济体制之内。其结果是大学无自主权。自 20 世纪 90 年代以来，在社会主义市场经济体制建设过程中，大学获得了一些自主权，而二级学院获得自主发展权的道路也相对坎坷。因此，政府对于大学的控制、大学对于二级学院的控制深深地影响了学院治理的进程，其影响甚至存在于学院与学校乃至学院与政府的外部治理关系中，如果说二级学院有自主权的话，其也实为控制权之下的自主权。上文已言明，不仅在学院的教师群体中，一部分教师很难参与学校的管理，一部分有行政职务的教师虽有正式权力，但很难获得学校管理参与权上的平等关系，这说明在学院治理的外部权力关系上，二级学院的治理是很难有所作为的，即二级学院自下而上的治理改革很难有足够的自主发展空间，学院治理发展到一定程度就会遇到来自推动改革的力量本身的障碍；而且即便是自上而下的改革，大学也是在各种前置控制的条件下给予了二级学院一些自主权，这样的学院治理改革在改革的实施路径上具有极强的被控制的色彩。

二、教师学术权与学院行政权

就本质而言，大学是一种有关高深学问的学术组织，但大学在管理上又是一种行政组织。而学院是大学的映射，因此，学院的内部治理同样纠结于学术与行政的矛盾，以至于在大学或学院里出现了这样一种现象：行政人员占据了学校以及学院的“半边天”，而教授作为学校、学院的学术主体在某程度上沦为行政人员的附庸。[③]问题不止于此，更大的问题在于，不少没有行政职务的教师对进入行政队伍梦寐以

① 刘亚荣，等. 我国高校实行校院两级管理体制改革的调研报告[J]. 国家教育行政学院学报，2008，(3)：68-75.

② [英]迈克尔·夏托克. 成功大学的管理之道[M]. 范怡红，主译. 北京：北京大学出版社，2006：120.

③ 刘恩允. 治理理论视阈下的我国大学院系治理研究[D]. 苏州大学博士学位论文，2014：65.

求，不少行政队伍中的教师则孜孜不倦地寻求进一步高升，由此产生的问题是，学术力量本身的分化与弱化，最终可能导致大学或者学院本质功能弱化，在大学和学院里，追求官位的风气胜过追求真理的风气，以探求高深学问为核心的大学精神衰微。因此，学院治理的精髓便在于，通过重塑学院权力体系，寻找失落的大学精神。

（一）重塑学院治理权力关系，必须清晰认识学术权力失落现状

学术权力失落的表现在于学术沦为行政的附庸。学院里行政权力的存在最初是为了更好地服务于学术研究，到现在，学院里的许多行政人员仍然在口头上秉持着这样一种服务理念，也有一大部分行政人员真真正正地为学院的学术发展服务。学术与行政的合理关系如同顾客与服务员的关系，服务员为顾客服务，顾客是上帝，但现实是，学术这位“顾客”却要顺从于行政这位“服务员”。这就是学院学术权力的失落现状。

学术权力失落的主要原因在于学术权力的“不能”作为。所谓学术权力“不能”作为，即学院学术委员会的权力架构被行政权力侵蚀、控制、管理，学院内学术委员会、教代会的分权管理、监督制约形式形同虚设，既没有被授权，也没有独立性，基本处于可有可无的状态。①因为这些学术组织的产生与运作缺乏有效机制和制度约束，人员构成比较随意，所以，行政机构容易越俎代庖，学术权往往为学院行政领导或党政联席会议等行政权代为行使。②正是上述原因，学院的学术权力弱化而后失落，难以与行政权力形成制约，从而难以发挥自身的功能。“当不允许知识分子选择自己的课题时，他只能按形势要求解决政策制定者提出的问题时，他的角色就逐渐与一个具备专门技能但必须执行政策制定者任何指示的公务员没有多大区别了”③，美国学者刘易斯·科塞的这番话真切地表达了学术权力失落的后果。

总之，学术命运共同体分化为从事行政的群体和从事学术的群体两大人群，而学术权力被行政力量侵蚀，是学术权力失落的重要原因。共同体的概念在德国学者

---

① 周川.“现代大学制度”及其改革路径问题[J]. 江苏高教，2014，(6)：22-26.

② 薛传会，凌炜. 学术权力与行政权力的分野：学院教授委员会制度探索[J]. 教育探索，2012，(4)：72-73.

③ [美]刘易斯·科塞. 理念人：一项社会学的考察[M]. 郭方，等译. 北京：中央编译出版社，2001：152.

斐迪南·滕尼斯那里，有着从血缘共同体到地缘共同体、精神共同体的发展路径。[①]这一路径背后的逻辑在于从血缘到地缘、职业缘[②]的顺序，血缘是天生的联系，地缘是衍生的关系，而职业缘最为不同，更多的是一种气味相投、使命担当的关系，如上文所言，学术群体志于乐道，耽于真理，即“由于职业或艺术上的相同和相似，最容易产生友谊”[③]。根据斐迪南·滕尼斯的定义，我们可以将学术共同体视为精神共同体，甚至可以将其视为一种血缘共同体，这种天生的精神上的联系源自大学或学院内的教授或者学者对高深学问的好奇与探索，这种精神纽带上的“血缘”，通过加强学术委员会等各种学术组织纽带的建设以形成“容易的和经常的联合来联结和维系”[④]才能发挥作用，从而将精神共同体进一步提升为学术的命运共同体，以实现二级学院内学术权力的变革，否则，只要学术共同体一天不能形成，行政权与学术权的权重就不会向学术权倾斜。

（二）重塑学院治理权力关系，必须清晰认识学术权力“失语”状况

如果说学术权力失落是学术群体外部原因造成的，那么学术权力本身的“失语”则应该归咎于那些没有行政职务的教师群体成员自身的原因。教师群体自身的原因有二：第一是学者或者教师的“不愿”作为，他们清高，沉迷于对真理的追求，沉迷于对知识的痴恋。纯粹的科研精神、悠游林泉的自由是教授或者学者向往的工作状态，自由探讨的牛津大学、剑桥大学学术氛围或者是教授乐于倾心的学术生涯状态，但是这样的理想不适用于现代的学院生活，这种安逸的状态“削弱了人们对大学治理的责任感，导致了在进行管理合作时，必要的权力的严重缺失”[⑤]。因此，重塑学院权力关系，更要审视拥有学术权力的教师自身“不愿”作为的因素。第二是另一种意义上的“不能”作为，即学术权力不能保持自己的良知而放弃自主性，主动向行政权力屈从靠拢。这样的所谓的学术权力是“扶不起”甚至是“不能扶”的，因为它没有担当，不负责任，它不仅不追求真理，在行政权力需要它的时候，甚至有可能颠倒黑白，无所不为。如果学术权力是“扶不起”甚至是“不能扶”的，

---

① ［德］斐迪南·滕尼斯. 共同体与社会——纯粹社会学的基本概念[M]. 林荣远，译. 北京：北京大学出版社，2010：53.

② “职业缘”为笔者个人之理解，或有不当之处。

③ ［德］斐迪南·滕尼斯. 共同体与社会——纯粹社会学的基本概念[M]. 林荣远，译. 北京：北京大学出版社，2010：55.

④ ［德］斐迪南·滕尼斯. 共同体与社会——纯粹社会学的基本概念[M]. 林荣远，译. 北京：北京大学出版社，2010：55.

⑤ ［英］迈克尔·夏托克. 成功大学的管理之道[M]. 范怡红，主译. 北京：北京大学出版社，2006：119.

我们又何能寄希望于这样的二级学院治理的权力主体呢？在重要的问题上，学术权力要保持自己的良知，有独立精神，“当知识分子放弃自主权，接受了决策者对研究施加的限制时，当独立的权利基础不复存在时，知识分子便成了专家”①。这种现象的出现，既与大学上层的非学术化逻辑与“官本位”思想②有关，更与从事学术的人不履行学术职责有关，身兼行政与学术职责的教师群体的成员，学术名气被盗用，而在学术上无所作为。③

为此，学院治理重新塑造学校、学院行政管理的学术逻辑、“学术本位”思想，实质是解决学术权力“失语”问题。学院治理意在改变现有的行政力量侵蚀学术园地的问题。解决学术权力“失语”问题，前提是重新审视学术与行政的关系，既有研究的基调大多是阐释学术权力的失落、行政权力的骄纵，甚至一遍又一遍地诉说学术权力的失落、行政权力的骄纵，却忽视对自身的审视、对自身的批判。学院治理要有一个正确的前提，即行政权力与学术权力是必要的、相辅相成的力量，一旦失去行政权力的服务，“不愿”作为的学术力量或许立马会焦头烂额，不知如何自处；一旦失去行政权力的主心骨，“不能”作为的学术权力或许会无所不为。在此基础上，比强调学术权力的重要性更重要的问题在于，让“官本位”思想在大学、学院之内转向“学术本位”思想，让行政权力多一些学术担当，让行政管理多一些学术逻辑，少一些行政逻辑，多一些服务热情，少一些官僚风气。以“学术本位”思想改进学术权力的“失语”状态，或许是提高学术权力的重要路径，也是更为彻底地进行学院治理的根本途径，也才能使大学精神、学院精神更贴近高深学问这一本质问题。这里的逻辑在于，既然大学和学院是学术组织，只有完善学术组织内在的学术力量，才能恢复大学和学院的本职责任，而非依靠国家改革意志的外部扶持。如上所言，外部的国家改革意志是通过管理体系贯彻落实的，如果学院的学术力量妄图只通过国家改革意志而非自身的勇气进行学院治理，那么这样的学院治理改革最终又会成为一次进一步强化学院行政化倾向的改革，寄希望于此的学术力量无异于饮鸩止渴。

（三）重塑学院治理权力关系，要认识到学术权与行政权并非对立关系

既有研究大都以对立的立场看待学术权与行政权，但笔者认为，在学院治理

---

① ［美］刘易斯·科塞. 理念人：一项社会学的考察[M]. 郭方，等译. 北京：中央编译出版社，2001：152.

② 王洪才. “去行政化”与“纪宝成难题”求解[J]. 高等理科教育，2011，（2）：1-6.

③ 薛传会，凌炜. 学术权力与行政权力的分野：学院教授委员会制度探索[J]. 教育探索，2012，（4）：72-73.

中，学术权与行政权更是统一的关系。学院治理一方面要重视学术权，让学术权能有所作为，走出“失语”、失落的状态；另一方面要重视行政权，让行政权回归到服务的功能中去，更好地维护学术权的发展，即上一部分提到的“学术本位”思想。因此，我们可以认识到，学院治理在教师群体中的博弈是以合作而非对立为基础的，并且通过合作实现打造学院的命运共同体的目的，重新认识学术命运共同体的精神上的血脉联系。在这个意义上，学院治理一方面就是在打造学院命运共同体、在外部压力下主动作为，以自身的变革推动大学治理的变革；另一方面就是要强化学术力量的命运共同体，在学院内部通过治理结构的改革，提高学术权的含金量，以学术自身的勇气担当重塑学院内部权力结构。其根本力量在于，以学院学术力量的作为引领学院治理的革命，从而进一步改革学院与学校乃至政府的权力关系。当然，这样的理想规划的实现，不仅需要学术力量敢于担当，更需要学校、政府的自我革命，认识到大学存在的根本意义及其必要性，为学术力量的发展提供保障。

由对立到合作之间的转变，再一次让我们将目光着眼于权力划分的问题。考察当前学院治理研究中的对立情绪，很大一部分原因在于目前的行政权边界不明且过于强势，而学术权空间太小且过于弱势。边界不明、又过于强势的行政权在二级学院的日常运行中几乎垄断了学院的一切权力，让学术仅仅局限于教学与科研，这是权力在行政事务与学术事务之间的越界；而在教学与科研中，仍夹杂着过于强势的行政权，身兼行政职务的教师在科研与学术中占据优势，这是行政权在学术事务中的权力的马太效应。反观学术权，它既不能在行政事务与学术事务之间越界，更在学术事务中面临着濒危的生存境地。这才是对立情绪产生的原因，也是行政权与学术权在有关学院治理的讨论中居于焦点的原因。其解决之道或许在于以一场综合改革划清权力的界限，明确彼此的职责，以制度的形式严防越界。需要指出的是，这样的综合改革的前提一定要以学术群体内在的作为和动力为基础，以学术群体的勇气和担当获取一定的学术权力，改变“不愿”作为的清高气，多一些世俗性的责任；改变“媚权”的软弱性，多一些骨气担当和学术良知，勇于与越界的行政权力争衡，这样的改革才是一场彻底的学院治理改革。

三、学生主体权与教师主导权

大学把追求科学知识和精神生活的人聚在一起，是由教师和学生组成的团体。[①]学院为追求科学知识和精神生活的人提供了场所，教师和他的学生一起畅谈古今，纵论大道。这一方安静的田园，是师生追求知识深藏的奥秘、探索事物永恒规律的家园，他们废寝忘食，乐以忘忧。虽然时至今日，大学及其所辖的学院在某些性质方面已发生巨大的变化，大学及其所辖的学院的规模也已远非一个教师面对几个学生充分交流的形式，但大学仍然是由教师与学生组成的团体，它让知识在更多的求知者中间传播，让知识在社会发展进步中的作用愈加重要。只要大学或学院存在一天，这一性质就不会改变。

令人遗憾的是，教师与学生的权力之争是学院治理研究中涉及最少的，大学乃至学院治理研究对学生群体的关注也是最少的。其原因在于，在现实的学院运行中，根本不存在教师与学生之间的权力之争，因为作为学生的一方，他们几乎完全处于被管理的地位，而教师似乎处于天然的强势地位，即这里不存在类似学术权弱化的问题，只存在类似学术权“失语”的问题。习以为常不是问题，但是以学院治理的视角来看，缺少学生权力的界定，则几乎不能存在治理。其原因有二，一是从治理的定义而言，治理是自下而上的，因此，治理怎能不包括学院中人数占据绝对优势的学生？二是，前面已经述及，学院存在的根本在于有学生，不存在教-学关系的学院只能是研究院。

众所周知，由教师和学生组成的教-学关系是学院存在的根本理由，在学院内各种关系中属于根本关系，即便从学院管理角度而言，学院管理的第一目标也应当是保证学院教师能够高质量地完成教书育人的职责，引导学生形成对高深学问的认同，在学生中间形成对科学知识追求的风气。因此，在完整的学院治理关系中，学生既然是人数众多的一方，需要在成为治理结构的重要力量的同时，获得相应的治理权力；又因为学院性质的特殊性以及学生的主体地位，其同样需要获得相应的治理权力。这意味着在二级学院治理中，学生的主体权既要体现在行政权上，还要体现在学术权上。

就行政权而言，教师需要实现由垄断权向主导权过渡。当然，并非所有的教师都有垄断权，垄断仅仅存在于那些具有行政职务的教师手中，但为了分析方便，笔者暂且将教师作为一个整体而言。由于我国大学所具有的同质性，只要接受过高等教育的人都会深有体会，在学院生活中，学生所有的权利乃至权力都是被规定好的，教师却垄断了几乎所有的权力，学院事务、学院活动、学院评价标准等，均出自学院的管理层之手。为此，在学院治理中，这样的关系面临着调整的必要性，

① [德]雅斯贝尔斯. 什么是教育[M]. 邹进，译. 北京：生活·读书·新知三联书店，1991：169.

即在行政权的让渡方面，学院治理改革需要对学生群体的权力做出规定，在权力关系的设计上为学生群体留出足够的空间，既需要明确教师群体的主导权，更需要明确学生群体的主体权，解决好如何维护学生的权益、如何保障学生的主体权的问题。

就学术权而言，学院治理改革同样要面对教师群体和学生群体的主导权和主体权的权力关系设计问题。这一问题更确切的表达方式应该是教学权而非学术权，即在教学问题上，教师要充分尊重学生的创造性和主动性，要当好领路人，尊重学生在教学问题上的主体权，如此则提高学院向心力与营造良好的文化氛围将不再是一件难事。

第三节　学院治理文化现状分析

雅斯贝尔斯认为，大学的任务有“研究、教学和专业知识课程”“教育与培养”“生命的精神交往”“学术”四类，大学通过科学的途径寻求真理，因此，研究是大学的基本任务，各种学术研究和教学都是真理的表现，都是在帮助生命成长。[①]因此，只有大学、学院真正将自身的使命定位于以真理促进生命的成长，才能发挥大学的真正价值。面对我国大学的困境而兴起的学院治理也只有真正以帮助学生生命成长为目标，才能带动学院、大学重回人才培养的正途。但是，目前的情况并不乐观，这种严峻的现实不仅体现于上述治理结构、治理权力方面，还表现在学院的治理文化方面。

学院治理在治理文化方面主要存在如下问题：首先，由于治理概念本身的复杂性以及中西两种语境下治理概念被我国实践所混用，治理的主体又潜在地回归为政府本位，这是治理文化在理念方面遭遇的问题；其次，学院实际上是行政链的一环，体现商业本位的治理面临诸多现实尴尬，这是治理文化在制度方面遭遇的问题；最后，就我国传统而言，等级服从观念的残余与治理内在要求的契约精神相违背，这是治理文化在文化传统方面遭遇的问题。

---

① [德]雅斯贝尔斯. 什么是教育[M]. 邹进，译. 北京：生活·读书·新知三联书店，1991：149.

一、理念：治理，一个意义不明的概念

作为一个现代政治学概念，治理起源于西方，它是指一些由共同目标支持的活动，这些活动表现为一系列的机制，既包括政府机制，同时也包括非正式的、非政府的机制。①从这个意义上讲，治理并非一个意义不明的概念，它说明了治理在权力关系重新划分、合作协商方面的精神，公共事务不再仅仅属于政府的职责，而应有公共事务涉及的所有主体的职责，甚至与这些公共事务不相关的主体，如果有意愿仍然可以参与其中，这正是治理对传统的统治的突破，是适应扁平化现代社会的运行方式。这种意义上的治理正是我们想要提倡的一种公共生活方式。

虽然上文所说治理的概念是源于 20 世纪 90 年代西方社会的概念，尽管存在这样的逻辑，但从统治走向治理，是人类共同的政治规律，因此，我们不能因为现代政治学中的治理概念及实践起源于西方而将其作为西方概念，进而认为治理不适用于中国。事实上，我们应该认识到，治理既可以是西方的，又可以是东方的。②从理论上讲，笔者完全同意这样的说法，中国有治理的需求。但是理论并不能等同于实践，当下的任务与将来的发展目标亦有所不同，在十八届三中全会之后，治理一词面临着被滥用的风险，一些由政府主导的并且推进的改革被冠以治理之名；一个负面问题的解决，同样也被冠以治理之名。原因在于，我国本土的治理与西方的治理相互混淆，难以区分。

治理一词，不仅只存在于西方现代社会，事实上它早已存在于古代社会；不仅存在于西方，其在东方同样有着源远流长的历史，也有着广泛的运用领域。东方意义上的治理，既可用于政治领域，如治国理政意义上的治理，也可用于具体事务，如水土流失治理；既可以是一个学科专业名词，如治理理论，也可以是一个日常生活用语，如校园欺凌现象的治理；既可以指一个过程，如治理黄河，又可以指一种结果，如水土流失问题得到了良好的治理。正是治理概念的多重性，特别是政治领域之内的治理与学科意义上的治理以及中西语境的差异，让治理在相关实践中成为一个“意义不明”的概念，由此引发了研究领域的混乱。

就治理文化而言，学院治理正是在这样的混乱中，在理念上存在着先天不足，即以学术上的、西方的治理之名，行中国的管理之实。治理倡导超越政府单中心、单权威、单主体的多中心、多权威、多主体，学院治理改革仍不免是以政府主导、

① 俞可平. 论国家治理现代化[M]. 北京：社会科学文献出版社，2015：20-21.

② 俞可平. 论国家治理现代化[M]. 北京：社会科学文献出版社，2015：1.

学校监督、学院行政为主的管理改革；自下而上的治理需要各主体以自发、自生的责任感管理公共事务，自上而下的学院治理改革仍然在政府文件规定的领域内、在领导划定的责权范围内展开活动；治理追求一种权力的平等与均衡的状态，学院治理依旧是学校与政府对学院、行政对学术、教师对学生的权力的授予。这种原生性的学院治理的困境显示的是治理文化在改革理念方面的先天不足。学院治理风貌的实质依旧是以政府权力为中心的管理改革，其文化特点是政治权力对社会事务的统领。确切地说，这是由中西语境下治理一词意义的含糊性造成的，一个意义不明的治理内涵，让正在进行的学院治理改革陷入了既往改革的窠臼中。这是治理一词在文化语境上的不同引发的实践上的偏离，政府部门与学院权力主体、政策推行者、实践者和学术研究者对治理的不同理解，让这样一场改革充满了不确定性。

二、制度：学院，围绕学术精神的改革

在现行经济、社会、文化因素影响下的现实学院治理形态既不符合二级学院治理的应有之义，又违背了学院自身的存在价值，这是学院治理的文化困境。如果不在大学和学院的发展制度上进行改革，大学和学院治理的文化困境则得不到有效治理，学院治理改革也难以深入推进。

正如上述所言，治理是涵盖政府机制在内的多种机制对某一共同目标的支持，在这样一种状态中，政府机制应当是与其他各种机制处于一种相对平等的状态，且彼此之间是相互支撑、相互合作的关系。现实的治理则是政府机制处于主导地位，其作用超越或远胜于其他机制的作用，并且相对于其他机制存在管理上的绝对优势，两者之间并不是平等的状态。笔者将治理的应有状态与中国现实状态进行比较，并不是否定政府机制在学院治理中的作用，而是意在说明政府机制在学院中应该采取的正确方式，因为如果不采取正确方式，容易将学院治理引入歧途。而且二级学院现有的管理状态表明，在二级学院治理中，应该充分重视政府机制的作用，但是这种重视需要强调作为必要性存在的谨慎这一修饰词。这无疑是在中国的现实文化土壤上的恰当的文化选择。

学院存在的基础是真理的存在，学院通过科研对高深学问进行探索，从而实现生命成长、人才培养的终极目标。在雅斯贝尔斯关于大学的理想中，大学的任务有“研究、教学和专业知识课程”“教育与培养”“生命的精神交往”“学术”四类。根

据雅斯贝尔斯的观点，其中“生命的精神交往”无疑居于核心地位，因为真理的最终价值在于人的成长，人才培养的最高实现形式也在于“生命的精神交往”。从大学和学院里走出来的人，不是适合于某一职业的人，而是全面发展、追求真理、精神独立的人。学术精神体现的正是对真理的信从、对独立状态的苛求的体验。高深学问是学术的代表样态，对学术的痴恋、对高深学问的痴恋也证明了人的价值。“人与人的交往是双方的对话和敞亮，这种我与你的关系是人类历史文化的核心”①，大学、学院等是为了真理、为了高深学问而存在的组织，正是雅斯贝尔斯所说的人与人交往的机构，其对真理、对高深学问的追逐超越了世间的一切俗物，由此大学、学院也演化为“人类历史文化的核心”的中介、传媒。这是大学的使命所在，也是学院治理的内在需求。正是在这种需求下，我们认识到，在治理中，要超越对现实问题的局限，要心怀理想，要看到学院内在精神中的人与人的交往关系，要强调教师与教师、教师与行政人员、教师与学生等之间的交往。唯有治理，才能实现这样的终极诉求。因此，在治理文化中，虽然现实让人们苦恼，但是理想如种子般正在萌芽。我们期待，通过治理，大学、学院可以完成其任务，正如雅斯贝尔斯所言，“大学任务的完成还要依靠交往的工作：学者之间、研究者之间、师生之间、学生之间以及在个别情况下校际之间……”②我们甚至可以设想，在雅斯贝尔斯的理想大学中，一定是学术权大于行政权的，并且行政权对学术权负责。只有满足了这样特征的治理制度，才能实现雅思贝尔斯心目中理想大学的设计，才是符合人才培养的理想追求的治理制度。

制度是文化的重要载体。服务于学院治理改革的制度设计需要服从于“生命的精神交往”的理想的教育形式。只有“生命的精神交往”制度之下的人才培养机制才能培养出完整、完全的人，才能发展出独立的、追求真理的学术精神，才能以学术精神带动社会的发展、国家的进步。如果没有对“生命的精神交往”的教育追求，如果没有独立自主地对真理和科学知识的追求，那么现实的、功利的人才培养、社会服务和科学研究就无法成为当代社会的永动机。当下的学院治理改革由于制度上的因素，无法贯彻真正的治理精神，影响着我国学院治理改革的成效。

也就是说，治理改革的制度文化背景与学院治理改革独特的内在精神存在某些偏差。无疑，雅斯贝尔斯关于大学人才培养的“研究、教学和专业知识课程”“教育与培养”“生命的精神交往”“学术”四个任务所体现的是大学的精神，着眼的是人的成长，这样的任务只有通过大学自身的独特精神和独立环境才能得以完成。如

① [德]雅斯贝尔斯. 什么是教育[M]. 邹进，译. 北京：生活·读书·新知三联书店，1991：2.

② 转引自施晓光. 西方高等教育思想进程[M]. 哈尔滨：黑龙江人民出版社，2002：230.

在第一章中笔者在学院治理的特点中所论述的，学院治理有基础性、学术性、自主性的特点，这样的治理文化特点与这样的大学治理任务定义之间精神的一致性，与西方国家不同于东方国家的大学管理制度有关，在彼处，国家为大学留有充分的自治园地，大学与学院分权而治，这样的制度体现着自由，保障着独立。雅斯贝尔斯眼中的人与人式的以高深学问为中介的生命成长的大学精神及其相应的、应有的治理状态，如何与中国本土的学院治理改革相结合，如果不改变大学管理制度，不能通过学院治理的制度设计凝聚起行政权力之外诸多权力的学术热情，那么不仅不能发展大学里的学术，纽曼、洪堡、雅斯贝尔斯等大师所推崇的大学精神也会黯然失色。

三、传统：变革，能否实践外来的治理

促进学院治理在我国落地生根，还需有一个传统变革的过程，这一过程大致包含两个方面：一是本国的文化，特别是政治文化传统的变革，即在新时代里产生属于新时代的新文化，当然，这并不意味着对传统文化的全盘否定；二是外来思想的变革，治理如要在我国实行，必须要有适应国情的相对变化，即治理文化的本土化。由此，那些认为治理既适合西方国家，又适合东方国家，治理是未来世界发展潮流的说法至少是不完整的，兴起于西方国家的治理转移到东方国家的过程，必然会有治理本身的内涵发生变化的一个过程。

以此观察当下的学院治理改革，在改革的发起阶段，其指导思想、改革措施一方面不能因应于时代的新特点和治理的精神内涵要求对大学和学院的管理文化、教学文化有所变革，大学和学院只是落实政策，推进改革，甚至改革不能超出试点学院；另一方面，人们对于西方文化意义上的治理精神不能充分理解，夹杂着东方国家传统的“土货”，无法对改革形成深入的认识，也就无法实现治理文化的本土化或者试点学院的本院化的取舍和逐步推进。

就治理的本质而言，正如资本主义兴起于西方一样，其源于商业本位的西方是有原因的。治理的文化基础是一个运行良好的市民社会，而运行良好的市民社会需要两个保证：一是相对丰裕的经济条件；二是相对完善的法律体系。资本主义并不单纯是一种经济现象，它还需要法律体系予以支撑，我国也曾出现过所谓的资本主义萌芽，但正是因为没有法律体系的保证，这个泡沫最终覆灭了。①而法律体系事

---

① 顾准. 顾准文集[M]. 上海：华东师范大学出版社，2015：75.

实上正是西方商业社会发展的原因，只有法律体系对民众的各种权力加以保障，人们才有致富的动机，才有致富的保障。从这一点上来讲，正是源于古希腊的民主政治、源于古罗马的法治精神成就了后来文艺复兴之后的西方社会的崛起、市民社会的形成。因此，在学院治理改革中，我们不应仅局限于讨论权力如何配置、在二级学院乃至大学治理中学术与行政如何牵扯不明的问题，更要关注西方国家以及西方大学、学院治理中被我们久久忽视而又至关重要的法治精神。道理显而易见，如果没有法治的保障，学院基层学术人员争取到的治理权也会丢失，被限制的行政性治理权会再度崛起，如果没有法治在根本问题上形成的强有力保障，二级学院治理改革则无从进行，无法持久。没有了法治的明确保障，绝大多数的教师和学生不会参与这场学院治理改革，也就是说，没有法制体系的保障，学院治理改革就没有民心基础、民众力量。学院治理改革没有了法治保障，没有了教师和学生的参与，我们既看不到传统政治文化在新时代应有的新气象，看不到学院改革推动者在改革中的自我革命以换取社会完善、传统进步，也看不到西方治理文化在中国大学和学院里本土化地生长。道理显而易见，国家没有法治体系，市民社会无法形成，社会上的大多数群体的权力和权利皆无法得到保证；学院治理改革没有法治体系，各权力主体的权力和权利同样无法得到保证，可以设想，谁会为这样一场雾里看花的改革而付出全心全力呢？当学院治理改革的动力仍然是传统的政治文化，而绝大多数的学院权力主体对此漠不关心时，当最重要的权力主体在改革中缺场时，我们不得不问，没有一群真心实意改革的底层市民的改革意志，没有绝大多数的教师和学生参与的改革，这样一场学院治理改革究竟有没有诚意，这场学院治理改革又能走多远？

商业本位的文化最重契约，法治的基础也在于契约。如果说依靠传统政治路径进行的学院治理改革没有在学院层面上凝聚起民众的力量，看不到推进改革深入的底层改革力量，是因为改革没有法治体系的保障，让改革的参与力量犹豫不决，改革失去了民众基础，那么改革的方式也背离了治理文化的传统，在学院治理改革中没有体现契约精神。契约的签订双方是平等的，各有权利和义务。具有法治精神的改革，必然会体现契约精神。

这是当下学院治理改革的另一个要害问题。依靠政策推动的学院治理改革体现的是传统的统治思维，是命令式的改革。学院相对于大学、政府来说，首先是不平等的，学院没有与大学和政府进行改革契约谈判的权力，或者说这场谈判的主动权完全掌握在上级部门手中，学院治理改革的权利和义务都是上级部门规定好的。而这恰恰与治理的精神内涵背道而驰。

改革也需要法治的保障，也需要体现契约精神。我国的现实恰恰是缺少这种完善的法律体系，没有商业本位下的契约精神，有的则是过度的行政化下的服从精神。如前所述，学院治理改革也是在行政化的压力传导机制下进行的，即学院治理改革是以行政化的方式去行政化，这多少有些悖论在内。这也是传统政治文化需要改进、面临挑战的地方。服从精神源于集体主义，而集体主义是产生不了契约精神的，因为集体生活中的分配关系并非个人所能掌握的，它总是集中于少数上层阶级，以农业文明为主，重协作；西方则不同，在由商业文明而起的工业文明之后，社会分工现象明显，如亚当·斯密所言，"益力之事，首在分功"①。对应于这样的社会，需要在法律上保障各自的权益。我国正处于转型社会之中，这样的分工社会正在形成。将治理用于中国，不仅需要明确各主体的治理责任，还需要有相关的法治保障。如有学者指出的那样，"国家治理现代化的基本依据，就是现代国家的法治体系"②。国家层面的治理现代化要求如此，学院治理改革的要求也在于此，而这或许是学院治理改革进程中被改革者所忽略、所遗忘的基本问题。

由此，反观我国二级学院治理的实践，其主要在于我国法治精神的缺失，这正是二级学院治理乃至其他各种治理遭遇困境的要害性问题。如上所言，二级学院治理的基础实际上是二级学院组成群体在分工基础上明确了各自的不同职责。但是由于文化因素的作用，这种分工常常被某一力量擅自调整而变得纠缠不清，这既是由缺乏法治文化造成的，同时又因为没有相关法律规范，被越权者无法依法维权，越权者可以无所顾忌地继续侵蚀已形成的治理分工格局，由此造成现实中的各种治理问题，如二级学院治理形同虚设、治理效果不明显等问题。

由此可见，学院治理所反映的改革困境，其实是两种文化遭遇的问题，是社会转型的问题。如果要深入推进学院治理改革并广泛应用于所有学院，一是要在法律层面上对学院治理改革进行规定，以保障改革的正确方向；二是要赋予学院与大学、政府平等的法律地位，以获得相应的权力和义务以及谈判的资格。这既是对传统自上而下、缺乏法治精神的政治文化的当代改进，也是将治理的核心精神应用于学院治理改革的实践、促进治理文化本土化的基本途径。

---

① [英]亚当·斯密. 国富论[M]. 严复，译. 上海：上海世界图书出版公司，2016：13.

② 俞可平. 论国家治理现代化[M]. 北京：社会科学文献出版社，2015：76.

第四章

试点学院治理改革的案例分析

2010 年 10 月，国务院办公厅颁布了《国务院办公厅关于开展国家教育体制改革试点的通知》[①]，决定在北京大学等 17 所高校设立试点学院，启动试点学院改革工作，开展创新人才培养试验，为高等教育体制改革的整体推进积累经验。2012 年 11 月，教育部正式颁布了《教育部关于推进试点学院改革的指导意见》，提出了一系列试点学院改革的方向和思路，为试点学院提供了多项优惠和保障条件。该文件的出台为高校在招生制度改革、人才培养模式改革、教师遴选与考评制度改革以及学院内部治理结构改革等方面提供了强有力的支持。其中，对于完善学院内部治理结构，教育部明确“支持试点学院改革院长选拔任用制度，试行教授委员会选举提名院长的办法；支持试点学院赋予学术委员会学科建设、学术评价、学术发展中的审议权，在学术成果评价等方面的评定权；落实和扩大试点学院教学、科研和管理自主权，支持试点学院依照学院章程自主确定发展规划并组织实施，自主配置各类资源，自主确定内部收入分配，自主设置和调整学科专业”[②]。作为教育教学改革特别试验区，国家试点学院改革的目标在于推进以创新人才培养体制为核心、以学院（系、部）为基本实施单位的综合性改革。2016 年 6 月，教育部出台《教育部关于中央部门所属高校深化教育教学改革的指导意见》，提出“继续推进国家试点学院改革，运用协同育人等方式，不断创新试点学院人才培养机制，深化高等教育综合改革”[③]。本书选取 B 大学 J 学部、T 大学 T 学院和 S 大学 N 学院为案例研究对象，其中 B 大学是教育部部属高校，该校的 J 学部是从事教育科学研究的人

① 国务院办公厅. 国务院办公厅关于开展国家教育体制改革试点的通知[EB/OL].（2011-01-12）[2017-09-10]. http：//www.gov.cn/zwgk/2011-01/12/content_1783332.htm.

② 教育部.《教育部关于推进试点学院改革的指导意见》提出的 24 项支持性政策措施[EB/OL].(2013-04-18)[2017-09-10]. http://www.moe.gov.cn/s78/A08/A08_ztzl/s7327/s7331/201304/t20130418_150829.html.

③ 教育部. 教育部关于中央部门所属高校深化教育教学改革的指导意见[EB/OL].（2016-07-04）[2017-09-10]. http：//www.moe.gov.cn/srcsite/A08/s7056/201607/t20160718_272133.html.

文社会科学类学院；T 大学和 S 大学都是地方高校，但是前者的 T 学院是从事工程应用研究的学院，后者的 N 学院是一个国际化的新型学院，这两个学院都是自然科学类学院。这些大学和学院具有不同的特色，具有较强的代表性。笔者通过对三个大学试点学院的院（部）长、副院（部）长、党委书记、副书记、行政职员、部分教师和学生以及校级相关职能部门和单位、部分高等教育管理研究专家、学者就试点改革的状况、经验和困境进行走访、调研，对所收集到的一手资料进行整理、归纳与分析，以期探寻案例本身的借鉴、推广价值及其提供的一般性经验。

第一节　B 大学 J 学部治理改革

B 大学 J 学部不仅是我国教育科学研究的“桥头堡”和策源地，也是我国大学实施学部制改革的先锋单位。教育学学科是 B 大学的传统优势学科，在一百多年的发展史上，其发展出了众多的院（系、所）和中心，它们各自设立，自成体系，资源重复建设现象严重。为了打破当时教育学科的机构壁垒与学科界限，推动教育学科各个分支领域之间的交叉与融合，2009 年，B 大学在合并原教育系、教科所和比较教育研究所并成立教育学院的基础上，再次合并有关机构，成立 J 学部。目前，J 学部组织结构健全，设有部长 1 人、副部长 4 人、部长助理 3 人的行政领导班子，含书记 1 人、副书记 2 人的党委领导班子，此外还有分管工会、教代会工作的工会主席 1 人；J 学部现设有教育基本理论研究院、国际与比较教育研究院、教育历史与文化研究院等 14 个实体性学术机构，承担着学科建设、科学研究、人才培养、社会服务等重要职责。[①]

一、J 学部治理改革内容及举措

（一）治理结构方面

1. 外部治理结构

B 大学实行中国共产党 B 大学委员会（以下简称“学校党委”）领导下的校长

① 北京师范大学教育学部. 学部简介[EB/OL].（2016-01-01）[2017-09-10]. http：//fe.bnu.edu.cn/t002- c-1-49.htm.

负责制。其中，学校党委是学校的领导核心，统一领导学校工作，支持校长依法独立负责地行使职权；校长是学校的法定代表人和行政负责人，其在学校党委的领导下全面负责学校的教学、科研和其他行政管理工作。①依据《B大学章程》，学校党委按照民主集中制原则对学校的整体工作具有最高决策权。学校党委常委会主持党委经常工作，学校的“三重一大”（重大决策、重要干部任免、重要项目安排和大额度资金的使用）事务应经学校党委常委会集体决定。据此可知，学校党委不仅对学校改革的稳定发展和教学、科研、行政管理及党的建设等方面的重要事项具有决定权，还有权按照干部管理权限和有关程序推荐、提名、决定任免干部。由于二级学院院长、书记等领导人员都属于学校重要干部，所以其人事任免都由学校党委决定。作为学校内设二级行政组织，B大学J学部部长等管理者皆由学校党委直接任免，在这一方面，学校较学院拥有至高决定权。

B大学实行校、院二级管理体制。作为人才培养、科学研究和社会服务的具体组织实施单位，学院（学部）在学校授权范围内实行自主管理。除在行政管理序列和组织机构外，学术管理组织体系和民主管理组织体系在校、院二级管理体制中也占据十分重要的地位。首先在学术管理方面，B大学设立学术委员会作为校内最高学术机构，统筹行使学术事务的决策、审议、评定和咨询等职权。在校、院二级管理体制框架下，学校学术委员会可根据需要，在学院（部、系）设置或者按照学科领域设置学术分委员会，设立在二级学术组织中的各学术分委员会向学校学术委员会报告工作，接受学校学术委员会的指导和监督。其次在民主管理方面，B大学设立由学校主要领导、前任领导、院士、资深教授、全国人大代表、全国政协委员、专家学者代表、党代会代表、教代会代表以及学生组织负责人等组成的校务委员会作为学校咨询机构，对重要决定等提供咨询意见和建议。此外，学校还设置工会、共青团、学生会、研究生会等组织。其中，学校教职工代表大会是教职工依法参与学校民主管理和监督的基本形式。广大基层教师可以通过教职工代表大会行使民主权利，参与学校民主管理和监督。上述民主管理机构在学校与基层二级单位之间架起互动沟通的桥梁，为基层教师、学生等人员参与大学事务管理提供途径和组织保障，是建设现代大学制度、实现大学治理现代化不可或缺的关键环节。

2. 内部治理结构

2009年，B大学成立J学部，这是其创新体制机制、推进大部制改革的重大成果，J学部由此成为我国第一个教育学部，为其他大学内部组织改革与调整提供

---

① 北京师范大学. 北京师范大学章程[EB/OL].（2014-10-11）[2017-09-10]. http：//xxgk.bnu.edu.cn/xxgkml/ xqgk/97976.htm.

了先进经验和重要参考。2009年，时任B大学校长钟秉林指出，“实践证明，J学部的成立这一决策是正确的，它击中了中国大学院系设置学科基础过窄、数量过多、各自为政的弊端，反映并引领了中国大学内部治理结构改革的方向”①。J学部将与教育学科相关的7个学院、研究院和研究中心进行整合，重新设计安排内部组织机构、重新塑造内部治理结构框架（图4-1）。根据《B大学章程》，学院（部）等二级组织设立党委会以支持院长履行其职责，作为学院（部）行政主要负责人，院（部）长全面负责本单位的教学、科研和其他行政管理工作。在学院（部）层次，党政联席会议为其最高决策机构，对思想政治工作、人才培养、科学研究、学科建设、师资队伍建设等重要事项具有决定权。此外，B大学J学部设置了一系列咨询评议机构以彰显学术力量、强化学术权力和发扬学术民主。J学部建立学术委员会，负责对科学研究和学术问题进行评议、审议和决策；建立由各学科主要负责人和知名教授组成的学位评定委员会作为评定学位、审定研究生导师的终审机构；建立教学指导委员会，如由各学科教学能手、知名专家组成的课程与教学指导委员会；建立人事工作委员会，主要对学部人事工作进行评议、审议和决策，其主要由学部各学术机构、学部相关办公室负责人构成；还组建学生工作委员会，主要由学部学生工作办公室负责人、团委书记、辅导员、教师代表、学生代表等组成，是一种对学生工作进行评议、决策的审议机构。②

自2011年入选国家试点学院改革名录以来，B大学J学部为深化试点学院管理体制机制改革，在学院内部治理结构改造上积极谋划、主动变革，探索建立完善的学院内部治理结构。在学校大力支持下，J学部先后制定了《B大学试点学院章程》《B大学试点学院理事会章程》。为贯彻民主集中制原则，充分发挥集体领导作用，J学部制定了《B大学J学部（试点学院）部务会议事规则》。根据该文件，由部长、书记、副部长、副书记、部长助理、工会主席组成的学部部务会（党政联席会议）是学部各项工作的最高决策机构，主要讨论贯彻上级会议精神、学科发展战略及规划、重要改革方案与工作部署、拟报送或发布的重要文件、教职工重大利益、人事工作、学生工作、重要财务事项等以及其他有关学部学科建设等事宜。部务会一般每周召开一次，如遇重大突发性事件或紧急事务可随时召集。部务会必须有半数以上的成员到会方能召开，在讨论人事、招生、资源分配、处理违纪行为等重大问题时，应至少有2/3以上成员出席方为有效。③

---

① 钟秉林. 强化办学特色 推进教育创新——组建北京师范大学教育学部的若干思考[J]. 中国高教研究，2009，（12）：19-21.

② 北京师范大学教育学部. 教育学部组织机构[EB/OL].（2016-01-01）[2017-09-10]. http://fe.bnu.edu.cn/t002-c-1-56-0.htm.

③《北京师范大学教育学部年鉴》编写组. 北京师范大学教育学部年鉴（2014）[M]. 内部资料. 2014：134.

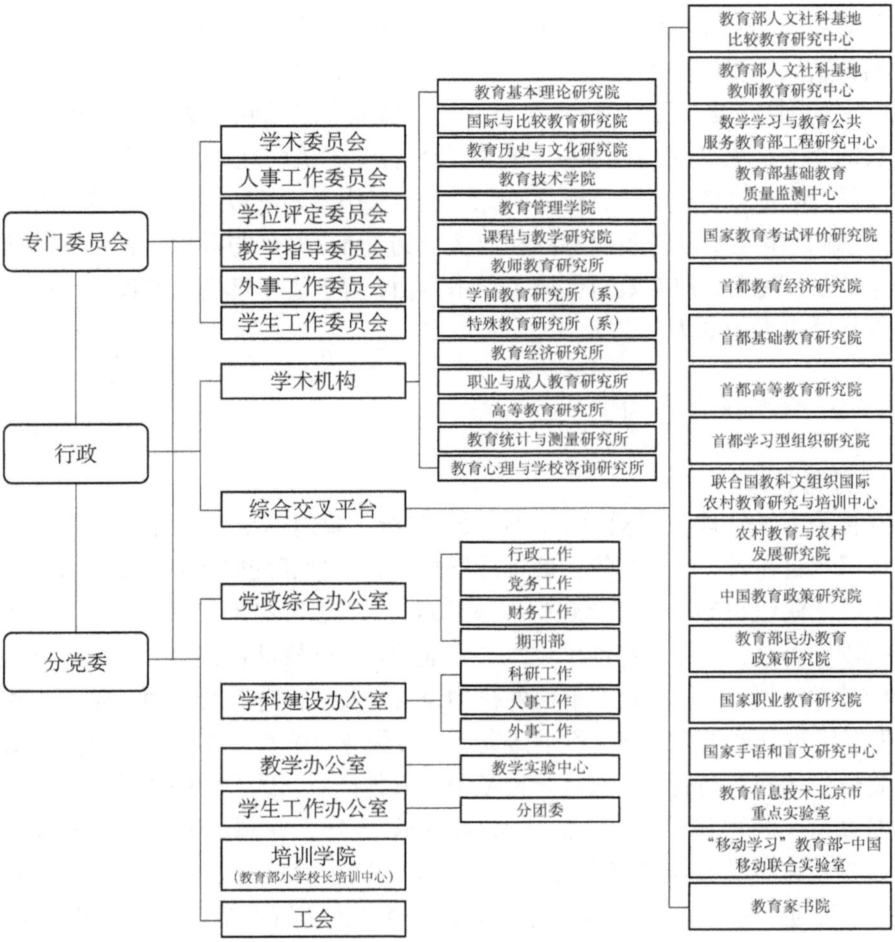

图 4-1　B 大学 J 学部组织机构图

总体上，无论是学院章程的颁布，还是学院理事会的成立，学院内部治理结构改革都朝向教授治学、民主管理的现代学院制度与现代大学制度迈进。为保障教授治学的有效实施，J 学部建立由校内专家、校外专家、国际专家（各占 1/3）组成的学术委员会，推进试点学院科学民主决策机制的建设；同时，J 学部还引进多方力量支持学院发展，形成社会支持和监督的长效机制。①

J 学部原部长介绍，“学部按照民主、分权和自治的现代大学理念，建立了学部内部的治理架构。部务会（党政联席会议）集体协商和决策；二级教代会、学代

① 教育部. 精心做好顶层设计，务求试点学院改革实效[EB/OL].（2013-04-18）[2018-01-01]. http：//www.moe.gov.cn/s78/A08/A08_ztzl/s7327/s7329/201304/t20130418_150834.html.

会、研代会民主参与和监督；各专门委员会独立行使学术权力，专门委员会主任全部由相关领域的资深教授担任，部务会分管领导参与但不干预专门委员会的工作。每周一次的部务会纪要发送全体教职员工。部务会成员联系学术机构制度以及每月一次的部务扩大会议制度加强了部务会与各学术机构之间以及各专门办公室之间的联系。作为学部的主要负责人，我的主要工作不是拍板定案，更多的是倾听老师和同学们的声音，促进不同范围和层次上的交流、对话与共识。学部这种新型的治理架构虽不完善，却有效地保障了学术自由，促进了学部内部的民主与团结，激发学部持续发展的活力与动力”①。

（二）治理权力方面

1. 外部权力

在传统大学管理结构框架下，B 大学二级学院遵循事权相宜和权责一致的原则，按照规定在人、财、物等方面接受学校赋权行使相应管理权。具体而言，J 学部等二级学院组织的主要职责包括以下几点：一是拟订本单位发展规划，制定具体工作规则和办法；二是进行本单位学科专业建设、师资队伍建设、课程建设，拟订并实施教学计划；三是负责本单位的机构设置、人员的聘用及管理、资产和财务管理；四是组织开展人才培养、科学研究、社会服务、学术交流和对外合作活动；五是负责学生的教育与管理；六是学校赋予的其他职责。试点学院改革启动后，B 大学为贯彻落实教育部相关文件精神和具体指导方针，在制定试点学院改革顶层设计后，逐步调整学校与试点学院的关系，扩大试点学院办学自主权以及在招生考试、专业设置、培养模式、课程设置、质量监控、人力资源管理、对外交流与合作、经费管理与使用等方面的自主权。具体而言，B 大学扩大 J 学部自主招考权，支持其实行自主招生、多元录取，选拔培养具有创新潜质、学科特长和学业优秀的学生，还支持其将博士研究生招生改革同时纳入试点范围。J 学部有关学生招录与选拔方式的改革成效显著，至 2013 年，本科生已实行大类自主招生、多元录取的模式，学术型硕士研究生招生已实行专业课自主命题，博士研究生招生已实行“推荐-审核”录取制度。B 大学还下放并扩大给予 J 学部在教师选聘、薪酬体系设计、职称晋升、考核及退出机制等方面充分的自主权，支持其提高教师薪酬待遇和引进高水平人才，鼓励其探索更加符合高等教育特点和人才引进规律的薪酬制度，支持试点学院引进高水平人才并实行年薪制，支持试点学院根据经费状况提高现有工

---

① 石中英. 牢记使命，勇于担当，努力推进世界一流教育学科建设. 北京师范大学教育学部年鉴（2014）[M]. 内部资料. 2015：137.

资体制下的教师薪酬待遇，等等。

2. 内部权力

随着试点学院改革而颁布的《B 大学试点学院章程》《B 大学试点学院理事会章程》不仅为构建 J 学部内部治理结构提供了依据，还为理顺 J 学部内部治理权力提供了支撑，各专门委员会独立行使学术权力，专门委员会主任全部由相关领域的资深教授担任，部务会分管领导参与但不干预专门委员会的工作，进一步明确了学校、试点学院、教师、学生等不同主体的责、权、利。为实行教授治学，充分发挥以教授为代表的教师队伍在学校教学、科研和管理中的作用，进而形成学部民主管理的有效机制，J 学部在内部治理结构改革过程中建立民主决策机制，完善了党政联席会议制度、二级教代会制度、干部扩大会议制度、院（系、所）例会制度，完善了信息公开制度，实行部务公开。如每年定期召开学部教职工代表大会以保障并发挥其民主参与和监督职能；每周部务会会议纪要抄送全体教师；每月召开一次由学部领导、分党委委员、院（所）长、行政办公室负责人出席的部务扩大会议。在研究生人才培养改革中，J 学部已全面启动设计研究生人才培养改革方案，设计本-硕-博一体化培养模式，同时扩大了导师或导师小组在研究生奖、助学金评比和发放方面的自主权。在这一系列改革中，学部将部分权力下放至基层教师和学生手中，在一定程度上调动起他们参与学部治理的积极性，增强了他们参与学部事务的主动性，实现了他们作为学部主人翁的主体性。

（三）治理文化方面

B 大学开展试点学院改革的宗旨，“是希望紧紧围绕教育领域拔尖创新人才培养这一核心目标，突破制约拔尖创新人才培养的关键瓶颈，充分调动实施院系和广大师生的积极性，为每名教师和学生提供更好的发展平台，最终以试点学院改革为支点，撬动整个学校办学体制、管理体制的深刻变革”①。为实现这一改革宗旨，B 大学充分认识到试点学院改革的复杂性和综合性，高度重视并制定强有力的顶层设计，以实现整体布局、系统改革和综合配套。在学院内部治理结构改革上，B 大学与 J 学部等机构密切合作，建立健全民主决策机制，逐步完成制定了《B 大学试点学院章程》《B 大学试点学院理事会章程》《试点学院领导班子与学术机构联系规定》《领导班子值班制度（试行）》《关于加强各专门委员会工作纪律的规定》《综合交叉平台学术信息发布与管理办法》等制度。上述改革宗旨与配套改革制度共同

① 教育部. 精心做好顶层设计，务求试点学院改革实效[EB/OL].（2013-04-18）[2018-01-01]. http：//www.moe.gov.cn/s78/A08/A08_ztzl/s7327/s7329/201304/t20130418_150834.html.

构成了 B 大学 J 学部的治理文化，为试点学院改革的顺利推进和成果取得创造了必要的制度环境，营造了必要的文化环境。

二、J 学部治理改革条件与保障

（一）政策配套情况

B 大学为做好国家试点学院改革工作，为 J 学部提供大力支持，制定并推出全方位、各层面的配套政策。首先，在改革学生招录与选拔方式方面，B 大学统筹 J 学部的招生工作，支持其根据办学条件、师资力量和社会需求自主确定本科招生计划；学校对 J 学部研究生招生计划实施单列管理，增加其推免和直博生名额。根据学校安排，教育硕士、教育博士等专业学位学生的招录和管理划归 J 学部综合统筹。其次，在人才培养模式改革方面，B 大学支持 J 学部选派优秀学生出国留学，提高该部在校生具有海外学习经历的比例。具体而言，J 学部可按年度博士招生规模的 50% 申报国家建设高水平大学公派研究生项目并选派学生赴国外学习，优秀本科生国际交流项目对 J 学部与国外院校在协议基础上开展的学生交流项目予以支持。再次，在人事制度改革方面，B 大学采取经费补助、项目资助等方式，支持 J 学部教师参与国内外访学、开展合作研究。在同等条件下，B 大学对 J 学部在国家公派高级研究学者、访问学者（含博士后研究）项目上给予重点支持。最后，在完善学院内部治理结构方面，B 大学建立 J 学部自我发展、自我激励和自我约束机制，在国家法律和政策框架下落实和扩大试点学院教学、科研和管理自主权，支持其依照学院章程自主确定发展规划并组织实施，自主配置各类资源，自主确定内部收入分配，自主设置和调整学科专业，并承担相应责任。而且，在学校层面明确 B 大学对 J 学部交叉平台的管理政策，为 J 学部优化交叉平台的管理提供制度基础与依据。

（二）条件保障情况

除给予一系列政策保障外，B 大学还为 J 学部提供组织、人员、经费等方面的条件保障。比如在健全组织工作机制方面，B 大学迅速成立以书记、校长为组长的试点学院领导小组和以校长为组长的试点学院工作小组。这表明，B 大学将 J 学部试点改革置于学校重大工程和改革事项的地位。为此，学校曾先后召开 4 次专题工作会议研究部署试点学院改革工作，同时，J 学部也召开 14 次专题工作会，以及时解决改革工作中存在的困难和问题。又如在条件支持方面，B 大学给予 J 学部在教师选聘、薪酬体系设计、职称晋升、考核及退出机制等方面充分的自主权，允许 J 学部根据人才培养和学科建设需要选聘教师，取消师资补充限额，支持 J 学部进行职称晋升考评制度改革，即只要教师达到学部规定的职称晋升考评标准，就可晋升职称，不受学校晋升指标限制。此外，在学校支持下，J 学部开始实行经费包干，全成本核算，责权统一。按照国家财经政策要求，J 学部享有完全自主的经费分配权、使用权。B 大学积极筹措社会资金，多方位调动校内外资源，形成多元筹款机制，设立专项基金，支持 J 学部办学。为促进兼职教师队伍和国际教师队伍建设，加强教学实验室建设，满足不同形式教学模式需要，B 大学为 J 学部提供充裕的办公、教学和实验空间保障。

第二节　T 大学 T 学院治理改革

作为国内同类专业中教学和研究实力名列前茅的学院之一，T 大学 T 学院目前设有建筑工程系、地下建筑与工程系、桥梁工程系、结构工程与防灾研究所和水利工程系 5 个系所，还设有土木工程防灾国家重点实验室和国家土建结构预制装配化工程技术研究中心。[①]现设有名誉院长 1 人、院长 1 人、副院长 4 人、党委书记 1 人、党委副书记 3 人。在此基础上，T 大学 T 学院以国家试点学院改革为契机，进一步提升办学水平和质量。

一、T 学院治理改革内容及举措

（一）治理结构方面

1. 外部治理结构

依据《T 大学章程》，T 大学党委是学校的领导核心，实行集体领导、民主决

① 同济大学土木工程学院. 学院概况[EB/OL].（2017-01-01）[2017-09-30]. http：//civileng.tongji.edu.cn/college.asp?sortId=2&sName=%D1%A7%D4%BA%B8%C5%BF%F6.

策，支持校长依法独立负责地行使职权。校长是学校的行政负责人，全面负责学校的教学、科研和其他行政管理等工作，代表学校处理各项行政事务。学校可设常务副校长、副校长、总会计师和校长助理等，协助校长行使职权。在行政事务管理上，校长办公会议发挥重要作用。作为校长行使职权的基本形式，校长办公会议定期由校长或由校长授权其他学校领导主持召开，讨论、处理学校行政工作中的重要事项。在学术事务管理上，T 大学设立学术委员会作为学校学术事务的最高机构。[①]《T 大学学术委员会章程（试行）》规定，校学术委员会是学校学术事务的最高咨询与评定机构。校学术委员会委员人数一般不超过 39 人，其中，委员中不担任学校、学院和职能部门负责人的教师不少于 2/3。该委员会成员最终由校党委常委会审议批准，校长聘任，每届任期 4 年，一般连任不超过 2 届。[②]除校学术委员会之外，T 大学还针对具体事务设立若干专门委员会以发挥基层学术组织及其教职人员、学生等参与学校治理的作用。例如，T 大学设立教务委员会，作为学校教学工作决策机构，教务委员会成员由教师以及部分管理机构、学生与用人单位代表组成；T 大学设立学位评定委员会，视其为学校学位事务决策机构，该委员会成员由学校主要负责人和教学科研人员组成，原则上在教授中遴选；T 大学还设立由学校主要负责人和校内各学科领域专家学者组成的专业技术聘任工作委员会作为学校专业技术职务聘任决策机构，其主要职责包括审定专业技术职务聘任工作条例、审定专业技术职务聘任工作方面的重大事项以及其他需要专业技术职务聘任工作委员会处理的事项；T 大学还设立校务委员会作为学校工作的咨询机构，其成员由学校主要负责人、在职与退休教职员工代表、学生代表以及群众团体和有关单位的代表组成。此外，为搭建学校民主管理和监督平台，T 大学还成立教职工代表大会、学生代表大会和研究生代表大会，并赋予这些代表大会以明确的职责和权力义务。

2. 内部治理结构

根据人才培养和学科建设的需要，T 大学有权设置若干学院（系），并根据发展需要适时予以调整。经学校党委批准，各学院（系）设立学院（系）党委员会或总支部委员会，负责领导本单位的思想政治和党建工作等，并支持本单位行政领导班子和负责人在其职责范围内独立开展工作。作为学院（系）的行政负责人，院长（系主任）受学校委托全面负责学院（系）的教学、科研和其他行政管理等工作，

---

① 同济大学. 同济大学章程[EB/OL].（2014-05-13）[2017-09-30]. https：//www.tongji.edu.cn/xxgk1/xxzc.htm.

② 同济大学校长办公室. 同济大学学术委员会章程（试行）[EB/OL].（2019-01-12）[2019-02-10]. https：//deanoffi.tongji.edu.cn/_t367/e4/a9/c11483a124073/page.htm.

代表学院（系）处理各项行政事务。讨论决定学院（系）的教学、科研、人事、财务等方面的重大决策和重要事项安排的机构是学院（系）党政联席会议，同时分别与校学术委员会、校教职工代表大会、校学生代表大会等机构相对应的二级学术委员会、二级教职工代表大会、二级学生代表大会等机构在学院（系）组织中扮演重要角色。其中，学院（系）教授委员会等相关学术组织在学校相关学术组织的领导下，以教授治学为原则处理有关学术事务。在这一基本治理结构下，T 大学 T 学院在国家试点学院改革的推动下，按照现代大学制度建设要求对学院内部机构进行了调整，建立了分层决策集中运行的管理体系和机制，保证了院系二级机构的有效运行。如图 4-2 所示，T 学院设立由学院院长、副院长、学院书记、副书记、院长助理、院办公室主任以及各系主任、书记等构成的院务委员会，负责学院的制度建设、教学管理、人事管理、科研管理、国际交流和后勤保障等行政性事务；该学院同时设立由院士、杰出教授代表、学科负责人等组成的学术委员会，主要负责学科建设、人才培养方案、学术机构设置等学术性事务。该学院顾院长介绍，学院制定了《学术委员会章程》，在试点学院建设中，从整体顶层设计、岗位类别设计、学术机构调整到教师遴选和考核办法、人才培养方案制订等，均充分发挥了学术委员会的作用，真正实现了教授治学、民主管理。[①]

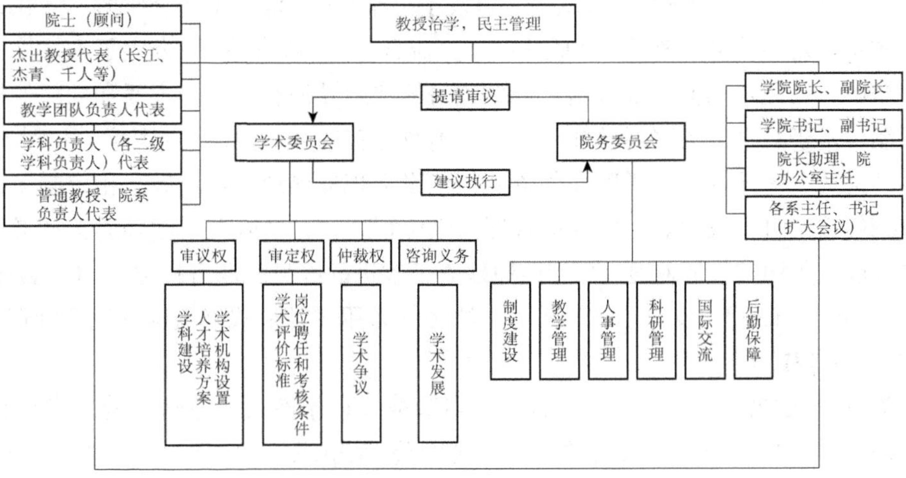

图 4-2　T 学院学术权与行政权分离及运行机制图

① 同济大学校长办公室. 同济大学学术委员会章程（试行）[EB/OL].（2019-01-12）[2019-02-10]. https：//deanoffi.tongji.edu.cn/_t367/e4/a9/c11483a124073/page.htm.

（二）治理权力方面

1. 外部权力

各学院（系）在服从学校统一领导与管理下，学校依法对各学院（系）进行管理和评估，各学院（系）依法自主开展人才培养、科学研究、社会服务和文化传承创新等活动。这就要求学校在人、财、物等方面赋予学院（系）相应的管理和使用权力，保障其在学校授权范围内实行自主管理。作为国家试点学院，T 学院的改革与发展受到 T 大学的高度重视，在学生选拔、人才培养、师资队伍建设及学院内部治理结构改革等方面得到学校诸多赋权，其自主办学空间由此进一步扩大。伴随着试点学院改革的推进，T 学院建立了基于学生兴趣与潜力的多元化的学生招录与选拔体系：以全国高等学校统一入学考试为基础，以兴趣和潜力为导向，以高考成绩、高中学业水平考试、专业潜质考查、综合素质评价为招录与选拔准则，采取与中学联动的衔接式（40%）、传统高考选拔式（30%）、入学后复合人才培养的递进式（30%）的多元化招生方式，吸引了大批基础条件好、专业兴趣浓、发展潜力大的本科学生。在研究生培养层面，强化学生专业基础与发展潜力，积极吸纳社会办学资金，增加推荐免试研究生、直博生和国际学生的数量。在获得人才培养模式改革自主权后，T 学院以培养面向未来全面发展的拔尖创新人才为目标，积极探索并逐步建立了“共性基础+个性培养”的人才培养模式，构建了本-硕-博一体化人才培养体系，完善了课堂教学、实验实践、交流合作“三个链条”，夯实了人才培养的共性基础；在此基础上，推行基于创新项目的院内导师制、基于竞赛和社团的校企导师制、基于双学位的国际导师制，因材施教，实现了个性化人才培养。T 大学下放教师遴选、考评权，T 学院在师资队伍建设上积极谋划，建立健全相应制度，以充分用好这一自主权力。为变身份管理为岗位管理，T 学院开展教师遴选和考核，引进并改良美国式教职制度，开创性地建立了改进的终身教职资格路径制（modified tenure track system），投入了大量人力、物力，采用多种形式吸引国外优秀师资。

2. 内部权力

为发扬教授治学、学术至上的理念和精神，T 学院大力推进学院内部治理改革，协调学术权力与行政权力的关系，理顺院-系组织权力关系。T 学院修订学院《学术委员会章程》，规范落实教授治学，构建了健康积极的学术研究氛围；赋予院学术委员会在学科建设、人才培养方案、专业或重要学术机构设置等方面的审议权，在学术评价标准、岗位聘任和考核条件等方面的审定权以及在维护学术道德规范、调查学术争议方面的仲裁权；规定院学术委员会为学院学术发展提供咨询和建议的义务。[①]依据 T 学院《学术委员会章程》，院学术委员会定期开展活动，审议学院学术发展规划，审议师资队伍建设和后备人才培养方案，审议学院专业及重要学术机构设置，审议土木工程学科学位评定分委员会等的提名组成和工作规则，审议学院教学、科研的学术评价标准和岗位聘任考核等学术条件，调查和评议学术不端行为。由此，T 学院明确了学术委员会和院务会之间的关系以及各自的职责。此外，T 学院还组建起由政、产、学、研各方人士组成的学院理事会，负责制定学院的总体发展战略以及多方筹款等事宜。T 学院以试点改革为契机，对现有机构进行了调整，形成了教学、科研、技术研发和转移服务三大平台和组织系统，院属各系形成了以二级学科为特色的科研-教学团队组合体。在学院层面上，T 学院组建了教学管理中心，形成了院级统筹课程规划，统管核心课程，学院重心转向二级学科建设、专业课程建设、高年级本科和研究生个性化培养格局上；完善了高等研究院组织，将其作为前沿及重大技术研究、教师人才培养的基地；组建了应用技术研究院，将其作为教师流动和对外服务的基地。

（三）治理文化方面

治理文化的培育需要在治理实践中进行，只有在治理过程中广泛组织师生参与，广泛调动师生积极性，才能增强师生的治理意识。针对制约 T 学院发展的瓶颈与 T 学院的发展目标，T 学院坚持以人才培养为根本、以人尽其才为目标、以提高质量为要求的原则，对人事制度进行深层次的、综合性的改革，创新高效管理体制与运行机制，在建立激励机制的同时兼顾公平，最大限度地激发全院教职员工的积极性，从而营造健康积极的科学研究氛围和适宜的人才成长环境（图 4-3）。在试点学院教师评聘和薪酬体系改革过程中，T 学院曾围绕相关方案的制订和修订，相继举办了院内“副教授及青年教师代表座谈会”“系（所）领导及正教授代表座谈会”[②]。教师与管理人员共同围绕试点学院改革方案，就考核评分标准、薪酬、评聘基本要求、授课、设岗、考核制度、改革方案的实施、学科发展总体规划等问题进行充分的交流和沟通，以推动与促进试点学院的改革与发展。除此之外，T 学院还十分注重建章立制，强调规范管理，以形成制度化激励和约束机制。在人才培

① 同济大学校长办公室. 完善内部治理结构，促进可持续发展——同济大学土木工程试点学院综合改革举措之一[EB/OL].（2013-06-14）[2018-01-03]. https：//deanoffi.tongji.edu.cn/bb/34/c5233a47924/page.htm.

② 同济大学土木工程学院. 同济大学土木工程试点学院教师评聘和薪酬体系改革系列通讯之一[EB/OL].（2013-06-14）[2018-01-02]. http：//civileng.tongji.edu.cn/info.asp?Id=1540&sName=%E8%AF%95%E7%82%B9% E5%AD%A6%E9%99%A2.

养模式改革中，T 学院在 2013 年先后制定关于平行班课程、新任教师授课、新任教师助课、教师调课、教材选用、毕业设计（论文）指导、教学质量评价体系、校外督察员等 8 项规章制度。[①]此外，T 学院在教师遴选、考核与评价方面的制度建设尤为突出，首先于 2012 年 5 月针对助理研究员岗位的新聘教师出台管理办法和实施细则，接着于 2013 年 3 月又出台关于高级技术岗位新聘教师、高级技术岗位续聘教师以及教授、副教授岗位新聘教师等 3 个重要人事改革文件，为终身教职资格教师的遴选和考核提供制度保障。[②]有关师资队伍建设的各类制度明确而具体地在院系之间配置不同权力，以制度形式将院系关系规定下来，这有利于规范新聘教师招聘与考核程序和办法，充分体现自由竞争、客观公正、公平合理的原则，保证新聘教师队伍质量。

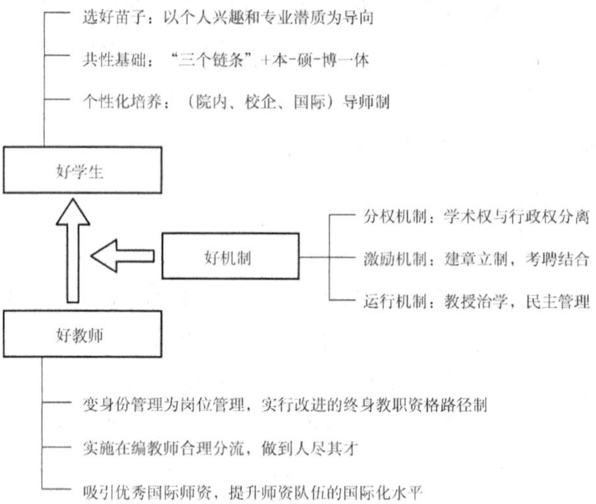

图 4-3　T 学院顶层设计及综合改革内容

根据《助理研究员岗位新聘教师管理办法》《助理研究员岗位新聘教师管理办法实施细则》，T 学院新聘教师的招聘工作由各系（所）负责，新聘教师三年合同期满或续聘期满后的考核工作由 T 学院负责。[③]首先，在教师招聘上，T 学院各系（所）设立专门的选聘委员会，负责本系（所）下设专业岗位的新聘教师招聘与录

① 同济大学校长办公室. 完善内部治理结构，促进可持续发展——同济大学土木工程试点学院综合改革举措之一[EB/OL].（2013-06-14）[2018-01-02]. https：//deanoffi.tongji.edu.cn/bb/34/c5233a47924/page.htm.

② 同济大学校长办公室. 完善内部治理结构，促进可持续发展——同济大学土木工程试点学院综合改革举措之一[EB/OL].（2013-06-14）[2018-01-02]. https：//deanoffi.tongji.edu.cn/bb/34/c5233a47924/page.htm.

③ 同济大学校长办公室. 实行全员岗位管理，打造国际水平教师队伍——同济大学土木工程试点学院综合改革举措之二[EB/OL].（2013-06-14）[2018-01-02]. https：//deanoffi.tongji.edu.cn/bb/35/c5233a47925/page.htm.

用工作。一般情况下，新聘教师选聘委员会主任由系主任（所长）担任，委员不宜少于 7 人，委员为具有正高级专业技术职务的在职人员。具体招聘程序为：各系（所）对申请人进行资格初审后，将其材料交至新聘教师选聘委员会进行审定；各系（所）新聘教师选聘委员会组织申请人面试答辩，评审专家根据申请人的材料、面试答辩情况，对应聘者的科学素质、工程素质和潜力进行综合评价，撰写书面评价报告，并按一人一票的表决方式进行无记名投票表决；未获 2/3 以上（含 2/3）赞成票者不能作为拟聘用对象，获得 2/3 以上（含 2/3）赞成票者，根据各招聘岗位人数，按照申请人得票多少的顺序，推荐得票较多者为拟聘用对象，并将拟聘用名单连同评价报告一起上报学院审核；学院根据申请人材料以及各系（所）对申请人的评价报告进行审核，并将通过审核的拟聘用名单在学院官网上公示 10 个工作日；公示无异议者正式视为聘用者，并报学校人事主管部门批准；若公示有异议，由各系（所）的评审委员会进行复审。评聘结果以书面形式通知被评聘人。另外，在教师考核方面，T 学院专业技术职务聘任委员会负责对新聘教师进行合同期满后的考核。该委员会主任由院长担任，委员不宜少于 15 人，委员为具有正高级专业技术职务的在职人员。具体考核程序为：三年合同期满或续聘期满后，新聘教师向学院提交考核材料，由学院专业技术职务聘任委员会组织 3 位以上校内外专家对其论著或成果材料进行鉴定审查，并撰写鉴定意见；成果鉴定完毕后，召开学院专业技术职务聘任委员会会议，由新聘教师介绍本人研究方向、工作业绩、学术成果、研究工作进展、未来计划、对教师工作的认识和感受，同时做课程试讲，学院专业技术职务聘任委员会对其进行答辩，重点考核新聘教师在 T 学院工作期间的科研业绩，作为教师的能力及发展潜力的评估指标；学院专业技术职务聘任委员会专家在充分评议的基础上，以无记名投票方式表决，获得与会专家 2/3 以上（含 2/3）赞成票者，方被视为通过考核。①

二、T 学院治理改革条件与保障

（一）政策配套情况

当 T 学院入选国家试点学院改革单位后，T 大学反应迅速，积极响应并参与

① 同济大学校长办公室. 实行全员岗位管理，打造国际水平教师队伍——同济大学土木工程试点学院综合改革举措之二[EB/OL].（2013-06-14）[2018-01-02]. https：//deanoffi.tongji.edu.cn/bb/35/c5233a47925/page.htm.

到国家教育体制综合改革的过程中。为确保 T 学院试点改革的顺利开展，学校在以下几个方面做出安排：一是学校党委统一部署。学校党委常委会专门研究部署试点学院的工作，要求各相关职能部门对试点学院在政策上给予支持、在工作上给予帮助。二是加强组织领导。学校成立“国家教育体制改革试点学院”领导小组，由校长担任组长。同时，校内成立教学改革与发展办公室，给予专门编制，作为领导小组的工作班子。三是保证财务支持。学校让试点学院享受特殊的财务政策，结合学院试点改革方案的需求和国家的支持力度，多渠道筹集经费，并建立科学化、精细化的经费预算分配和管理机制。四是实施特殊人事制度。推动试点学院的人事制度创新和人事制度改革，实行灵活的人事聘任，对于不符合要求的教师淘汰进入校教师培训中心。试点学院人员编制不受现有政策的限制。五是提供管理便利。学校科研、教务、研究生院和外事部门对试点学院尽可能提供管理上的便利。六是落实后勤保障。学校后勤部门将保证有限的资源得到合理和充分的利用。为践行顶层安排，T 大学逐步明确试点学院改革工作内容：2011 年 9 月 5 日，T 大学校长办公会议决定成立 T 大学试点学院指导小组及 T 大学试点学院工作组，由时任校长担任指导小组组长，学校相关部门的负责人为工作组成员；2012 年 3—4 月，T 大学召开 4 次校长专题会，讨论试点学院的成本预算和财务政策；2012 年 5 月 14 日，T 大学 T 学院通过《T 大学 T 学院助理研究员岗位新聘教师管理办法及其实施细则》，对在国内外招聘的青年博士或博士后出站人员实行改进的终身教职资格路径制，并正式实施；2012 年 11 月 19 日，T 大学 T 学院通过《T 大学 T 学院章程》，规范院学术委员会的职能和义务；2013 年 3 月，T 大学 T 学院出台了《T 大学 T 学院高级技术岗位新聘教师管理办法》《T 大学 T 学院教授、副教授岗位新聘教师管理办法实施细则》《T 大学 T 学院高级技术岗位续聘教师管理办法》3 个重要的人事制度改革文件，为具有终身教职资格教师的遴选和考核提供了制度保障；2013 年 5 月，T 大学 T 学院出台了《T 大学 T 学院关于“平行班”课程教学管理及课程责任教授的若干规定》《T 大学 T 学院关于新任教师授课的若干规定》《T 大学 T 学院关于新任教师助课的实施办法》《T 大学 T 学院关于（本科课程）教师调课的规定》《T 大学 T 学院关于本科教学教材选用的若干规定》《T 大学 T 学院关于本科生毕业设计（论文）指导的若干规定》《T 大学 T 学院本科教学质量评价体系与实施办法》《T 大学 T 学院校外督察员制度与实施办法》等 8 个保障人才培养质量的相关文件。

（二）条件保障情况

为进一步落实国家试点学院改革要求，T 大学为 T 学院提供了组织、人员、经费等条件。在国家给予充足经费和政策支持的前提下，T 大学给 T 学院提供一定的经费支持，以建立合理的薪酬体系并保证学院的可持续发展。同时，T 大学积极筹措各方社会资金，形成多元筹款机制，支持学院办学。T 学院在学校的指导下，由院长牵头、分管院长负责，分别成立了人才培养、人事、财务和制度 4 个工作组，负责改革试点的日常工作。在学校，T 大学设置了一名专职教师，专门负责试点学院的日常工作。T 大学为 T 学院配置了大量办学经费，除由企业资助设置了 2000 万元的人才培养基金和 280 万元的外国来华博士生奖学金外，学校每年还提供 100 万元人民币，用于支付 T 大学 T 学院新聘助理研究员的年薪。同时，学校每年新增 500 万～700 万元人民币用于支付新聘教授、副教授的年薪。此外，为营造人才培养的物理空间，学校按 1.5 平方米/人的标准给学生配置公共的图书阅览和自修学习场所，提供了 600 平方米的室内空间，以改善人才培养的物理环境。年轻的教师彭某深有感触，他说："我是试点学院实施改革后的第一批新进教师，是试点学院改革的亲身经历者和受益者，改革与国际先进的教育科研制度接轨，充分考虑了我国高校的具体实情。"①

第三节　S 大学 N 学院治理改革

成立于 2010 年 12 月的 S 大学 N 学院是 S 大学一所以精英化教育为特色的公办学院，是 S 大学、苏州工业园区管理委员会和加拿大滑铁卢大学携手共建的一个高起点、国际化的新型学院。现设有名誉院长 1 人、院长 1 人、执行院长 1 人、副院长 5 人、党委副书记 1 人。②此外，N 学院于国内外知名高校及科研院所聘请学术委员会成员、国际顾问、讲座教授和客座教授等，学术委员会专家由 20 人组成，其中 17 人为中科院院士。③2011 年入选国家试点学院以来，这个新兴的二级学院结合自身特色，进一步探索创新型发展道路。

---

① 郑文韬，周凯. 试点学院改革驶入"深水区"[EB/OL].(2014-07-24)[2018-01-03]. http://roll.sohu.com/20140724/n402650380.shtml.

② 张世爱. 国内高校试点学院治理改革的经验、问题与改进[J]. 黑龙江高教研究，2018，(1)：66-69.

③ 苏州大学纳米科学技术学院. 学院介绍[EB/OL].(2017-01-01)[2018-01-03]. http://nano.suda.edu.cn/5685/list.htm.

一、N 学院治理改革内容及举措

（一）治理结构方面

1. 外部治理结构

S 大学的领导管理体制为党委领导下的校长负责制。中国共产党 S 大学委员会是学校的领导核心，把握学校发展方向，决定学校重大问题，监督重大决议执行，支持校长依法独立负责地行使职权，保证以人才培养为中心的各项任务完成。校长是学校的法定代表人，在学校党委领导下，组织实施学校党委的有关决议，行使《高等教育法》等规定的各项职权，全面负责教学、科研、行政管理工作。在党委领导下的校长负责制下，S 大学设立校长办公会议作为学校行政议事决策机构，主要研究处理教学、科研、行政管理工作，部署落实学校党委决议的有关措施，研究提出拟由学校党委讨论决定的重要事项方案。依据高校学术委员会相关规程，S 大学设立学术委员会。作为学校最高学术机构，学术委员会统筹行使学术事务的决策、审议、评定和咨询等职权。根据《S 大学章程》，学术委员会由学校不同学科、专业的教授及具有正高级以上专业技术职务的人员组成，青年教师在其中占据一定比例。在学术委员会人数安排上，《S 大学章程》规定，学术委员会人数与学校的学科、专业设置相匹配，并为不低于 15 人的单数。其中，担任学校及职能部门党政领导职务的委员，不超过委员总人数的 1/4；不担任党政领导职务及学院（系、部）主要负责人的专任教授，不少于委员总人数的 1/2。[①]通过这种人数及人员的规定，学术委员会能够保障学术权力在重大学术决策领域的正常运行，充分发挥教授治学的大学精神。为配合学术委员会工作，学校依法成立由校长担任主席的学位评定委员会，开展学位事务工作。学位评定委员会成员原则上不超过 25 人，在人员构成上包括校领导和从教授、副教授或相当职称的专家中遴选出的教学与研究人员。为发扬民主治校理念，S 大学设立教职工代表大会，为教职工依法参与学校民主管理和监督提供平台，在学院（系、部）等实行二级教职工代表大会或教职工大会制度。除教职工外，学校尊重和支持学生代表大会行使参与涉及学生的学校事务的民主管理职权。

2. 内部治理结构

S 大学 N 学院创新管理体制，与苏州工业园区管理委员会、加拿大滑铁卢大

---

① 苏州大学信息公开专题网. 苏州大学章程[EB/OL].（2017-01-01）[2018-01-03]. http：//www.suda.edu.cn/ xxgk/jbxx/xxzc/201607/7b48081e-e9d8-411a-9898-6f3f74c91e22.html.

学共同成立了学院理事会，领导学院建设并制定了《S 大学 N 学院章程》。根据该文件，学院不设行政级别，行政人员全面实行职员制，职员以具有海外教育背景为主，由学院自主招聘、考核、管理；强调职员的服务意识，建立职员评估体系，完善职员奖励机制和解聘机制，对于评估不合格的职员，由教授委员会通过提请院长批准后可直接解聘；等等。[①]学院邀请多位院士、教育专家、政府代表组成教育改革咨询机构。

根据学科建设和发展需要，S 大学设立教学和科研机构——学院、研究院（所、中心）。为使学院、研究院（所、中心）正常运转并履行基本职能，学校按照事权相宜和权责一致的原则，在人、财、物等方面规范、有序地赋予学院相应的管理权限，指导和监督学院运行。据《S 大学章程》，学院的主要职责为：根据学校发展规划与自身特色，制定本单位发展规划，并组织实施；组织本单位教学、科学研究与社会服务活动；制定并组织实施本单位学科专业建设、教师队伍建设、课程建设及教学计划；负责本单位学生的教育与管理；负责本单位内部机构运行，制定工作规则和办法；科学管理、合理使用学校核拨的办学资源；学校安排的其他职责。在学院教学和科研组织中，党政联席会议具有最高决策权，其成员组成为学院的行政领导和党委领导。学院党组织负责学院思想政治和党的建设工作，保证党和国家的各项方针、政策和学校的决定在本学院的贯彻执行，支持院长履行其职责。院长是学院的主要行政负责人，全面负责学院的学科建设、教学科研、队伍建设、行政管理、对外交流与合作等事务。[②]学院的相关事务由教授委员会、教学委员会、学位委员会、学术委员会负责处理。

（二）治理权力方面

1. 外部权力

S 大学支持 N 学院在学生招录与选拔方式、人才培养模式、教师遴选、考核与评价制度以及学院内部治理结构等方面进行改革，通过下放管理权力、扩大自主空间等方式为试点学院改革提供强大动力。通过改革，N 学院改革以考代招的招生制度，实行自主选拔与淘汰流动机制。通过建立与中学衔接的人才培养选拔联动机制，N 学院逐步提高自主招生的比例，重点挖掘英语基础好、有学业专长和创新

---

① 教育部. 创新教师管理机制 深化试点学院综合改革[EB/OL].（2013-04-18）[2018-01-03]. http：//www. moe.gov.cn/s78/A08/A08_ztzl/s7327/s7329/201304/t20130418_150831.html.

② 苏州大学信息公开专题网. 苏州大学章程[EB/OL].（2017-01-01）[2018-01-03]. http：//www. suda.edu.cn/ xxgk/jbxx/xxzc/201607/7b48081e-e9d8-411a-9898-6f3f74c91e22.html.

思维的学生。2013年，N学院的自主招生计划占年度总招生计划的20%，学校将试点学院招生单列模块、单独报名、单独面试，结合高中阶段学习成绩或高中学业水平考试成绩、综合素质评价及面试结果等，对考生进行综合评价、择优录取。此外，学校允许有意愿的其他学院优秀学生转入纳米材料与技术专业；对不能适应该专业学习的学生，学院允许转出该专业，或同意其退学。S大学支持N学院改革人才培养模式，实行国际化、复合型分类培养机制。为此，试点学院突破传统育人理念与培养模式，融合S大学和加拿大滑铁卢大学的优势课程，制订了国际化的教学方案：学生可参加学院与滑铁卢大学建立的"2+2"本科生联合培养、"3+1+1"本硕连读联合培养、"2+2"博士生联合培养等多个项目，还可以参加学校与国外数十所大学签订的学生交流和联合培养项目。

S大学扩大N学院人事权，支持其改革教师遴选、考核与评价制度，形成教研结合的高水平国际化名师聚集区。在教师遴选上，N学院全面实行聘用制，专业教师面向全球公开招聘；在引进过程中引入第三方评价机制，邀请国内外同行专家对拟聘人员进行评估；采用与国际接轨的薪酬标准，实行"一人一价""按水平定薪"的年薪制。此外，学院还以产业教授、讲座教授、兼职教授等方式聘请了18位国际纳米领域学术大师、企业科研骨干作为兼职师资。在教师考核与评价上，学院借鉴国际评价考核体系，逐步建立了以教学评价为核心的师资考评机制。例如，学院建立以教学工作量和教学效果为导向的薪酬分配办法；学院将教师的晋升和奖励与教学质量挂钩。S大学落实N学院自主权，支持其完善内部治理结构。在推进试点学院的改革过程中，学校在国家法律和政策框架下积极落实和扩大学院教学、科研和管理自主权，支持学院依照学院章程自主确定发展规划并组织实施，自主配置各类资源，自主确定内部收入分配，自主设置和调整学科专业。同时，学校基金会专门设立"试点学院发展基金"，面向社会募集发展资金，支持试点学院自我发展。①

2. 内部权力

在获得学校大力支持下，N学院在试点改革中坚持教授治学，优化内部治理结构，协调行政权力与学术权力、行政领导与教授自主的关系。为践行学术至上理念和教授治学原则，N学院教授委员会、教学委员会、学位委员会、学术委员会与院党委和行政管理者共同负责并处理院内重大事务。N学院重视委员会机制建设，对不同委员会的职责做出明确规定：教授委员会主要负责教师管理制度的制定及

---

① 教育部. 创新教师管理机制 深化试点学院综合改革[EB/OL].（2013-04-18）[2018-01-03]. http://www.moe.gov.cn/s78/A08/A08_ztzl/s7327/s7329/201304/t20130418_150831.html.

修改，教师的选聘、考核评估以及奖惩、推荐，学院重要政策及事项的决定；教学委员会主要负责学院教学事务，包括教学大纲的制定、教学任务的安排与管理、学生的招录和培养、教师教学工作的管理、监督以及教学培训工作；学位委员会负责考核毕业学生是否符合学位授予条件，完成学位授予程序；学术委员会邀请了 17 位两院院士及 5 位全国知名学者，为学院改革试点提供咨询指导。①

（三）在治理文化方面

S 大学 N 学院坚持“育人为本，教学为重”的办学理念，将“一切为了学生成人成才成功，有效提高创新人才培养质量”作为学院改革的出发点和落脚点，强调学院领导的精力、师资力量、资源配置、经费安排、业绩评价都要以人才培养为中心，努力构建品格、知识、能力、视野“四位一体”的育人体系，探索科研与教学互动的促进机制，营造“学术至上，学以致用，培养模范公民”的学院文化，努力成为全校乃至全国高校教育改革的先行者。

无论是在学院内外治理结构改革上，还是在学院内外治理权力改革上，S 大学 N 学院强调并坚持教授治学。“作为一所以海外引进人员为主体组建的国际型学院，N 学院成立之初就确立了‘学术至上、教授治学’的办院宗旨；入选国家试点学院后，学校进一步扩大学院办学自主权，强化教授在学院事务中的参与权和决策权，实行教授委员会集体决策基础上的院长负责制，推进试点学院科学民主决策机制建设。”②一流的师资成就一流的学院，一流的学院成就一流的大学。教授治学理念不仅侧重于大学与学院治理，而且还应体现在大学与学院对人才师资的重视上。基于此，S 大学在师资队伍建设上不遗余力，在人才引进、建设机制上不断推陈出新。伴随 N 学院教师遴选制度改革的推进，S 大学参照国际惯例，引入十分灵活的待遇制度，对优秀高层次人才灵活地采取“一人一价”，并且实行协议工资制和年薪制，给予其在国内高校中具有竞争力的待遇。S 大学对人才的重视不仅体现在福利待遇上，还体现在人才制度上。新兴的 N 学院首任院长为了规避急功近利的弊病，在学院成立时就向 S 大学校方提出了“无时间限制、无指标规定、无框架局限”③的要求，他希望能够在“三无”条件下创造一种优良的人才成长机制，营造一种优

---

① 教育部. 创新教师管理机制 深化试点学院综合改革[EB/OL].（2013-04-18）[2018-01-03]. http：//www.moe.gov.cn/s78/A08/A08_ztzl/s7327/s7329/201304/t20130418_150831.html.

② 朱秀林. 深化试点学院改革 为学校发展注入活力[J]. 中国高等教育，2014，（11）：25-28.

③ 孙宁华. “三无”和“三有”的共同旨归——苏州大学纳米科技学院创新机制营造实力[N]. 中国教育报，2013-05-20（6）.

良的科学研究环境。为实现这一目标，N 学院就要以教授为办学主体，以学术为最高追求。依据《S 大学 N 学院章程》，N 学院院长和副院长只是个头衔，与之相联系的是这个职务的责任和义务，而并没有相应的级别待遇。此外，学院的各项工作都有相应的机构组织，几乎每位教师都在相应的机构中兼任职务。[①]通过以上举措，N 学院得以返璞归真，逐渐摆脱行政化困境。

二、N 学院治理改革条件与保障

（一）政策配套情况

在学校层面，S 大学为 N 学院提供有关运行机制、资源使用、经费支持等方面的配套政策。一方面，学校成立试点学院工作推进小组，协助学院处理好与学校其他学院（部）、部门之间的关系，确保学院各项试点改革稳步高效推进；另一方面，学校向地方政府积极争取配套经费支持，在人才培养经费方面，S 大学向江苏省教育厅争取生均拨款 5 万元/年的专项改革经费支持。在学院层面，N 学院自主制定了一系列规章制度。例如，在内部管理方面，N 学院成立了教授委员会、教学委员会、学术委员会和学位委员会等相关委员会，并制定了管理和技术人员岗位设置与聘用暂行办法、教职工考勤办法；在学生管理方面，N 学院制定了本科生助教制、导师制实施办法、优秀新生奖学金和留学奖学金实施办法、学生纪律处分实施细则等；在教学管理方面，为形成若干相对独立的教学团队，N 学院成立了 3 个教研室。

（二）条件保障情况

S 大学积极为 N 学院试点改革统筹各类组织、人员、经费等保障条件。在内部保障方面，学校为学院试点改革提供充足的资金、办学场所、实验平台以及政策空间，确保学院最大限度地拥有相对独立的行政与学术权力。做好组织保障、机制保障、资源保障、评估保障工作。在外部保障方面，一方面，学校向上级教育主管部门申请给予政策、资金支持，为试点学院改革提供充足的政策空间与资金保障；另一方面，学校积极争取地方政府与国外大学的支持，加快推进学院发展，重点是争取政策保障、资金保障、地方政府支持、境外大学合作。

---

① 孙宁华."三无"和"三有"的共同旨归——苏州大学纳米科技学院创新机制营造实力[N]. 中国教育报，2013-05-20（6）.

具体来看，S 大学从以下几点做起，推动试点学院改革顺利进行：其一，学校成立 S 大学试点学院工作推进小组，明确小组的职责为“帮助推进”“解决困难”，在改革的体制机制方面实现了保障；其二，校长办公会议针对试点学院的发展多次组织专题研讨，明确给予试点学院完全自主权；其三，学校设立试点学院专项经费，并积极向江苏省教育厅汇报、争取，获得省专项经费支持；其四，学校基金会专门设立“试点学院发展基金”，面向社会募集发展资金，支持试点学院自我发展；其五，试点学院获得苏州工业园区管理委员会的专项经费支持；其六，学校为试点学院配备超过 1 万平方米的科研大楼，仪器设备总值超过 1 亿元，为其配备专用的教学区域、学生住宿区域。

第四节　试点学院改革成效与问题

一、丰富性：学院治理改革的成效

开展试点学院改革以来，三所大学明确了学校的主体意识和责任意识，把试点学院作为学校全面推进改革创新的试验田，精心组织，整体设计，明确改革任务，细化改革方案，落实改革举措，在以下几个方面成效明显。

（一）改革学生招录与选拔方式

三个试点学院基本实现自主招生、多元录取，选拔培养具有创新潜质、学科特长和学业优秀的学生。B 大学 J 学部于 2013 年已实行本科生大类招生、自主招生，实行多元录取模式，拓宽本科生招生和培养途径。此外，其与欧盟合作的“伊拉斯谟项目”——“高等教育研究与创新”专业国际硕士项目实行“推荐-审核”录取制度，实行全英文授课，进展良好。T 大学原常务副校长陈教授说：“作为教育教学改革特别试验区，T 大学 T 学院可以更加主动、直接地推动自主招生改革，先行先试，为进一步深化高校自主招生试点工作提供经验和示范。”T 大学 T 学院建立了基于学生兴趣与潜力的多元化的学生招录与选拔体系，不为“掐尖”而招生，而是根据国家的人才需求和学科发展自主确定土木工程类（专业）的招生计划，通过“创新实验室（课程）”“全国中学生结构设计竞赛”等方式招录学生。在研究生层面，强化专业基础和发展潜力，学校通过适度增加推免名额、直博生名额和举办夏令营等方式，使得校内外本科免试推荐攻读硕士研究生的比例达到 50%。其中，和中学衔接式的本科生招生方式已作为“苗圃计划”在全校推广。S 大学 N 学院按照高起点、国际化、紧贴区域纳米产业发展的思路，以融会先进教育理念、培育一流拔尖创新纳米人才为宗旨，广泛借鉴吸收国际先进办学理念，积极引进海内外高层次人才，形成了良好的国际化办学特色。试点学院在校生总规模在 900 人左右，其中本科生规模为 400 人左右，本科生、硕士生、博士生比例约为 4∶3∶2，师生比为 1∶10～1∶8。①

（二）改革人才培养模式

三个试点学院坚持育人为本、德育为先、能力为重、全面发展的要求，全面实施素质教育，推进人才培养模式改革。B 大学 J 学部在改革中确定以培养具有扎实的学术（academic）基础、丰富的实践（practical）能力、赤诚的教育之爱（love）、宽阔的国际（international）视野和不竭的创新（creative）精神的“APLIC 教育领袖人才”为培养目标，重新厘定各级各类教育人才的核心素质，重新设计本科人才培养方案。本科阶段在教育学一级学科上进行大类招生、大类培养，不再专业分流；高年级设置个性化、多样化课程模块；鼓励跨学院、跨学校修读课程；精简学科基础课程，增加个性化选修课程，开设小学分课程；适当压缩总学分，实行全面学分制，建立弹性学习制度。T 大学 T 学院以个人兴趣和专业潜质为导向选拔适宜学生，以培养面向未来全面发展的拔尖创新人才为目标建立了“共性基础+个性培养”的人才培养模式，以本-硕-博一体和“三个链条”夯实人才共性培养基础，以全方位导师制推进人才个性化培养，实现了人才培养的“苗选好、培育好、未来发展好”的目标。S 大学 N 学院改革批量重复的培养过程，实行大众化教育背景下精英式、宽口径、国际化的分类培养机制。坚持德育为先的育人理念，实行分类培养的教学模式，构建起“通识+专业”的课程体系。此外，学院还改革了单兵突进的就业模式，实现招生—过程培养—就业（升学）联动的有效机制。

---

① 苏州大学纳米科学技术学院. 学院介绍[EB/OL].（2017-01-01）[2018-01-03]. http://nano.suda.edu.cn/5685/list.htm.

（三）改革教师遴选、考核与评价制度

三所试点学院依据各自发展目标和需要，完善岗位管理和聘用办法以及薪酬待遇标准，建立灵活多样的用人机制。B 大学 J 学部初步形成了试点学院用人机制和薪酬制度设计，初步明确双聘制管理办法。其已经在美国等国家开展国际招聘工作，已经对学部、各学术机构聘任的兼职教师进行摸底，建立兼职教师队伍基础数据库，为兼职教师提供基本的工作和科研条件，督促用人单位对兼职教师的履职情况进行评价。该学部严格考核、探索人员流转退出机制，完善岗位管理和聘用办法，先后发布《试点学院业绩奖励试行办法》《试点学院教学工作量津贴实施办法》等制度。T 大学 T 学院将教师聘任由身份管理转变为岗位管理，改革教师遴选、考核与评价制度，对在国内外招聘的青年博士或博士后出站人员实行改进的终身教职资格路径制，实施现有人员合理分流，引进高水平国际化人才，优化师资队伍结构，全面提升了学院教育教学水平。该学院一些教师对这一改革做出了积极评价，如有教师认为，“试点学院的薪酬制度，至少给年轻老师除了住房以外日常生活方面较好的经济保障，对于安心工作，还是很有积极的支撑作用的”[①]；有教师认为，改进的终身教职资格路径制度有利于“激发我们青年教师去自我提高、提高教研能力的积极性和主动性”“薪酬待遇的改善，真正解决了我们的‘后顾之忧’，更容易取得更多更好的教学和科研成果”“试点学院对新教师教学任务要求的改革，让我们有时间根据自身存在的问题，选择性地旁听相应的优秀老师授课，为今后正式授课打下坚实的基础”[②]；还有教师表示，“试点学院的改革切中要害，在年轻老师入校时就给予了大力的经济支持。让我们有时间和精力在开始的关键几年内打下坚实的科研基础：探索了研究方向，积累了研究经验，开发了科研能力，同时也保障了基本的生活质量，免去了不必要的身体透支”[③]。S 大学 N 学院构建良好的师资成长环境，创新科研反哺教学机制。N 学院积极推动科研优势向人才培养优势转化，鼓励教师将科研资源引入教学过程中，推动教学科研相互促进、共同发展，重点就前沿性科研资源进课堂、科研基地开放、本科生直接参与科研展开突破，建立了前沿性科研资源进课堂机制，鼓励教师通过精品课程建设、教

---

① 教师谈试点改革系列之三：戴靠山对试点学院改革的几点体会[EB/OL].（2014-06-24）[2018-01-03]. http：//civileng.tongji.edu.cn/info.asp?Id=1721.

② 同济大学土木工程学院. 教师谈试点改革系列之二：潘钻峰对试点学院改革的几点体会[EB/OL].（2014-06-11）[2018-01-03]. http：//civileng.tongji.edu.cn/info.asp?Id=1713.

③ 同济大学土木工程学院. 教师谈试点改革系列之一：彭铭对试点学院改革的体会和感想[EB/OL].（2014-06-06）[2018-01-03]. http：//civileng.tongji.edu.cn/info.asp?Id=1706.

学案例制作、创新型教材编写等方式，及时将最新研究成果、科研进展融入课堂教学内容中。

（四）完善学院内部治理结构

三个试点学院从实际出发积极建章立制，开展学院内部组织制度改革。三个试点学院分别依据各自大学章程制定颁布学院章程，如《B 大学试点学院章程》《T 大学 T 学院章程》《S 大学 N 学院章程》，进一步明确了学校、试点学院、教师、学生等不同主体的责、权、利。T 大学 T 学院推行基于学术权与行政权分离的学院内部结构调整，重视建章立制，重视制度执行，用制度约束学术权力和行政权力，用制度激励或约束教师、学生的行为，形成试点学院有序高效的运转机制。

二、表面化：学院治理改革的问题

2012 年，《教育部关于推进试点学院改革的指导意见》对试点学院提出了多项优惠和倾斜政策，必将为试点学院发展创造更大、更好的发展空间。但是，改革中出现与存在的问题不容忽视。

（一）学院治理结构改革并不是严格的整体改革

现实中，学院治理结构改革的视野不足，不能很好地促成整体改革。也就是说，在当下的诸多实践中，所谓学院的治理结构调整仅仅局限于某一学院之内。这种局限于一个个学院的改革，即使所有的学校、所有学院都参与到学院治理结构改革与调整的过程中，仍然不是成功的改革。因为改革的最高层次也仅仅在于学院，是学院内部治理结构改革，它并不涉及学院之外的学校、学校之外的政府、政府之外的社会等学院外部治理结构改革，学院之外的、旧有的体制均没有发生实质性的变化，行政化的弊端依旧存在，学院内部改革的动力仍然可能不足，传统的评价标准依旧未变。

（二）学院治理结构改革并不是严格的综合改革

就现实而言，学院治理结构改革的最大问题并不在于仅仅局限于内部，更大的问题在于没有理清学院组织的核心功能，没有重塑学院与学校之间的职责分工，没有实现学院组织机构职能的“减法”，而只是既有任务的重新组合。理想的治理结构方面的学院治理综合改革，是要在做“减法”的基础上理清学院组织架构的核心功能，而后再实现学院组织功能的科学的、合理的“加法”，以此优化学院治理。一方面，目前学院承载着太多非必要职能，因而与一些学校组织的必要职能发生严重交叉；另一方面，学院内部的学术组织、行政组织职能纠葛不清，严重阻碍学院工作效率的提高，同时，学术组织与行政组织之间、学术组织之间、行政组织之间的组织职能严重失衡，甚至有些组织没有任何职能。如果不能理清这些问题，“减法”做不好，那么就无所谓综合改革了。综合改革的另一要义在于学院与学校之间的职能划分，实现组织职能归属“确权”：归属于学校的职能，要由大学中心部门行使；归属于学院的权力与职能，学院要坚决收回。只有在厘清这些问题的基础上，才能实现科学的学院治理结构的综合改革。也就是说，虽然是字面上的学院治理结构改革，但是如果没有学校的努力与支持，那么改革同样会失败。学院治理改革不是严格的综合改革，还体现为学校管理方式依然未转变。调研时，有被采访者坦言，“学校要进行美其名曰的专业结构优化调整，不是对每个专业的情况进行评估，而是一纸行政化的命令，每个学院减少 1 个”。可见，这种命令式、“一刀切”的大学内部治理方式和行事风格依旧存在。此外，学院治理改革并未改变学院管理者“双肩挑”的身份角色。对于这一现象，调研中有教师曾直言道：“个别‘双肩挑’人员一方面掌握着强大的‘行政资源’，另一方面还掌握着丰富的‘学术资源’，以自身的‘行政资源’争项目，争获奖，获取‘学术’的丰收，反之再以‘学术’获取更高的‘行政位置’，过分者还会以所谓的‘学术’要挟‘行政’”。由此看来，我国大学学院治理改革任重而道远。

（三）试点学院改革相关政策尚需进一步实质性落实到位

目前，教育部如何支持试点学院“建立中学-大学联动机制，尝试直接从高水平中学选拔优秀学生”“适度增加推免名额和直博生名额”“对试点学院招生计划实施单列管理”“‘211 工程’‘985 工程’‘2011 协同创新中心’专项经费由试点学院打通统筹使用”[①]等相关政策没有落实到位。在招生改革中，推免有名额限制，博士生招生已经不能保证每名导师每年有一名学生，此外，由国家提供公派出国的资

① 教育部.《教育部关于推进试点学院改革的指导意见》指出的 24 项支持性政策措施[J]. 中国高等教育，2013，(19)：28.

助额度和资助数量尚不能满足试点学院教师、学生出国访学、交流的需要。只有进一步健全相关政策，出台具体操作性制度，才能更好地发挥政策引领作用。此外，试点学院治理改革中的权力下放还不够彻底。尽管各试点学院在治理改革方面获得了学校层面不同程度的让步与“特权”，但对于学院整个权力结构的重构或优化来说，尤其是传统的以行政主导管理模式为主的“老牌”学院，这才仅是整个权力场域的冰山一角。[①]如试点学院缺乏招生自主权，特别是研究生招生指标短缺。这导致两方面矛盾：一是试点高层人才引进速度不断加快，而博士生招生指标未增加，导致学院内部供需矛盾；二是试点学院博士生招生比例扩大，挤压其他学院博士生招生指标，导致校内资源分配不均的矛盾。以上两个矛盾严重影响试点改革推进工作。

（四）试点学院改革还缺乏充足的条件支持

尽管各所学校积极落实试点学院改革启动经费，相关办公空间、招生名额等也已经按照教育部指导意见进行了初步落实，各所学校对试点学院改革给予了实质性支持。但是，要做好试点学院改革，仍亟须国家层面的试点学院专项支持经费，部分支持条件有待进一步落实，从而为改革提供强有力的持续动力。如在师资建设上，试点学院尽管改革了教师的薪酬体系，但尚不能和国际标准接轨，影响了全职国际师资的招聘。在纵向科研经费中，劳务费所占比例过低，劳务费难以支付研究者的工资。对于 S 大学而言，经费短缺问题已成为试点学院改革的较大阻力。作为地方高校，S 大学办学经费相较于部属院校较为紧张，但是学校在制定年度预算时，对于试点学院改革项目优先予以安排。然而，参照试点学院承担的国家高等教育改革历史使命和发展目标，仅凭学校一己之力难以长期承受，影响改革成效。

鉴于上述问题，我们亟须在国家政策框架下进一步明确试点学院学科建设和办学的权限，扩大试点学院在二级学科和专业设置、招生考试、人才培养模式、培养质量监控、人力资源管理、对外交流与合作、经费管理与使用、资源配置等方面的自主权。

---

① 刘恩允. 治理理论视阈下的我国大学院系治理研究[D]. 苏州大学博士学位论文，2014：167.

第五章

学院治理的国际比较

世界高等教育源于世界文明的发展与推动，在人类历史上，古埃及、印度和中国等都可被称为高等教育的发源地，但从大学的基本特征，如稳定的教学人员、明确的课程体系、校院等组织形式、修完课程后的考试、颁发毕业文凭等方面看，严格意义上的高等教育源于12、13世纪的欧洲中世纪大学。例如，1087年，意大利建立博洛尼亚大学——“学生大学”，由学生主持校务；巴黎大学的历史可以追溯到1150—1160年，其前身是索邦神学院；1167年，英国学者从巴黎大学返回创办“师生大学”——牛津大学，1209年创办剑桥大学。现代大学与传统大学的根本区别在于大学职能的拓展，1809年，德国洪堡创办柏林大学，大学由传统的人才培养职能拓展为人才培养和科学研究，标志着现代意义上的大学的诞生；1862年，美国的《莫里尔法案》(*Morrill Act*)引发大学的赠地运动，引导各国大学走上了主动与社会结合、为地方经济发展服务的道路，大学职能进一步拓展到服务社会中。在世界高等教育发展的不同阶段，英国、美国和德国的大学引领不同时代的潮流，在国际上具有重要的影响。选择这三个国家的学院治理进行研究，对我国大学学院治理有着特别的借鉴意义。此外，钱颖一在《大学治理：美国、欧洲、中国》一文中，提出了大学治理的美国模式和欧洲模式，并从六个维度对其进行了分析和比较，概括出两种模式不同的特征。[①]然而，笔者认为，根据政府与大学之间关系的不同，我们还可将欧洲模式进一步分为英国模式和欧洲大陆模式，以更加清晰和明确地理解和把握欧洲不同的大学治理模式。据此，本章选择在大学治理方面具有代表性的英国、美国、德国、法国和日本进行国际比较研究。

大学治理包括治理结构和治理过程，是大学的利益相关者参与大学相关事务

① 钱颖一. 大学治理：美国、欧洲、中国[J]. 清华大学教育研究，2015，(5)：1-12.

决策的结构和过程。利益相关者形成一定的关系场。①根据场域理论，任何机构都不能脱离它的关系场域，否则，自身就没有存在的意义。②大学场域包括外部场域和内部场域，外部场域包括政府、社会、市场，内部场域包括学院、系等。资本是场域参与者所掌握的话语权的砝码，参与者在场域中的地位由其掌握的资本来决定。③大学治理结构包括与大学相关的外部结构和内部资源及与组织相关的内部结构。因此，大学治理涉及大学与政府的关系，即集权还是分权；涉及大学与社会的关系，即如何满足社会需要以获取发展机会；涉及大学和市场之间的关系，即如何与市场互动寻求发展，也就是外部治理。大学治理还涉及校、院、系之间的关系，即内部治理。

二级学院作为高校二级教学科研单位，其治理结构包括内部治理及与其相关的两个外部场域：学校层面的场域和学校外面的场域。一般，学校外面的场域对学院的影响较学校层面的场域对学院的影响要小，但在学院作为法人实体，学校实现类似联邦制式管理时，学校外面的场域对学院的影响远大于学校层面的场域对学院的影响。

大学治理功能的实现关键在于其治理结构中各权力主体的权力配备和权力运行，权力直接决定着学校资源的配置，决定着学校的运行和发展。大学作为文化的传承者和创新者，大学治理根植于一个国家的文化传统中，大学治理中的权力源于制度的规定，不同的国家有不同的国情，其文化传统的不同决定着其办学制度的变迁，也决定着大学治理外部权力和内部权力的变动。权力的运行关键在于制度的规定，而制度源于理念，是理念的固化，所以，研究大学治理不应仅限于治理的结构和利益相关者的权力关系，还应关注更深层次的大学治理的理念、制度和历史传统。

第一节　英国大学学院治理

英国高等教育发展历史悠久，作为传统高等教育发展的代表，在高等教育由传

---

① Gayle，D. J.，Tewarie，B.，White，Q. Governance in the Twenty-First-Century University：Approaches to Effective Leadership and Strategic Management[M]. Washington：Johns Hopkins University Press，2005：210-212.

② 刘恩允. 治理理论视阈下的我国大学院系治理研究[D]. 苏州大学博士学位论文，2014：122.

③ 刘恩允. 治理理论视阈下的我国大学院系治理研究[D]. 苏州大学博士学位论文，2014：55.

统走向现代，特别是在面向市场经济需要、适应国际化发展中，通过完善社会中介组织，建立起独特的外部管理和内部治理体制机制，对世界高等教育的发展起着重要的影响和示范作用。

一、院为实体的治理结构

（一）多元化：学院外部治理主体与治理结构

1. 政府与非政府组织：大学双重治理主体

英国政府对高等教育的管理主要通过两个组织系统来进行，即行政部门和具有行政职能的非政府机构。

英国教育行政部门分为中央教育行政部门和地方教育行政部门。中央教育行政部门曾多次更名，最早是1839年的枢密院教育委员会，1856年枢密院教育委员会设立一个下属的行政管理机构——教育署，1853年成立科学与艺术部，1899年成立教育委员会，它集教育署、科学与艺术部、慈善团体专员的权力于一身，1944年正式成立全国性的教育领导机构——教育部，1964年，改称为教育与科学部，教育与科学部的名称持续了28年后，1992年又更名为教育部，1995年6月与就业部合并成立教育与就业部，2001年6月更名为教育与技能部，2007年6月，英国政府将原教育与技能部拆分，教育部改为"儿童、学校与家庭部""创新、大学与技能部"，2010年又改为教育部。[①]名称的改变反映了不同时期教育行政部门职能的转变，但不管如何改变，中央教育行政部门管理全国教育的职能没有变，主要是统管全国的高等教育事业，对高等教育进行监督和管理。地方教育行政部门分为郡、自治市和教区，与中央教育行政部门通过合作制对高等教育进行管理。

中央教育行政部门对大学的领导和管理是通过大学拨款委员会（后改为高等教育资助委员会）这一非政府机构（中介组织）进行间接领导和管理的。成立于1919年的大学拨款委员会下设常务小组委员会和咨询小组，其职权范围主要包括："调查大不列颠大学教育的经费需求；建议政府就议会为满足这些需求而可能通过的任何补助金提出申请；收集、检查并提供与整个英国大学教育有关的资料；通过与大学及其他有关机关团体的协商，帮助政府随时准备和执行为确保满足国家需要的大学发展计划。"[②]该委员会在1988年改为大学基金委员会，由来自高等教育

① 杨光富. 从教育部名称的变更看英国教育政策的走向[J]. 外国中小学教育，2009，(9)：9-12，65.
② 顾明远. 教育大辞典[M]. 上海：上海教育出版社，1992：269.

界、工业、商业、金融等领域的15人组成，负责管理和分配大学教育、科研及其他活动的公共资金。[①]以大学拨款委员会为代表的中介组织，分担政府对高校的管理权力，在委员会模式下给大学分配公共资金，引导高校沿着一定的政治目标发展。大学拨款委员会在政府与大学之间建立一种协商机制，承担起国家政策的执行者和政府的代理人的角色，减少了政府对高校的直接指令，成为高等教育治理结构的一部分，形成了政府间接管理体制。这样，政府对高等教育的管理主要通过行政部门和具有行政职能的非政府机构来进行。

2. 五大模式并存的大学治理结构

英国大学发展经历了五个重要阶段，分别是古典大学（中世纪的牛津大学、剑桥大学）、城市大学（19世纪中叶）、联合大学（20世纪以来）、新大学（20世纪60年代以来）、新升格的大学[根据《1992年继续与高等教育法》（Further and Higher Education Act 1992）升格]。五种类型的大学治理结构有五种不同的模式。

古典大学（“牛桥”模式）治理结构由教职员大会、评议会、理事会、学部委员会和校长组成。学校最高权力机构是大学评议会和教职员大会，学校主要行政机关是理事会。大学校长是首席学术和行政官员。大学治理机构中没有外部人员参加。学校设校务评议会，负责选举校长和授予荣誉学位。学校设有学部委员会，负责学术事务管理。[②]例如，古典大学之一的爱丁堡大学现有三个主要的内部治理机构——大学理事会、学术评议会、总务委员会。大学理事会是最高的行政治理机构，学术评议会是学术事务的最高治理机构，总务委员会是以咨询和信息服务工作为主的校级治理机构。从机构的设置上看，三者构成了爱丁堡大学内部治理体系的“金三角”，既保证了内部治理的稳定及机构之间的合作，又起到了权力制衡的作用。[③]

城市大学治理强调由学者主导。其治理结构有董事会、校务委员会和评议会（有时称学术委员会）。董事会是最高权力机构，负责选举校长。其成员组成中，校外人员是多数，校外人员包括地方当局提名的人员、宗教团体、专业团体和其他大学的代表等，校内人员主要由教师、校友组成。校务委员会主要负责学校财务管理，批准评议会学术人员名单，其成员一般为30～50人，由董事会任命的人员、学术人员代表和地方当局提名人员组成。校长、副校长同样也是其成员。通常，校务委员会中的外部人员比学术人员代表多。评议会是一个纯粹的学术管理机构，其

---

① 顾明远. 教育大辞典[M]. 上海：上海教育出版社，1992：269.

② 陈孝彬. 外国教育管理史[M]. 北京：人民教育出版社，1996：46.

③ 朱爽，朱剑. 英国爱丁堡大学内部治理体系探析[J]. 世界教育信息，2018，(4)：50-60.

权力要得到校务委员会的批准。[①]

以伦敦大学为代表的联合大学的治理结构有两层：第一层是校务委员会和理事会；第二层是由校长和教授组成的评议会。最高权力机构是理事会和评议会，同时设有校务委员会。评议会是处理学术事务的最高权力机构，副校长在评议会中占有举足轻重的地位。

新大学的代表为华威大学，通过企业家式的运作方式，以治理主体多元化理念，实现与市场接轨。除了理事会和评议会之外，其治理结构的独特之处是创建了一个战略核心委员会，其成员主要为副校长、助理副校长以及学生会和其他高级行政官员。

1992 年 3 月，英国议会通过《1992 年继续与高等教育法》，要求新升格的大学设立董事会和学术委员会。[②]大学治理机构董事会起决策者的作用。

（二）学院制：学院内部治理结构体系

英国高校的二级内部治理结构为学院（学部），学院的决策机构是学院委员会，由全体教授、副教授、高级讲师和非教授系主任组成。学院委员会是各个跨院系的大类学科的协调部门。[③]

英国 90%的大学实行学院制，学院具有很强的实体性，如在剑桥大学，每一个学院都是一个法人单位。学院的章程服从大学章程，大学对学院进行宏观管理，实行联邦式管理，学院与大学间的协调通过学院领导作为大学管理机构成员的双重身份来实现。学院的决策机构主要是学院委员会，其成员通常由全体教授、非教授系主任及其他成员的代表组成。随着学院规模的扩大，非学术性事务越来越多，学院内的行政人员也不断增多，但在学院组织的权力结构中，学术仍然是首位的。例如，对于剑桥大学教育学院而言，学院从治理结构上逐渐淡化等级关系，呈现扁平化治理方向，现有四个重要的委员会，包括战略规划委员会、研究委员会、教学委员会和教师委员会。学院委员会“互有分工，密切协同，总体上构成一种扁平化的结构，既有助于促进委员会之间的交流和互动，又可保证学院预期管理目标的达成”[④]。

---

① Her Majesty's Stationary Office. Higher Education: Appendix four to the Report of Committee appointed by the Prime Minister under the Chairmanship of Lord Robbins 1961—1963[R].Presented to Parliament by the Prime Minister by Command of Her Masjesty, 1963: 38, 21.

② 甘永涛. 英国大学治理结构的演变[J]. 高等教育研究. 2007，（9）：88-92.

③ 郭婉君. 牛津大学章程对我国大学院系治理的启示[J]. 中国电力教育，2013，（2）：7-8.

④ 谢凌凌. 世界一流大学的学院治理与高等教育创新——对剑桥大学教育学院院长杰夫·海沃德教授的访谈[J]. 高等教育研究，2017，（5）：1-8.

学院制是牛津大学人才培养和科学研究最为核心的组织机制。有人评论说没有学院，牛津大学“只是一个空壳、一排纪念碑而已”①。“牛津大学的学院是独立的自治团体而非处于大学和系所之间的一层机构。想进牛津大学就读，不仅需要获得大学当局的同意，更重要的是需要获得学院的同意。学生入学后，每所学院都要指派一名非教学的专职人员和两名学监负责管理学生事务。”②牛津大学前副校长莫里斯·博拉曾指出：“一所学院如果不能在学术要求之外为本科生提供丰富而富有活力的生活，它就失去了存在的价值。学院理念的核心是学院是一个各种兴趣交融的社团……总之，学院在学生的学术生活之外，为学生提供富有激励的、文明的影响，丰富学生的生活。”③大学学院的基层学术组织是系，系主任由讲座教授担任，其在系里享有最高权力。系的决策比较民主，由全体教学人员组成系委员会，系主任负责系的教学和科研工作。

二、底部沉重的治理权力

（一）宏观引导与自主管理的外部权力关系

1. 政府是大学发展的“掌舵者”

中世纪英国的大学不受教会和政府的直接控制，“英国大学可以受国家保护，但不由国家创办和管理”④。英国高校大多不是由政府创办的，有很大的自治权，为强化高等教育对国家经济社会发展的方向性控制，使大学对社会经济发展起更大的作用，英国政府通过法律和中介组织，如采用行政、立法、经济、评估等手段对高等教育进行协调与控制。⑤教育和科学部负责制定全国高等教育的政策，并通过政策及拨款来引导高校向政府规定的方向发展。⑥可见，政府主要通过政策来对高等教育进行掌舵，实现政策目标和满足国家需要。全国学位授予委员会是社会高等教育机构授予学位的独立团体，其主要职责是审批多科技术学院的学位授予，保证人才培养质量。⑦

---

① Harrison，B. The History of the University of Oxford[M]. Oxford：Clarendon Press，1994：684.

② 何梅. 牛津大学人才培养的历史传统、现代走向及中国启示[M]. 成都：电子科技大学出版社，2015：43.

③ 转引自付军龙，温恒福，王守纪. 大学创新教育论[M]. 北京：教育科学出版社，2012：145-146.

④ 王承绪，徐辉. 战后英国教育研究[M]. 南昌：江西教育出版社，1992：268.

⑤ 薛天祥. 高等教育管理学[M]. 桂林：广西师范大学出版社，2001：107.

⑥ 卢双盈. 英国高等教育管理特点及其启示[J]. 天津工程师范学院学报，2005，(4)：52-57.

⑦ 杨晓波. 英国多科技术学院政策述评[J]. 比较教育研究，2007，(4)：73-78.

中介机构对高等教育进行监管和规制。传统的大学具有独立的法人地位，有很大的自主权和管理权，与政府和社会的联系很少。20 世纪 80 年代，英国高校在新公共管理运动的推动下，质量和效益成为高校改革的主要原则，借助市场化手段，使高等教育更好地服务于经济发展。作为高等教育公共部门，成立于 20 世纪 60 年代的多科技术学院，以服务企业、培养高级技能型人才为宗旨，成立初期由地方来管理和资助。20 世纪 80 年代，国家又成立多科技术资助委员会，1992 年，英国颁布具有里程碑意义的《1992 年继续与高等教育法》，很多多科技术学院在政策的推动下升格为大学，与此同时，英国又成立起高等教育资助委员会，取代以前成立的两种资助委员会。对于高等教育的管理，英国政府建立了多个中介组织，如公平入学办公室、高等教育质量保障署、独立裁决员办公室，实现对高等教育的监管。公平入学办公室旨在确保来自中低收入家庭以及弱势族群的学生有足够的机会进入大学就读，同时与其他的学生具有相同的竞争机会。高等教育质量保障署与高等教育资助委员会通过合同进行合作。独立裁决员办公室处理学生和大学之间的争端。这样，中介机构把政府的决策准确地贯彻给各高校，在政府和高校之间起到了缓冲器的作用，国家完全掌控高等教育的发展。

20 世纪 80 年代，国家在对财政经费的分配中引入市场机制，引导大学的行为遵循市场的逻辑，在研究生和留学生的学费改革中引入竞争性科研拨款制度，允许对国内本科生收取学费，大学成为服务企业和市场主体，在市场中寻求第三种来源资金。大学变得更为企业化，与社会需要的结合更为紧密，带动了“学术资本主义”的兴起。

2. 大学是独立法人实体

从性质来看，英国传统大学为私立大学，大学的权力只受到其成立的特许状的限制，拥有法令授予的权力。英国高等教育机构虽然在法律上属于私有，但它们又接受国家的资助，英国的大学基本上是国家支持的，学校的绝大部分收入来自政府拨款。①

英国大学的学术寡头垄断一直延续到 20 世纪 80 年代，之后，随着国家权力的不断增加，市场影响力的不断提升，国家和市场两种合力的需要和结果增加了大学法人的权力，抑制了学术寡头的权力。

英国的大学是独立法人实体，享有较高的自治权，校长的权力由大学的章程赋予，并通过主持或参与各种委员会来实现。大学负责学校办学方向的确定，负责颁发文凭、配置教育资源、协调学院关系、监督学院管理。大学不直接干涉学院管理，

① 张艺华. 英国大学的管理体制[J]. 世界教育信息，1997，(5)：11-13.

而是依据法律和章程处理大学中的各种冲突。大学内部通过校董事会、校务委员会或理事会和学术委员会等庞大的委员会体系来治理。

英国大学实行的是学术权力与行政权力两权分离，并以学术权力为主导的模式。学术事务归学术委员会负责。学校在尊重教授学术自由的基础上，通过扩大教授参与各种委员会的行政事务决策范围，提高教授的责任感和使命感。

校董事会为大学治理中的最高权力机构，拥有监督学校活动及资源使用、人事任命、财务管理等权力。①一般，校董事会由产业界与社会知名人士和学校有关人员组成，校外代表主要有地方官员、商业代表、毕业生代表等，反映出校外权力对高校的影响，实现多方参与大学治理。校外人员占有绝大部分，反映出校外权力起着决定作用。校董事会一般每年至少召开一次会议。19 世纪，民间机构或富裕的商人大量创办高校，造成校外人士作为出资人掌控着校董事会和校务委员会，学校走向专业化管理。“校外人士与学术人员共同治理学校，这已成为绝大多数英国现代大学的治理模式。”②

校务委员会负责学术事务以外的其他行政事务，校务委员会的主要职责有：制定学校的发展规划和财务规划等；制定学校的招聘政策；跟踪学校目标的实现情况；保证学校资金的合理使用等。

学术委员会主要负责学术事务，每年至少召开一次会议，主要是向校务委员会或理事会报告学校的学术事务工作。学术委员会的职责主要是制定学术标准和考试政策、审核新课程的开设及其内容、进行学生测评和学位授予等。学术委员会成员通常包括大学的教授、系主任、教学人员、职员和学生代表等，一般主席由副校长担任。

大学校长只是学校的象征与代表。副校长是首席学术和行政官员，是大学学术事务的最终裁决者，担任多种委员会的主席或成员。副校长的权力包括任免学校人事和官员，拥有学校的学术权和财务权，体现在科研管理、教学管理和学生管理等方面。

当然，在内部权力配置方面，英国老大学和新大学还有所区别，老大学的学术委员会负责学术事务，也参与其他方面的决策；新大学的学术委员会只负责处理学术事务。在老大学，副校长是首席行政长官，也是最高学术代表，主要从事学术活动；在新大学，副校长是首席行政长官，主要从事行政管理。

高校作为公共机构，作为独立的特许状机构，既可被视为国家的分支，也可被

---

① 徐小洲. 自主与制约——高校自主办学政策研究[M]. 杭州：浙江教育出版社，2007：130.

② 甘永涛. 英国大学治理结构的演变[J]. 高等教育研究，2007，(9)：88-92.

视为独立机构，多科技术学院升格为大学后，原来由地方政府控制的教职工聘任、学校财产等，转变为由学校自主管理，大学法人管理层成为中央政府的代理，高校获得更多自治权。

（二）以学术权力为主的内部权力关系

学校决策权分散在各学院、系和研究中心，并以学术人员参与为主进行决策。大学把高等教育资助委员会的教学拨款等资金直接下发到学院，学院负责所属系各学科的衔接和协调工作。

学院有很强的实体性，有较大的自主权，能够自主招生，院长对上向副校长负责，主要向副校长提交学院发展规划、人力资源的分配方案和课程的考核办法等，并负责学院的学术和财务管理，定期与学院师生进行交流。学校的行政负责人一方面要协助院长工作，另一方面要向学校行政副校长汇报工作。学院主要负责教学工作、经费使用和招生等工作。根据学校章程，一般一个学院设一名院长和一名副院长，根据情况可增设一名副院长。院长人选主要由副校长来提名，由校务委员会或理事会任命，而学院的副院长则由学院任命。有的大学，如伦敦大学的学院设院长和行政负责人各一名。院长一般以 2～3 年为一个任期，通常由教授担任。每个学院设有若干委员会和教学系。学院发展的各项决策权，如学术决策、课程开发、五年发展规划和院系预算及师资管理等主要由学院委员会享有①，而系则独立开展教学、研究工作，并在系里的教工选聘、专业设置和招生工作等方面具有较大的话语权。学院委员会由院长主持，学院委员会的成员主要是学术人员。如在曼彻斯特大学各学院中，学院委员会的核心成员包括“学院每位拥有全职或兼职学术职位且任职超过一年的成员以确保学院的永恒学术性，因为学院的长远发展很大程度上依赖于学术人员，且学术人员对学院的战略发展和治理运行具有重要影响”②。

各系每年至少召开两次教职员会议，会议由系主任或执行主任主持，或委托专人代其主持，会议可讨论系里的教学内容、方法、学生评估及教职员工作安排和行政管理政策等事项。

学生参与学校治理，特别是 20 世纪 60 年代以后，大学学生参与学校治理的呼声日益高涨，目前，大多数高校的理事会及评议会中增设了学生成员名额。

---

① 张晓冬. 从学术文化自觉到社会权利规约——英国大学内部权力制约机制类型与建构趋势[J]. 现代大学教育，2013，(6)：26-27.

② 郭书剑. 我国大学学院治理问题研究[D]. 南京师范大学硕士学位论文，2017：73.

三、学术自治的治理文化

（一）从教授治校到共同治理的理念变迁

传统大学具有学术自由和大学自治的理念。以牛津大学和剑桥大学为代表的传统大学，拥有独立的法人资格，采用学院制治理模式，全体教职员大会是大学的最高治理机构，大学内部掌握大学决策权，决定着大学的发展。大学崇尚“精英主义”“学术至上”，实施教授治校。在大学治理中，政府对大学事务的介入也很有限，外部权威很难介入。

新兴的城市大学由中产阶级自愿捐助兴建，其内部治理理念倾向于外行治校，通过科层制来缓解专业准则和科层权威之间的冲突，协调学术人员的多样性和非理性，提高运作效率，同时使大学与社会紧密联系，使大学获得更多的办学资源。

共同治理理念推动英国大学发展。以传统大学的大学自治理念为其学术根源，加上新兴大学外行治校理念推动新兴的城市大学的发展，特别是随着高等教育大众化发展，20 世纪 80 年代后，随着高等教育走向大众化和市场化，高校规模不断扩大，大学非学术事务增多，大学内部治理压力增大，教授治校的低效率、封闭性和外行治校难以避免大学学术逻辑的弊端凸显，在这种背景下，教授和外行共同治理理念悄然兴起。共同治理理念成为大学适应时代要求的新理念，推动着英国大学发展。2013 年，英国华威大学马克·泰勒提出了他的理解。他认为，大学的共同治理是“通过校务委员会和学术评议会组成的由行政执行官协调的联合委员会来进行”[①]。

大学管理走向专业化，学者主要对学校学术事务进行管理；副校长成为大学的首席执行官；大学为获取资金，努力参与社会活动，推动社会的发展；学生成为大学的消费者，参与大学的治理，形成大学多中心治理模式，较好适应社会需求，并保持大学学术逻辑以及大学的自治。

（二）大学与学院治理变革中的制度引领

英国高等教育，无论是自治的大学，还是为适应经济社会发展建立的公立高等学校，其建立与发展都是在政府通过一系列制度的引领下稳步推进的，引导着英国大学治理结构的变化。

罗宾斯委员会在对英国高等教育进行调研的基础上，于 1963 年提出《罗宾斯报

---

① Taylor，M. Shared governance in the modern university[J]. Higer Education Quarterly，2013，67（1）：80.

告》(Robbins Report),建议把10个高级技术学院改为大学,1964年成立全国学位授予委员会。1965年,克罗斯兰提出实行高等教育的双重制,由自治的大学和公立高等学校组成,到1973年共创立了30个多科技术学院,有效促进了高等教育的发展。

1985年以来,有关英国大学内部治理的三个引领性文件分别是《贾纳特报告》(Jarratt Report)、《迪尔英报告》(The Dearing Report)、《大学与企业合作兰伯特回顾》(Lambert Review on University-Bussiness Collaboration)。①

1985年,贾纳特委员会向时任大学校长委员会主席莫里斯·沙克提交了《大学效率研究指导委员会报告》(Report of the Steering Committee for Efficiency Studies in Universities),这就是著名的《贾纳特报告》。该报告提出,"大学董事会的权利应置于评议会之上","学术委员会太保守,而成为一个建议机构,校务委员会成为高校最高决策部门。"②这份报告对于英国大学内部治理的改革起着重要作用,报告中新引进了组织效益的理念,提出了大学与市场应该接轨,从而形成治理主体的多元化和企业式治理模式。

1988年,英国颁布《教育改革法》[The Education Reform Act(1988)],改革大学终身教职制度,实行"老人老办法,新人新办法",对新聘任的教师取消了终身教职制度。

多科技术学院为高等教育大众化做出了巨大的贡献。《1992年继续与高等教育法》赋予多科技术学院的大学地位,实现了高校由二元制向一元制的转变,学术寡头的权力向学校法人和中央政府转移,提出学术委员会主持高校的学术事务,对大学的行政长官负责;学术人员专心学术,不再从事专业的管理事务,明确大学内部的学术和行政人员的权责,规定学校设立董事会和学术委员会,学术委员会的成员不少于30人,其校内行政人员至少要占一半以上。治理机构由12～24人组成,其中一半以上是校外工商界独立董事。③

1997年7月23日,英国高等教育调查委员会发表了一份咨询报告——《学习社会中的高等教育》(Higher Education in the Learning Society),又称《迪尔英报告》。该报告提出,应减小大学校董事会的规模和权限,使其成为大学的治理机构,并强化市场与社会力量来参与大学的治理,从而深化了《贾纳特报告》中多中心治理的构想。

---

① 李峻,尤伟.从《贾纳特报告》到《迪尔英报告》和《兰伯特回顾》——1980年代以来英国大学市场化治理的历程与启示[J].高教探索,2009,(3):59-62.

② 李峻,尤伟.从《贾纳特报告》到《迪尔英报告》和《兰伯特回顾》——1980年代以来英国大学市场化治理的历程与启示[J].高教探索,2009,(3):59-62.

③ Coaldrake,P.,Stedman,L.,Little,P. Issues in Australian University Governance[EB/OL].(2007-09-07)[2019-06-15]. HTTP//:www.chancellery.qut.edu.au/vc/governancefinal.pdf.

2003 年 1 月，英国发布的《大学与企业合作兰伯特回顾》，又把市场与社会力量渗透进大学内部治理中的微观层面。

（三）学术自由传统的时代新体现

英国崇尚自由主义，是世界自由主义的策源地。1215 年，英国《自由大宪章》（Great Charter）保障了自由权利的历史传统，对其他国家产生了示范作用，并孕育出英国高等教育中的学术自由传统。17—19 世纪，剑桥大学曾经是世界科学活动的中心，由此也使英国成为近代科学的发源地，当时英国的宗教神学非常发达，剑桥大学的资金很多是来自教会。教授治校理念在当时的英国大学中盛行。

19 世纪中叶，随着工业化和城市化的实现，中产阶级队伍迫切需要接受高等教育。19 世纪下半叶，城市学院兴起，工人阶级和女性获得接受高等教育的机会。城市学院以培养经理、设计师和推销员等为人才培养目标，其课程比较现代，学费远低于牛津大学、剑桥大学等传统大学，改变了英国高等教育的结构。

19 世纪后半期，面对众多城市学院的竞争，牛津大学和剑桥大学实行改革，平衡大学与学院的权力，破除教师的终身制，强化本科教学和学术研究，使科学研究成为学校的重要职能。

20 世纪 80 年代，撒切尔夫人以新自由主义为指导思想，政府缩小公共服务范围，实施分权化改革，培育非政府力量，重视市场机制作用等改革，加强对高等教育的掌舵，强化中介组织对高校的治理，对高等教育进行市场化改革。

20 世纪 80 年代之前，英国大学自治属于典型的纽曼自由模式。此后，大学越来越受到实用主义的驱动和政府政策的影响，大学自治朝向市场模式发展，大学不受国家控制，而是受其规制和监督，国家加强对大学法人的问责，赋予了大学自主办学的权力。

第二节 美国大学学院治理

美国高等教育实行中央与地方的分权式管理，联邦政府主要从政策和拨款等方面对高校进行宏观管理，而各州的政府部门对地方高校进行统筹管理，有效调动地方办学积极性。各高校在董事会、评议会领导下实行教授治学、专业化行政管理，高校主动服务地方，促进高校的办学水平快速提高。

一、董事主导的治理结构

（一）州政府与校董事会的共治

1. 州权统筹的管理体制

美国设有教育部，是全国教育服务的指导、咨询机构。由于对个人主义的强调和对权力的疑虑，美国宪法把教育管理权划给了州政府。联邦教育部通过制定法律法规推动并规范大学发展，通过行政、立法、司法的方式对高等教育进行管理，成为大学发展中的资源提供者、条件创造者和管理协调者，而直接干预不多。国会常以高等教育与国家利益和公共福利的联系，引导各州高等教育事业的发展。政府通过资金支持和法律保障对大学形成远距离驾驭。

各州政府是高等教育政府治理的主体。美国的高等教育管理体制以州管理、统筹为主。州教育行政部门分为州教育委员会和州教育厅，前者代表立法机构，而后者主要是执行教育法规。如美国加利福尼亚州地区，高等教育公共治理结构主要包括加利福尼亚大学、加利福尼亚州立大学、加利福尼亚州社区学院、加利福尼亚州私立大学等四大教育系统，四类高校都以加利福尼亚州地区的教育法案为基础，制定各大学章程。[①]《加利福尼亚州高等教育总体规划》（A Master Plan for Higher Education in California）对各类高校功能的划分、政府和高校的关系进行了明确规定。目前，美国高等教育的政策完善，治理结构简洁，职责明晰，治理行为透明。

非政府组织是美国高等教育管理系统的重要组成部分，承担重要的管理职能，如美国教育理事会、美国州立大学与赠地学院协会、美国大学协会等。

2. “董事会-法人”的治理结构

“董事会-法人”是美国大学自治制度中的基本结构。[②]大学董事会的权限一般都在学校设立时政府批文的特许状或者议会的法案当中进行规定。公立大学和私立院校董事会的组成人员有所区别，公立大学董事会成员一般由州长或议会任命，

---

① 李威，查自力. 美国加州地区高等教育公共治理结构的特征研究——基于州教育法案和大学章程的分析[J]. 现代教育科学，2016，（1）：139-144.

② 和震. 美国大学自治制度的特征与主题[J]. 学术研究. 2006，（1）：114-118，148.

而私立院校董事会成员一般由学校的创办者组成。

评议会是大学的学术管理机构，主要由教授和副教授组成，并按照学院或学科分配名额，也包括少量行政人员和学生代表。

美国各州大学建立了多类型、多层次、多校园的系统，如加利福尼亚州立大学系统作为美国最大的高等教育系统，包括 23 个校区、41 万名学生，由三个层次的高等教育系统构成：加利福尼亚大学、加利福尼亚州立大学和加利福尼亚州社区学院。其人才培养各有特色，分别以培养研究生为主和以本科生教育为主，兼顾培养硕士研究生和开展高级职业技术教育。而且，以上三个层次的高等教育系统各有董事会、总校长和分校长。

（二）内部治理结构分析

大学内部治理有校、院、系三级架构。在大学之下设学院，通常包括一个文理学院和数个专门学院。大学中的学院一般分为三个层次进行设置：第一层次是面向自然科学、社会科学和人文等基础学科设置学院；第二层次是面向工、医、商和法等四大关键职业设置学院；第三层次是面向建筑、农业、新闻、公共管理、国际关系、公共卫生、美术、神学等其他职业设置学院。学院包括与地方政府、科研院所、行业产业部门等单位联合共建的学院，有的是拥有一定办学自主权的实体型学院，有的是无办学自主权的虚体型学院。在美国大学内部，学院与学校之间权责较为清晰。例如，在密歇根大学，若工作事项主要与相应教职工所在的行政单位有关，则交付给各学院执行权力机构；若涉及学校总体事务，则交付给理事会学校事务咨询委员会。但不论在学院还是在学校，重大事项都要经过一系列常规民主程序，且受校内外力量的共同监督。①

系与研究所是大学的最低一级单位，系是由某一学科群体组成的基层教学科研单位或行政单位。系的职权主要是在聘任新教师、教师职称晋升以及制定系里的教学计划、申请科研项目、开展科研活动等方面具有很大发言权。②系主任承担一定行政责任，是系的代言人，负责学术管理、经费预算、教师雇用与考核等。例如，在学院教职聘任与晋升等事务上，各个系无不发挥着一线基础作用。学院终身教授、非终身教学和科研人员（包括访问教授、客座教授、讲师）、研究员、助理研究员和副研究员以及教授研究员、副教授研究员和助理教授研究员都要经相关系

① 姚荣，王思懿．"上下分治"：西方公立大学内部治理结构的变革——基于任务导向型法权配置的视角[J]. 江苏高教，2016，(6)：6-14.

② 陈学飞．美国高等学校的内部管理系统及其特征[J]. 高等教育研究，1991，(2)：88-93.

主任向学院等机构推荐。[①]系主任在学术管理体系中向一个或几个院长、校长负责。系由某学科的教学群体和科研群体融合而成。

除上述主体外，美国大学学院内部还设置具有服务性质、教师可自愿参加的教师评议会。院系教师评议会通常都设立常设委员会和特别委员会，专门负责相关学术事务，主要职责包括："制定研究生和本科生的学位要求及课程设置；审核新的学位和课程；监督学院行政管理；任命和留用教师、评定职称和终身教职；确定教师工作量；评审与发放学生奖学金，制定教师奖励政策"[②]等。从组织属性看，不论是院级教师评议会，还是校级教师评议会，其皆属于委员会组织。委员会机制由此成为美国大学学院内部多中心治理结构的组织体系。学院各类专门委员会数量较多，分工负责处理各类学院事务。例如，在密歇根大学牙科学院中，除执行委员会之外，还设置任职、升职和终身教职任职委员会，提名与选举委员会，牙医外科博士（doctor of dental surgery，DDS）课程委员会，口腔卫生学课程委员会以及章程委员会等 5 个常设委员会。此外，该学院还设有 16 个管理咨询委员会，为院长提供有关行政管理的咨询信息或政策建议。[③]

二、分散共享的治理权力

（一）多中心的外部权力分配

1. 联邦政府与州政府分权而治

美国联邦教育部主要通过法律法规和经费资助导向来调控州立大学，国会颁发的有关高等教育的立法对各州的高等学校虽然没有强制性，但任何一所高校如果想要得到联邦的补助，必须向政府提出申请，一旦批准，必须依照法律的规定执行。美国联邦教育部通过制定国家层面的高等教育发展规划，以经费资助高校，为高校科研项目提供经费支持，对大学在校生发放奖、贷学金，实现对高校的宏观管理和经济约束。[④]在美国高等教育发展过程中，从促进各州地方高校发展的赠地运动到对高校的分类资助，联邦政府对全国高校的影响日益显著，广泛影响到州立大

① 郭书剑. 我国大学学院治理问题研究[D]. 南京师范大学硕士学位论文，2017：66.

② 庄丽君. 美国大学和学院治理结构与特征研究——董事会制度、校长责任制和教师评议会[J]. 世界教育信息，2015，(13)：14-18.

③ 何晓芳，宋冬雪. 美国密歇根大学内设学院治理结构分析[J]. 现代教育管理，2017，(2)：6-11.

④ 冯志敏，叶宏. 试论美国高等教育管理体系的特征[J]. 中国高教研究，2002，(6)：45-47.

学的发展。

高等教育的治理主体是各州政府。各州对高校的管理各具特色。各州教育行政管理部门一般分为教育委员会和教育厅。州政府通过对大学的拨款和参加董事会等，对州立大学进行管理。例如，在纽约州立大学，表面上州政府不直接管理，但由于州长掌握着学校拨款权、董事会成员和校院长的任命权，以及受到教育政策的影响，州政府对州立大学很好地实施了控制与影响。当然，州政府对私立高等院校的影响很小。

美国联邦政府非常注重通过市场的力量、地方权力来对高等教育进行协调与控制。校董事会和校友会对大学加强与社会的联系起着重要作用，各高校都很重视校友会和董事会对学校发展的影响，邀请市场和校外人士介入校董事会。为提高效率、增强竞争力，大学密切关注市场和社会的需要，无论是科研选题还是课程设置，都主动面向经济社会需要，市场和社会成为高校重要的治理主体。董事会往往代表了多方面的角色，承担了多方面的职能和责任，是大学外部力量渗透到内部的中转站和枢纽。[①]

中间组织在美国州立大学的治理中，通过教育资助、质量控制、学生注册的决策等发挥重要作用，如美国教育理事会是美国高等教育系统中的协调及认证机构。中间组织接受政府委托，调控高等教育发展；传递高校呼声，影响政府对高等教育政策的制定；规范高校办学行为，评估高等教育质量；促进跨州协作，实现区域高等教育资源共享等。

2. 行政权力与学术权力各司其职

董事会是美国大学内部的最高决策权力机构，其职权主要有：制定学校发展规划、重要规章制度及财务预算，任命校长和重要官员。由于董事会成员由代表政府和社会的校外人员以及校内师生代表构成，因此，其代表着校内外各方利益，也就是说，董事会将外部管理力量与内部管理力量结合起来，并将校内行政权力与学术权力结合起来。

美国大学的学术权力和行政权力相对平等，学术权力属于学术群体，由评议会、理事会或学术委员会行使；行政权力属于管理团队，由以校长为代表的管理团队——校务委员会行使。评议会主要负责校历和课程计划的制定，研究制定招生录取标准和学位授予的标准，也包括教学、科研经费的使用，人员聘用和晋升政策，等等。[②]评议会下设若干专业委员会，如通识教育委员会和课程委员会等，评议会的建议经

① Taylor，J. S.，Machado，M. D. L. Governing boards in public higher education institutions：A perspective from the United States[J]. Tertiary Education and Management，2008，(3)：243-260.

② 张德祥. 高等学校的学术权力与行政权力[M]. 南京：南京师范大学出版社，2002：106.

校长批准才能执行。学校可设行政评议会、教员评议会、学生会评议会、职员评议会，可成立特定的委员会，如聘任委员会、晋升和专业委员会、课程委员会等。

校长是学校的法人和行政负责人、首席执行官，由校董事会选举产生，并对其负责，受其监督。作为大学的法人代表，其拥有管理学校事务的权力。校长的职责主要是执行董事会的方针政策，促进学校的发展。校长的权力主要有：制定学校规划，确定工作目标和工作重点，制定预算方案；负责学术事务、教职工的任命和晋升及人事关系的终止；筹措资金，接受社会捐赠，管理财务；制定新生入学、学费标准；负责校内机构设置，建立相关咨询委员会等。

（二）多主体的内部权力共享

学院是学校学科建设、教师和学生管理的载体，院长作为学院主要行政负责人，要定期向校学术副校长（或教务长）汇报学院的学术事务，并定期与教务长研讨相关问题。院长负责学校课程设置、学位授予、学术人员的雇用与晋升等学术事务。德里克·博克指出，院长在规定范围内自由支配权力，要突出一条原则，就是大学应赋予最致力于大学核心使命的人以最崇高的荣誉和尊敬。[①]在学院设置方面，一般高校规模越大，师生越多，则学院往往也越多，大规模的高校一般实施分权治理模式，如哈佛大学的哈佛学院，反之，规模偏小的学院多采取集权治理模式。

当前，美国的学院治理主流还是倾向于分权的共同治理模式。作为学院首席行政负责人，院长享有一定的自主权。作为首席学术管理人，院长要尽力确保学院的学术和办学能有效满足社会需求和适应时代变化。自 20 世纪 90 年代起，副院长开始由行政管理专业的人员担任，而不再是由资深学术型教师担任，学院管理开始转向专业化，其职责相对不确定，其管理权由院长授权。例如，在美国马里兰大学（帕克分校），学院院长权责较大，具体职责为："负责学院一级的教学和研究。向教务长或执行副校长汇报。执行学校的政策和措施；指定教授组成各种学术委员会，邀请教授负担各种行政职责；向系主任们收集相关数据以制定预算，咨询各系主任，把各系的需求汇报给校长和教务长；领导学院的各项教育任务，监管课程和教学方法，支持研究；根据系主任的推荐，做出院一级教师职称提升的决定，并向教务长推荐，等等。"[②]

---

① ［美］德里克·博克. 走出象牙塔——现代大学的社会责任[M]. 徐小洲，陈军，译. 杭州：浙江教育出版社，2001：87.

② 许晓东，王锦华，卞良. 美国公立大学的治理体系——以马里兰大学（帕克分校）为例[J]. 山东高等教育，2015，(5)：39-44，2.

系是大学最基本的组织，在研究型大学中，有 80%的决定是由系做出的。[①]系主任的产生一般有三种方式：由系直接选举；院长在咨询终身教师的基础上直接任命；由系向学院推荐，通过学院教师会议讨论后任命。系主任不具有职权性的职务，学院院长常将权力委托给系主任，如预算与集资、公共关系、国际事务、教师招募、学术计划、选修课程等。系内部的决策一般采用民主方式，系主任对系内部的教学和人事安排等有着一定的控制权，但需要经过学院的复审。

作为美国大学学院内部关键的治理主体，教授委员会拥有重要的治理权力。在教授治校机制下，教授控制决策权集中体现在课程设置、教学标准的建立、教学评估、终身职位遴选、学位要求、学位授予学术事务领域。美国学者凯特和莱文的研究发现，教授治校最普遍的领域是申诉（93%）、课程设置（56%）、教师评估过程（52%）、休假建议（48%）、裁员（47%）和学院日历（42%）。[②]与上述领域形成鲜明对比的是，教授权力对大学预算、资源分配、校长评估等方面的影响较小。

三、实用主义的治理文化

（一）面向社会的办学理念

早期美国高等教育源于欧洲，办学目的是让移民在新大陆接受高等教育。19 世纪初，美国引入德国洪堡科学研究并将其纳入高等教育职能中，高校注重人才培养和科学研究，推动了高等教育的发展。其理念主要体现在三个方面。

1）实用主义思想。1862 年，林肯总统颁布的《莫里尔法案》规定，各州的国会议员，每人可获得 30 000 英亩[③]的公共土地或相等的土地期票，赠予各州，用于建立一所农业和机械学院。[④]“赠地学院”不仅促进了高等教育和农业与农业机械的发展，也成为美国高等教育实用主义思想的一个典范，斯坦福大学科技园成为当今美国实用主义思想与高等教育发展结合的一个典型。

2）服务社会的办学理念。1904 年，威斯康星大学查尔斯·范海斯校长提出把服务社会作为大学的重要职能的威斯康星思想，也体现了高等教育民主化和大众

---

① 李立国，张翼. 美国研究型大学学院治理模式探析[J]. 清华大学教育研究，2016，(6)：15-27.

② 转引自苟朝莉. 美国“教授治校”的研究及其启示[J]. 西南大学学报（社会科学版），2015，(2)：61-65.

③ 1 英亩≈4046.86 平方米。

④ 冉育彭.《莫里尔法案》对美国高等教育的影响[J]. 四川民族学院学报，2011，(2)：84-86.

化的精神，促进美国大学根据社会需求主动进行自身改革。①

3）学术自由、专业化管理。美国大学通过完善的制度设计，充分尊重教师权益和教授专业意见，实行专业化管理，保证行政的高效，将学术自由、分权制衡、民主化与专业化作为其价值诉求。

（二）共同治理的制度变迁

美国宪法规定，教育是州政府的“保留权力”，为高等教育分权制管理模式奠定了基础。联邦政府不直接干涉地方高等教育事务，州政府是州立大学真正的管理者，是州立大学最大的投资者，为州立大学提供资源、创造条件及协调管理等。

美国联邦政府是否要成立教育部的争论持续了将近 150 年，直到 1979 年美国国会通过了《教育部组织法》（Department of Education Organization），才正式成立教育部，明确教育部的设立是为了公共利益，协调全国各州的教育活动，保证教育问题能及时受到政府的适当处理。②

学术自由是一种宪法权利。1958 年的美国《国防教育法》（National Defense Education Act）及多次修订的《高等教育法》（Higher Education Act）都对大学自治和其他权力配置做出了明确规定，这使得美国大学在国际社会上具有灵活的办学权与亲近市场的活力，1915 年，美国大学教授联合会成立，发表“原则宣言”，保护学术自由，提出长期聘任制度和教授会裁判制度，曾被美国法院引用，具有一定的法律效力。

联邦政府资助并引导高等教育的发展，通过颁布一系列法律，如 1785 年颁布《土地法令》（Ordinance of 1785），使国家资助地方高校有了法律依据；1862 年颁布《莫里尔法案》，国家为发展地方农工学院采取赠地形式；1958 年颁布《国防教育法》，对学生进行大范围、高强度的资助；1963 年颁布《高等教育设施法案》（Higher Education Facilities Act），联邦以专项资助方式对高等教育设施进行大规模资助，极大地改善了高校教学与科研的设施条件；1965 年颁布《高等教育法》，为高等教育的普及化奠定了基础。

高校服务社会，解决社会问题。1944 年，美国颁布了《退役军人重新适应法》（Serviceman's Readjustment Act），大批退伍军人进入高校学习，在学校接受训练，使退役军人顺利安家立业，也促进了美国高等教育结构性改革。美国政府不是甩手

① 陈建国. 威斯康星思想与我国地方高校转型发展[J]. 高等教育研究，2014，（12）：46-53.

② 孙伟忠. 美国联邦立法对高等教育的影响[J]. 外国教育研究，2018，（6）：92-96.

将他们推向社会，而是努力创造条件，使他们进入各级各类学校学习。

共同治理制度的建立与完善。1967 年，美国大学教授联合会等联合发表了《学院与大学治理的联合声明》（Statement on Governance of Colleges and Universities），确立了美国大学合作治理制度。1998 年，美国大学董事会协会颁布了《治理宣言》（Statement on Governance），改革美国大学共同治理制度，改革市场力量和评估型政府对高校治理的机制，大学治理改革趋向分权，重构大学与政府、社会之间的关系。

（三）高等教育体制的实用传统

美国大学办学模式源自英国大学，教师的主要职责是教学，当时的主要课程是古典语言和文学，学校并没有设立选修课。直到 19 世纪中叶，美国经济社会的发展促进了美国高等教育的改革，其也受到当时高等教育最为发达的德国大学的影响。

美国公立高等教育诞生于服务，为各州服务，19 世纪，美国各州被授予特许状设立学院与大学，1825 年，美国第一所州立大学——弗吉尼亚大学设立，随着经济社会的转型发展，各领域产生对高级训练的需求，1865 年后，新学府陆续建立，1862 年与 1890 年两次修订的《莫里尔法案》，使美国联邦政府成为推动高等教育发展的重要力量，州政府通过财政支持使州立大学广泛建立起来。

南北战争后，美国的高等教育充分吸收与借鉴德国大学传统，秉承实用主义理念，推动了研究型大学的产生；发挥实用主义理念，结合社会需求创办了赠地学院，形成了独具特色的美国高等教育体制。

第三节　德国大学学院治理

德国的高等教育机构按其人才培养方向及层次可以分为四种类型：综合性大学、应用科学大学、高等艺术与音乐学院和职业学院（职业学院只存在于一小部分联邦州内）。德国联邦统计局最新统计数据显示，2017—2018 年冬季学期，德国在校大学生数再创新高，注册人数达 284.78 万人，其中近 97%的学生在综合性大学和应用科学大学就读。[①]洪堡将科学研究作为高校的基本职能，创办了柏林大学，使高等教育由传统走向现代，并引领着世界高等教育的转型，对世界高等教育产生了深远的影响。德国高等教育曾是世界高等教育中心，学术自由是德国的传统，高校的教师和学生都享有自由从事科学研究的基本权利，公办高校的教师都是公务员身份。

20 世纪 90 年代以来，德国高等教育领域开展了新公共管理（new public management，NPM）改革，政府放弃了对高校的细节干预和高权管制传统。联邦层面《高等学校总纲法》（Hochschulrahmengesetz）以及州层面《高等学校法》（Hochschulgesetz）的持续修订，为学院治理变革提供了新的外部制度环境。在学院治理层面，院长权力以及相应管理自治机制的强化，使得教授垄断治理权限的经典图景被打破。学术自治与管理自治之间合作伙伴关系的建构，构成新时期德国高等学校内部学院治理变革的重要议题。[②]具体而言，对德国大学学院治理变革的考察，可以从结构、权力与文化三重层面予以深度剖析。

一、学术民主的治理结构

（一）政府放权与学校扩权

1. 从细节干预走向远距监督

德国是联邦制国家，行政管理分为联邦、州、地区三级，由 16 个州组成。根据历史传统，德国实行各州文化自治，联邦对学校只能进行一般的监督和调节。德国在 1948 年通过文教部长联席会议（Kultusministerkonferenz，KMK）来协调各州的教育政策，确保学生和教师依法跨州流动，统一各州规范和标准；1949 年颁布实施《基本法》（Grundgesetz für die Bundesrepublik Deutschland），明确各州享有文化主权，负责各州的文教事业，各州政府负责投资兴办高校，并对所属高校进行拨款及对所属高校进行人事、财务、招生规模等方面的管理。

20 世纪 60 年代，联邦政府通过立法开始参与高校建设。1969 年，联邦政府对《基本法》进行修订，同年颁布《高等院校基本建设促进法》，规定联邦政府和各州可根据协议在教育计划、促进各地区的科研设施和项目等方面进行合作和资

① 冯一平. 2017—2018 冬季学期德国大学生人数再创新高[J]. 世界教育信息，2018，(1)：72-73.

② 姚荣. 德国大学自治公法规制的经典内涵与现代诠释[J]. 高等教育研究，2017，(10)：90-99.

助高等教育。通过《基本法》的修订，联邦政府开始获得关于高等教育事务的“通则立法权”[①]，随后成立联邦教育与科学部，作为联邦一级的教育行政机关，于1976年制定并通过了《高等学校总纲法》。根据《高等学校总纲法》，政府对大学进行宏观政策和立法管理，以法律的形式制定大学的办学方针。高等教育具体管理权不在联邦政府，而是在各州政府，各州通过文教部长联席会议、各州教育计划会对高校进行管理，州政府通过法律、拨款计划等对大学主要起监督作用，形成联邦政府宏观管理与州政府具体管理相结合的高校外部治理模式。除此之外，1976年颁布实施的《高等学校总纲法》第58条第1款规定：“高等学校为公法社团同时为国家机构。”该法律条款表明，德国公立高校自治权总体上被视为国家行政之外的“剩余产品”，且范围主要是学术领域。[②]类似的，艾瑞克·巴宁指出，“根据《高等学校总纲法》第58条法律条款的规定，大学有权在州法律的限制范围内、在得到州准许的前提下进行自我管理，制定校内基本规章制度。但我们明显能看到，州法律明显限制了大学自我规制的实质自由，因此尚不确定是否这一规定更多是装点门面的”[③]。

1990年10月，联邦德国和民主德国统一，高等教育也实现了一体化发展。与此同时，通过消除垄断、解除管制和私有化等措施，政府引入市场机制来激发办学活力，促进高等教育市场化，增强大学竞争力。1993年，巴伐利亚州开始对高校进行绩效拨款，1997年，德国各联邦州与高校在平等协商的基础上签订目标协定，确定高校发展目标，并实行绩效拨款。各州政府将现代企业制度引入高校，高校作为学术型企业，政府对高校实行宏观目标管理，通过各具特色的绩效拨款机制在高校间形成竞争压力。

20世纪80年代末至90年代初，新调控模式率先在地方政府的行政部门开始，此后被部分引入高等教育治理变革之中。[④]1998年《高等学校总纲法》进行了第四次修订，各州政府减少对高校的细节干预，转向通过宏观调控手段，扩大高校的办学自主权。[⑤]例如，巴伐利亚州在1998年修订了《巴伐利亚州高等教育法》，按照

---

① 姚荣. 迈向法权治理：德国公立高校法律地位的演进逻辑与启示[J]. 高等教育研究，2016,（4）：93-102.

② 朱家德，周湖勇. 大学有效治理研究[M]. 北京：中国社会科学出版社，2017：125.

③ Barendt，E. Academic Freedom and the Law：A Comparative Study[M]. Oxford：Hart Publishing，2010：117-160.

④ 姚荣. 迈向法权治理：德国公立高校法律地位的演进逻辑与启示[J]. 高等教育研究，2016,（4）：93-102.

⑤ 姚荣. 德国大学自治公法规制的经典内涵与现代诠释[J]. 高等教育研究，2017，（10）：90-99.

教育教学和科研评价结果，进行“5-11”形式的绩效和能力分层拨款，即5个大的经费项目和11种不同的指标来进行经费拨款。黑森州在2000年修订了《黑森州高等教育法》，全州高等教育引入成本核算，实施产出导向的绩效管理改革，按照评价结果进行拨款。巴登-符腾堡州在2000年颁布了《大学法》，提出联合拨款的经费拨款模式。①

2005年，新一届联邦政府开始着手调整联邦和各州的关系，旨在将高等教育管理权交还给各州。2006年，联邦制改革获联邦议会和参议院通过，合作式联邦制转变为竞争式联邦制，各州探索通过竞争的方式建立富有活力和创新性的、具有地方特色的高等教育发展模式，以应对各种挑战。为使高校适应市场需要，各州政府采取一系列措施加速高等教育的市场化。

2008年10月1日，随着执行了30余年的《高等学校总纲法》的正式失效，联邦政府正式将管理高等教育的权限归还给各州政府。各州政府也采用通过《高等学校法》、目标管理、总体预算和绩效拨款等方式对高校进行宏观调控，取代传统的按照输入控制和细节干预的管理模式。

2. 从中间薄弱到中间崛起

德国大学内部治理结构包括大学、学部和基层教学科研单位②，其基层教学科研单位为研究班、研究所。1990年，一些大学把学部按学科分割为学系，并将研究所独立出来，形成“大学-学系/研究所”的两级结构，德国大学形成三级与两级并存的内部治理结构。

传统的德国大学内部管理体制具有“哑铃式”的特征：哑铃的两头是各州政府和大学内的教授，各州政府严格控制大学管理，教授决定大学学术事务，处于中间的校长、院长等管理者仅仅发挥协调作用。这样的模式大大限制了高校的决策与执行能力。

20世纪90年代，新公共管理改革改变了管理模式。调整后的德国高校内部管理体制包括学校和学院两个层面。学校层面有高校校务咨询监督委员会、评议会和校长委员会三个主要的团队式管理机构。这三种机构具体以怎样的形式出现，各大学有所不同。总体上，这三种机构主要行使大学的决策、立法、执行、咨询和监督等职能。

根据各州的法律，德国各大学对校务咨询监督委员会的职能定位也不尽相同，

---

① 赵凌. 德国高等教育绩效拨款制透视[J]. 高教探索，2012，(1)：41-45.

② 孔捷. 德国大学学术组织的演变与改革[J]. 南京理工大学学报(社会科学版)，2008，(5)：102-105.

有的大学把校务咨询监督委员会定位为决策机构，如根据北威州《高等学校自由法》(Hochschullreiheitsgesetz，也有人称《高校自治法》)，德国亚琛工业大学校务咨询监督委员会为最高级别的决策机构，校务咨询监督委员会对所有事务拥有最终决定权。有的大学把校务咨询监督委员会定位为监督机构，如巴登-符腾堡州曼海姆大学。不管怎样，校务咨询监督委员会的设立增强了高校的办学自主权，加强了与社会各界的联系，更好地满足了社会的需求。[①]高校校务咨询监督委员会的成员一般全部由校外人士组成，当然，也可以由校内外人士共同来组成，但必须有一半以上是校外人士。[②]高校校务咨询监督委员会的设立打破了教授治校的管理体制，社会力量参与学校管理，使学校从封闭办学走向开放办学。评议会是德国大学实施教授治校的载体，由教学（教授）、科研和行政管理人员、学生等代表按照一定比例组成，教授在评议会中占绝大多数。评议会的职能定位也在不断变化，在1998年《高等学校总纲法》实施前是学校民主决策机构，1998年以后，各大学对评议会的职能进行重新定位，如巴登-符腾堡州曼海姆大学将评议会定位为学术权力的行使机构，德国亚琛工业大学评议会则将其定位为咨询立法机构。校长委员会是大学的行政执行机构，由高校校务咨询监督委员会选举产生，由评议会认可。副校长（除总务长之外）由校长提名，由校务咨询监督委员会投票表决。根据北威州《高等学校自由法》，校长委员会由一名校长、一名负责人事和经济工作的副校长（也称总务长）及其他副校长组成（副校长的数量由高校校务咨询监督委员会决定）。德国亚琛工业大学校长委员会由校长、执行校长和4名副校长组成，由校长担任主席。

部分学校还有学校层面的决策咨询机构——学院协商会议。学院协商会议的成员由学院院长组成，旨在加强学院与学校及各学院之间的交流和协调，向校长委员会和高校校务咨询监督委员会提供咨询。

北威州是德国各联邦州中新公共管理改革的典范，赋予了高校更多的自主权。北威州《高等学校自由法》于2007年1月1日正式实施，此法对高校治理产生了很大的影响。北威州《高等学校自由法》的第15条、第21条对校长委员会、评议会和高校校务咨询监督委员会的组成、权责都做出了明确规定。如《高等学校自由法》第21条规定：高校校务咨询监督委员会负责向校长委员会提供咨询，并监督校长委员会的工作。它的主要任务包括：选举校长委员会的成员（校长和副校长）；

---

① Gerber，S.，et al. Hochschulr teals neues Steuerungsin-strument//Bogumil，J.，Heinze，R. G. Neue Steuerung von Hochschulen．Eine Zwischenbilanz[M]. Berlin：Edition Sigma，2009：96.

② 姚荣. 迈向法权治理：德国公立高权法律地位的演进逻辑与启示[J]. 高等教育研究，2016,（4）：93-102.

在咨询过评议会的意见之后，高校校务咨询监督委员会可以以 2/3 的多数通过解除校长委员会任何一位成员的职务；表决通过高校发展规划；表决通过学校的经济规划、高校的经营活动；对校长委员会的工作汇报以及评估报告做出表态；就有关全校的教学、科研、艺术等重要事务做出表态；解散校长委员会。①

（二）从讲座制到学系制

讲座制是德国大学的传统。德国的古典大学也被称为“讲座制教授大学”，19 世纪洪堡创办柏林大学，其在大学中实施讲座制，讲座教授负责讲座内的教学、科研、人事和财务方面的工作，教授权力很大甚至能不经过学校而直接接受政府的资助。②讲座制在德国大学的形成确立了现代大学的科学研究职能，讲座制有效保证了教授治校、治学，促进了学科的分化，因此，德国大学成为当时世界上最好的大学，但在讲座制下，教授集教学和研究于一身，享有很高的学术管理与行政管理的权力，教授的权力过于集中，形成了学术寡头式治理模式，而且讲座制也不适用于管理规模较大的学术组织。第二次世界大战以后，德国高等教育仍然坚持着这一传统。

德国的讲座制影响了 19 世纪和 20 世纪上半叶的许多国家，促进了世界高等教育的发展，世界各国纷纷效仿。美国学习德国的讲座制，并没有全盘照搬，而是结合美国国情进行改造和创新，形成了学系制。

随着社会的发展，讲座制的弊端日益显现，矛盾加剧。在 20 世纪 60 年代末兴起的一场声势浩大的学生运动中，这种教授治校的传统大学模式开始遭受抨击和挑战。在这场学生运动中，参与者除了一般学生外，还包括助教乃至教授，而提高教授以外的其他组群在大学治理中的地位成为此次学生运动最重要的一个利益诉求，高校内部形成了广泛民主的权力制衡。

为打破讲座制的学术垄断，走向学术民主管理，德国开始学习美国模式，仿造美国模式建立组织结构，此时，美国已经是世界高等教育的中心。1976 年德国《高等教育总纲法》强调，大学应享有高度的自治权。德国大学的组织结构随之发生变化，创立学系代替学部，一个学部被划分为若干个系，系在人、财、物等方面享有更大的权力。随着高等教育改革的进一步深入，从 20 世纪 60 年代开始，一批新制大学和学院纷纷创设，一方面解决了大学人数扩充的问题，另一方面也改变了大

---

① 孙进. 政府放权与高校自治——德国高等教育管理的新公共管理改革[J]. 现代大学教育，2014，(2)：36-43.

② 朱家德. 提高大学治理的有效性——20 世纪 60 年代以来西方大学治理结构变化的总趋势[J]. 中国地质大学学报（社会科学版），2012，(6)：123-130.

学的组织结构。例如，德国康斯坦茨大学于 1967 年创立时就仿造美国模式建立了“大学-学部（学院）-学系”的三级管理模式，学系成为学术组织的重心。

学校设学院或系，系是大学的基本单位，研究所由多名教授主持。院系负责人为行政领导，经选举产生，实行任期制。学院设有院长和学院委员会：院长负责行政管理，做好学院委员会会议的准备工作，并负责执行其决议；学院委员会负责选举院长和副院长，对院长负责的各项事务做出决议。系设有主任和系务委员会，学院委员会和系务委员会一般都由教授组成，主要分别负责学院和系的学术事务，显示出其学术机构的特性，实现教授治学，教授在其中具有绝对地位。①

北威州《高等学校自由法》第 27 条规定：“院长负责领导学院，在学校内部代表该学院。他与学院委员会一起制定学院的发展规划。院长负责实施评估，保证所提供课程的完整性，保证教师履行其教学义务，负责学业组织和考试组织。院长根据与学院委员会一起制定的分配原则来分配职位和资金（绩效拨款）。院长负责让学院的成员各司其职，履行其工作任务。院长还负责准备学院委员会的会议并执行其决议。当院长认为某项决议有违法律规定时，可以提出修改的要求。如果学院委员会没有做出院长要求的修改，院长应该马上向校长委员会汇报。”第 28 条规定：“学院委员会负责对学院中各项非由院长负责的事务做出决议。学院委员会负责选举院长和副院长，听取院长的工作报告，学院委员会中具有投票表决权的成员最多不能超过 15 名。院长和副院长是学院委员会的成员，但是没有表决权。”②

二、教授自主的治理权力

（一）外部权力分析：政府权力削减与校长权力强化

中世纪德国的大学学习巴黎大学的办学模式，实施大学由教师管理的“教师大学”，大学是教师社团。17—18 世纪，德国大学总体处于衰退状况，德意志各联邦国家为拯救国家，更为关注大学，一些邦国把部分骑士学院改为大学，并颁布特许状，支持大学改革与发展。同时，很多邦国积极创办大学，并负责教师工资的发放，设立了专门负责管理大学事务的机构来控制大学。德国早期大学都有明确的政治

① 马陆亭，李晓红，刘伯权. 德国高等教育的制度特点[J]. 教育研究，2002，（10）：77-82.

② Gerber，S.，et al. Hochschulr teals neues Steuerungsin-strument//Bogumil，J.，Heinze，R. G. Neue Steuerung von Hochschulen. Eine Zwischenbilanz[M]. Berlin：Edition Sigma，2009：96.

目的。[①]国家也把大学确定列为公共服务部门，大学具有公法团体和国家机构性质，大学经费主要来自政府拨款，联邦教育与科学部作为联邦政府职能部门，负责对全国教育进行宏观管控。

高等教育的人事、财务、招生规模等管理职权主要属于各州政府，各州的文教部长联席会议、各州教育计划会等教育主管部门对其又有监督权，与州政府有着强烈的依附关系，各州政府不得干涉具体学术事务。

2005 年，联邦政府减少管理高校的权限，并于 2006 年出台了《2020 年高等学校协定》(Hochschulpakt 2020)，该协定进一步细化了联邦和州在各高校发展中的责任，把对高校的管理权下放到各州。

2008 年 10 月 1 日，《高等学校总纲法》正式失效，联邦政府将管理高等教育的权限归还给各州政府。联邦政府主要负责科研资助、教育援助等，管理高等教育由各州政府负责。[②]各州政府也改变传统的管理模式，采用总体预算、目标管理和绩效拨款的管理模式，将财务、人事等权力下放给高校。例如，在财务制度方面，各州政府取消许多限制，在人事聘任方面，高校获得聘任教授的权力。各州根据《高等学校法》规范高校的日常管理与运行。从 1997 年开始，政府与高校之间引入目标协定。政府与高校共同商定发展目标与工作任务。政府将高校所需的全部办学资金作为一个整体拨付给高校，高校拥有自主使用的权力，可以在不同项目之间调整，也可以结转至下一年度使用。高校获得自治权的同时必须接受政府和社会的监督。高校必须定期向社会公布办学业绩，社会中介机构也定期对高校进行质量检查，通过监督、评估，增强高校的竞争意识和绩效意识。

政府退出对高校的细节管理，把相关的权力交给了校务咨询监督委员会和校长。大学由学术与行政的二元结构转向校长的一元结构。德国大学的学术管理实行自治，由各学院和教授管理，重大的学术决策则由校或院的评议会决定。行政事务由政府委任的专员或校务长负责，代表政府管理学校行政事务，并监督学校的运行。

1976 年《高等学校总纲法》颁布实施以后，学校校长全职负责学校的学术和行政事务，校务长须服从并协助校长负责行政事务。1998 年《高等学校总纲法》的第四次修订，在很大程度上加强了校长和院长层面的管理权力，削弱了学术自主管理委员会的权限，成立了高校校务咨询监督委员会作为高校的决策或咨询机构。校长是学校的法人代表，处于学校的核心领导地位，校长实行议程政治，一般高校学术评议会主席

① 贺国庆. 德国和美国大学发达史[M]. 北京：人民教育出版社，1998：15.

② Lanzendorf，U.，Pasternack，P. Hochschulpolitik im Ländervergleich//Bogumil，J.，Heinze，R. G. Neue Steuerung von Hochschulen. Eine Zwischen-bilanz[M]. Berlin：Edition Sigma，2009：96.

由校长兼任，其他专业委员会主席由校长委托副校长担任。校长通过选举产生候选人，由学术评议会投票确认，最终由州政府的教育主管部门来任命。大学监事会与学术评议会联手对校长进行监督，甚至拥有与教育部协同罢免校长的权力。

校长全面负责学校学术和行政管理事务，形成内部的统一行政，掌控主要参与学校决策的评议会、教学委员会和科研委员会等组织，拥有副校长和校务长人选的组阁权、商讨或决定事项的议程权、各学院部门信息的知情权、委托副校长代表其行使管理职权的委托权、学校人力财力的资源支配权、紧急事项单独决策权等。

在新体制下，高校积极面对企业对人才、科技的需求，融合学术和经济资源，推动科技和经济发展，高校逐步走向并成为学术企业。面对高等教育大众化和全球化，各州政府对高校放权，高校获得以前从未有过的人事和财务自主权，政府对高校实行间接式宏观目标管理，并对高校实施目标管理、成本管理和问责制等，通过对高校目标达成度的考核，州政府与大学每五年要签订一份目标达成协议，对目标完成较好的大学可以给予20%的奖励。大学成为自主经营的大型企业，建立监事会和董事会，大学校长成为“总裁”，校长被赋予更多的权力，当然也要受到制度的制约。

（二）内部权力分析：从传统大学走向组群大学乃至管理大学模式

从 19 世纪初洪堡创办柏林大学起，大学就在神学、法学、医学、农业等学科设立讲座，并从欧洲聘请相关杰出学者担任讲座教授，围绕讲座成立集教学与科研于一体的研究所。通常一个讲座只设一个教授职位，教授是讲座的主持人和研究所的领导。学院的院、系两个委员会，即院务委员会和系务委员会，且二者的成员均为教授，主要负责处理院系的学术事务，保证教授对教学和科研等学术事务的绝对支配权，正教授甚至可以越过大学单独和政府或企业商定资金、人事、项目等事宜。此现象一直持续到 20 世纪 70 年代，学术寡头对大学治理几乎垄断性的影响才被打破，1973 年德国联邦宪法法院的大学组织判决案确立了组群大学的原则，支持了各权力（权利）组群之间合作强制的观点，开启了民主回应的大学治理浪潮。①根据德国 1976 年《高等学校总纲法》第 36 条的规定，教授、大学生、学术助理与其他辅助人员等共同管理大学内部事项，构成所谓的组群大学，取代传统以教授为主的教授治校。②

评议会是德国大学实施教授治校的载体，其组织措施的特点是教授在评议会

---

① 张翔. 德国宪法案例选释（第 1 辑）：基本权利总论[M]. 北京：法律出版社，2012：118.

② 张源泉. 德国大学管理体制的演变——以《高等学校基准法》为线索[J]. 宪法与行政法治评论，2011，5：320-339.

内占有绝对的多数。在1998年德国《高等学校总纲法》修订并实施之前，评议会是德国大学的决策机构。1998年以后，各大学对评议会的职能进行了重新定位。有些大学把评议会定位为学术权力的行使机构；而有些大学则把评议会直接定位为咨询、立法机构。目前，很多高校的学院治理主体是评议会（也有称学院委员会），评议会成员由教授、其他教职人员和学生组成，评议会每四年改选一次，院长和系主任由评议会选举产生，院长和系主任执行评议会的决策，对学院评议会负责。由于学院评议会由以教授为主体的教学科研人员和管理人员及学生参加，学院院长和系主任只具有评议会决策下的行政执行权，由此实现学院权力的分权和制衡，有效防止学院行政化的危机，保障学院学术组织的特性。

系具有教学、科研等职能，《高等教育总纲法》经过2004年修改后，撤销学部，教学组织根据学科的不同把学部分成若干个系，学部中的科研组织——研究所被独立出来，系和研究所成为最基本的教学、科研单位。如今，在普遍实行的校系管理制度下，系和研究所开始由多名教授共同主持，这不仅强化了系和研究所的基层学术治理能力，还有效提升了大学内部治理的有效性。[①]例如，在经费申请和使用方面，不再按学部来申请和使用经费，而是直接由系、研究所来申请。又如通过成本管理和各种奖励措施，鼓励系以商业方式盘活所有教学、科研资源，系可以面向社会出租和租赁教学科研资源。[②]自20世纪90年代以来，德国几乎所有州的院长和系主任的正式权力都得到了强化，许多议题现在可以不经过大学校务咨询监督委员会和教职工大会在院系层面做决定，在有的州，系主任可以自主分配财务和人力资源。从某种意义上而言，这种权力结构的变革趋势进一步强化了管理自治机制的功能。因此，其也被称为管理大学模式。

三、国家主义的治理文化

（一）学术自由与文化国的理念基础

践行政府办大学的思想。中世纪的德意志各联邦国家为拯救国家，关注大学，创建大学，1807年普鲁士被拿破仑战胜，割地赔款，德意志的民族精神被大大激发

---

① 姚荣，王思懿."上下分治"：西方公立大学内部治理结构的变革——基于任务导向型法权配置的视角[J].江苏高教，2016，(6)：6-14.

② 杨天平，邓静芬.20世纪90年代以来德国高等教育管理体制改革与启示[J].教育研究，2011，(5)：102-106.

起来，时任教育部长强烈呼吁要大力实施教育救国。1810年，洪堡创办柏林大学。第二次世界大战以后，联邦重建了一批大学，德国的大学都体现出明确的国家意志。

新人文主义指导下的学术自由和科学研究成为高校的重要职能，体现教学、科研相结合进行人才培养的思想。柏林大学的创办成为高校高举学术自由的一面旗帜，以新人文主义为指导思想，聘请一流学者并给予他们研究自由。大学奉行教授治校，确立大学是完全自主的学术机构办学理念，成为世界高等教育的典范。尊重自由的学术研究，成为大学精神的主旨。

而在新公共管理理念的影响下，德国高校治理开始引入准市场机制，使大学从象牙塔演变为现代大型学术企业。第二次世界大战后，在1945—1990年，高等教育主要是继承洪堡传统，但这种为人才培养而进行的科研活动不同于为推动经济社会发展的科研活动，柏林大学的科研活动还是在象牙塔中进行的，其人才培养只是培养少数精英，难以使高等教育有效满足经济社会发展。20世纪60年代和70年代，德国大力发展高等专科学校，改革大学内部结构，建立高等教育民主管理机制等。进入20世纪80年代之后，德国大学进一步加强教学与科研结合、国际交流及国际化发展。1990年10月，联邦德国和民主德国高等教育体制实现一体化发展，引入市场机制，高校逐步走向市场，并成为学术企业，实现办学资源多元化，加快高等教育国际化进程等，丰富高校办学资源，提高大学国际竞争力。

（二）权力下放与“联邦国”的制度改革

德国大学自18世纪历经哈勒维滕贝格大学和哥廷根大学两校的现代化改革，传统大学遭受人们的质疑，甚至趋近废除。1810年洪堡创办柏林大学，把研究任务作为教授的正式职责。

第二次世界大战后，1945—1990年，德国高等教育继承洪堡传统，为适应经济发展和科技进步的需要，进行教育改革。1949年的《基本法》提出，高等教育的监督权在联邦政府，管理权在各州文教部，各州负责立法与大部分行政管理职权。1969年的《基本法》提出，联邦政府负责全国高等教育资助和法律的制定。1976年的《高等教育总纲法》增加了校长的权力，实行团体式管理，改革教授治校，强化联邦政府在学校科研资助方面的作用，打破了各个联邦州垄断教育管理的局面。[①]高等教育大众化发展使联邦政府对《高等教育总纲法》做了多次修订，促进了高等教育的结构改革。

---

① 周丽华. 德国大学与国家的关系[M]. 北京：北京师范大学出版社，2008.

1990 年，在中央与地方的分权上，德国沿袭文化联邦主义管理模式。为探索适应国家经济社会发展的需要，走出一条德国高等教育发展新模式，德国高等教育进行了一系列的改革。1979 年，德国 16 个联邦州采取与高校签订目标协定的方式对高校进行管理，取消以前所采用的政府对高校科层式细节管理。1998 年《高等学校总纲法》第四次修订，并以新公共管理为导向，政府对高校全面放权，减少对高校的内部管理的过多干预，使高校拥有更多的办学自主权。

2002 年德国全面改革教师评价体系，联邦议会修订了《教授薪资改革法》(Professorenbesoldungsreformgesetz)，明确教师工资由工龄工资和绩效工资组成，引入绩效工资，使教授之间也产生了竞争，进一步激发教授的活力，调动教授的积极性。2004 年联邦政府推出"卓越计划"，以适应国际化对德国高校的挑战，该计划力图通过联邦政府和州政府对特定顶尖高校和研究机构资助以产生一批卓越计划大学、卓越研究生院和卓越科研学科群。2007 年联邦政府与各州签订了《2020 年高等学校协定》，明确在高等教育发展中联邦和各州的责任。2008 年 10 月 1 日《高等学校总纲法》正式失效，联邦对各州的教育权限进行进一步下放，对高校财务的支付责任落实到各州。

（三）大学自治与法治国的历史传统

德国高等教育历史悠久，早在中世纪，德国的大学就达到近 20 所，比较著名的有建于 1386 年的海德堡大学以及建于 1409 年的莱比锡大学等，德国中世纪的大学基本是教师大学模式，由教师来管理大学，主要因为当时的大学是以巴黎大学为样板而建立的。大学是由教师组成的学者行会，教授在大学中具有独特的和至高无上的地位。

17、18 世纪的德国是由各联邦国来专政的，犹如中国的春秋战国时期，由于政治上的分裂，大学全面衰退，为救国，各联邦国强化对大学的控制，一些邦国把部分骑士学院改为大学，颁布特许状，很多邦国创建自己的大学，各邦国设立专门机构负责管理大学，为大学教师发放薪酬。行会大学的性质使大学转变为国家机构，大学教师由大学的设置者和管理者变成被雇佣者。

19 世纪初，普鲁士进行大学运动，为了更好地管理大学，大学成立学术评议会。大学校长由教席教授会议选举产生。国家大学督学代表政府对大学进行管理，通过明确国家和大学的权力、责任与义务，建立起国家管制与学术自治并存的双重权力结构。从大学的起源来看，德国大学是由政府有计划地创建的，其一诞生就享有相当大的自主权和独立性，受明确的政治目的的支配。与此同时，德国高等教育的管理权集中在以教授为中心的基层教学科研组织和各州政府。[①]所以，在传统上，德国高等教育管理体制呈现出两头重、中间轻的哑铃式的特征：各州政府掌控学校的财务和教授聘任；同时，教授决定着学校的学术事务。包括校长和院长在内的高校管理者没有实质性的权力，仅能发挥协调作用。换言之，大学自治与法治国的历史传统为德国学院治理变革奠定了基础。

在大学学院治理层面的变革也往往受到这一传统的制约和限制。具体而言，新公共管理改革试图扩大校长和院长两级领导层的决策权，在校内引入目标协定和绩效拨款，削弱传统的学术自主管理权限，提高高校决策效率。通过成立由校内外人士参加的高校校务咨询监督委员会，作为高校的咨询、决策机构，加强社会对高校的影响。此外，政府退出对高校的细节管理，将权力交给了高校校务咨询监督委员会及校院管理层。然而，这些变革举措都在某种程度上被视为有悖于法治国的精神和大学自治的传统。正如有研究者指出的那样，管理自治机制在学院层面的强化始终是有限的和相对的。它始终面临着高等教育理念传统的拷问和质疑。在德国，联邦宪法法院对法律的合宪性审查，将文化层面的学术自由与大学自治转化为受宪法保障的基本权利。正如2004年联邦宪法法院做出的勃兰登堡州大学法的判决所指出的那样，任何大学改革措施不得对学术自由构成结构性的危害。而2010年联邦宪法法院做出的“大学教授自治案”的判决则进一步要求建立教师权利的补偿机制，以弥补管理自治机制强化后所导致的缺损。[②]

从深层次而言，文化国家理念这一厚重的历史渊源借由联邦宪法法院对学术自由的体系化得以解释与更新，为新公共管理思想在德国高等教育治理中的引入设置了界限。相比于作为宪法基本权利的学术自由，大学自治公法规制中适用的各类治理机制均是手段与工具。正如有学者所言，“对德国大学系统构成起到基础性作用的制度规则主要是：国家与大学紧密联系，却又不损害大学本身的学术自由”[③]。正因为如此，在德国，学院层面教授的权力仍然得到了较好的保障。

“学术自治仍然以非正式的方式保持着生命力。学术群体的共识导向文化迫使

① 邢克超，等. 美国、日本、德国、法国高等教育管理体制改革研究[M]. 北京：教育科学出版社，1995：128，149.

② 姚荣. 德国公立大学内部治理结构变革的规律与启示. 基于联邦州层面法律以及相关判例的文本分析[J]. 湖南师范大学教育科学学报，2018（3）：103-111.

③ 鲁道夫·施迪希伟，刘子瑜. 德国大学的制度结构[J]. 北京大学教育评论，2010，（3）：40-50，188-189.

大部分处在领导地位的人必须考虑到，大部分建立管理自治的措施还不够完整。因此，正式权力一般不会动用，院长和系主任仍然会尽力（至少在教授群体中）寻求共识。其中一个原因是现在处在领导地位的这些人知道终有一天他们会回到普通教师岗位，他们不想在后来可能会掌权的人中间树敌。但他们与教授群体之间开展‘合作’的最重要的原因，是许多人在长期的学术社会化过程中已经将传统的协商的组织文化内化了。”①

第四节　法国大学学院治理

巴黎大学堪称欧洲大学之母，作为传统大学的典型代表，它是教师行会的大学，教师成为办学主体，同时，法国高度集权的办学体制显示出其统一标准、高效运行的优势，对欧洲乃至世界高等教育产生了很大的影响。

一、中层薄弱的治理结构

（一）中央与学校的统一治理

1. 中央治理长期延续

法国教育行政管理分中央、学区、省三级，法国政府管理高等教育的行政部门源于 1806 年拿破仑创立的“帝国大学”，帝国大学是国家教育管理部门。②随着帝国大学的建立，法国政府将教育纳入政府编制，将散乱的教育体系和资源进行整合，促进高等教育的发展，形成中央集权的高等教育管理体制。“中央集权体制建立起来后，虽经历了数次政权更迭，但这种中央集权模式一直没有多大改变而得以延续。”③现法国教育部，全称为法国国家教育、高等教育暨研究部，1828 年改组为公共教育部，1932 年改称为国民教育部，全国高等教育行政管理部门为高教研究部。

① 姚荣. 德国大学自治公法规制的经典内涵与现代诠释[J]. 高等教育研究，2017,（10）：90-99.

② Moody，J. N. French Education Since Napoleon[M]. New York：Syracuse University Press，1978：12.

③ 朱玉山，王运来. 法国大学外部治理权力的历史嬗变与价值追求[J]. 高教探索，2016,（3）：46-52.

学区是法国高等教育的地方管理机构，法国约有 30 个学区，学区为法国教育行政管理的重要特点。学区是教育部的派出机构，在教育部的领导下，管理学区内的学校。学区长作为教育部长的代表，对教育实施管理，学区长由教育部长推荐，由总统任命。学区主要职责在于监督高校对国家有关政策的贯彻与执行，统筹协调各高校的关系。法国高等教育实行的是中央集权制。法国有 96 个省，省教育行政部门主要负责各省初中教育管理。

2. 学校主体性增强

1968 年高等教育实施全面改革之后，法国大学内部管理结构主要由学校和教学研究单位两级理事会构成。学校理事会由学校的教学、科研和行政人员以及学生代表组成。学校理事会负责学校校长和副校长的选举工作，校长和副校长的候选人必须是教授，校长实行任期制，一般一个任期为 5 年。学校理事会增设科学委员会和大学的生活委员会，有效改变了法国高等教育领域长期以来“有学院，无大学”的状况，成为法国高等教育发展史上的里程碑。这样，在大学层次，有三个审议机构，包括科学委员会、大学学业与生活委员会、大学教务委员会。其中，科学委员会和大学学业与生活委员会为大学教务委员会的决策预备提交议案。此后，不断增强大学中心治理主体性的改革陆续出台，如 1984 年的《萨瓦里法》(Loi de Savary) 要求大学决策应当有企业人员参与，1986 年的《德瓦盖法》(Loi Devaque) 赋予大学自己决定是否对申请注册的学生进行筛选的权利，2007 年的《大学自由与责任法》扩大了大学校长和行政委员会的权利，2013 年的《高等教育与研究法》(Projet de Loi Relatifà 1'Enseignement Supérieur et à la Recherche) 强调赋予大学自主权，使大学更有效率等。[①]尽管如此，大学在治理中的地位仍难以与学院教授等学术人员相提并论，可以说，法国高等教育治理的中层是薄弱的，甚至是缺位的。

（二）学院与教研单位的交叉治理

法国大学管理的中层为学院和“教学与研究单位”，学院和“教学与研究单位”的关系是交叉甚至包含的关系，有的一个“教学与研究单位”由一个学院或几个学院构成，有的一个“教学与研究单位”则是一个学院的一部分。每一个“教学与研究单位”设“教学与研究单位”主任或注册主任，负责“教学与研究单位”中的行政单位、院系以及研究室。“教学与研究单位”设主管行政人员或注册主任，是由教育部任命的公务员，负责人事、财务、入学等工作。每个“教学与研究单位”设

① 别敦荣. 现代大学制度的典型模式与国家特色[J]. 中国高教研究，2017，(5)：43-54.

有审议机构——学部委员会，其成员一般超过 40 人，有 20%～25%为校外人士，其他成员为“教学与研究单位”的学术与行政人员和学生代表。

1968 年的《高等教育方向指导法》(Loi d’orientation de l’enseignement supérieur, 称《富尔法案》) 实施之前，大学实行的是讲座制，讲座是大学内最低一级的学术组织，讲座设讲座教授，由讲座教授管理讲座的学术活动，形成个人统治。1968 年的《高等教育方向指导法》(又称《富尔法案》) 实施之后，大学取消讲座制，最基本的教学科研单位为系，“教学与研究单位”由各个系、研究所组成，系、研究所是学校最基本的教学科研单位，系设系主任，负责系里的工作。

二、两极集中的治理权力

（一）中央治校

1. 中央集权

法国高校分为公立学校和私立学校，又可分为综合大学、高等专业学院（大学校）、高等专科院校等，公立高校的教育费用都由国家承担。

法国把教育作为国家事务，所有教育机构都要受国家的指挥与监督，中央和地方是一种垂直领导和被领导的关系。教育部负责制定法规、编制预算、制定教师资格标准以及决定教育人员任用，规定公立学校的教育方针、教学大纲、考试内容等，地方教育行政部门必须遵照执行。由此形成法国高等教育中央集权式管理体制。

学区与地方政府没有行政隶属关系，学区设有学区长一人，学区长属高级公务员，由教育部长推荐，由总统任命，直接对国民教育部长负责。学区作为法国高等教育的地方管理机构，是教育部派出机构，在教育部的领导下，对学区内教育实施管理，主要是监督高校对国家政策的执行，协调高校间的有关事务。

高等教育外部权力呈现出哑铃式（两头大、中间小）的特征，表现出政府行政集权和教授学术集权的两极集权：政府行政集权表现为，国家对大学的管理包括教师聘用、学位授予、教学科研设施购置等，地方教育部门只要照章办事即可；教授学术集权表现为，大学教授的教学和研究由其自己决定，享有极大的自由，校长以及政府无权决定。

2. 大学分权

1896 年大学重建以后，大学治理权力为哑铃式的权力运作模式，讲座教授在大学中占统治地位，各学院的教授对学部（或学院）和大学这两个层次施行学院式控制，学校所有重要事务的决策权在学部主任（学部）手里，极大地削弱了大学层面的权力。

1968 年前，法国的大学校长没有实际管理职能，学校内部管理由相互隔绝的学部（或学院）各行其是。1968 年“五月风暴”后，大学自主权增加，1968 年，法国颁布了《高等教育方向指导法》，明确了大学的公立事业法人地位，取消讲座制，大学的基本组成单位成为“教学与研究单位”，内部运行由各“教学与研究单位”主任领导，执行学校的决定。

1984 年，法国的《高等教育法》（Loi de 1’enseignement supérieur）实施，明确法国综合大学内设置校务委员会、科学委员会和大学生活委员会等三个委员会。学校最高权力机构是校务委员会，由校内教授、副教授、学生代表、大区议员和企业负责人组成，职责主要是研究制定学校发展规划、进行经费预算、确定各单位工作、批准校长签署合同等；科学委员会主要是就学校科研工作做出方案并向校务委员会提出建议；大学生活委员会主要就大学生活动和学习方面的问题做出方案并向校务委员会提出建议。

大学的管理应通过校长的决定，校长任期为 5 年，主要负责学校的行政管理、财务预算和人事任免。大学校长也是校务委员会的主席，通常必须是大学的教授，由三个委员会全体成员组成的大会选举产生。[①]

根据《高等教育法》在公立高校与国家之间建立合同形式，高校根据自身教学与科研等方面的发展目标，与国家签订多年合同，高校完成目标所规定的任务，国家提供经费和人员编制。国家评估委员会对高校进行评估，合同的完成情况以评估报告为基础，合同每 4 年签订一次。近年来，根据合同获得的拨款占高校获得的拨款总量的 1/3 左右。[②]

（二）教授治院

长期以来，法国大学内部基层单位专业性强且权力较大。法国的二级教学单位是“教学与研究单位”，后改为“培训与研究单位”，一些二级教学单位拥有独立法人地位，有较大的自主权。“大学的实际权力掌握在学院教授手中，各学院内部事

---

① 孙巍．法国高等教育内部管理体制及其运行模式研究[J]．沈阳工程学院学报（社会科学版），2007，（3）：436-438.

② 王绽蕊．高校治理：比较与改进[M]．北京：光明日报出版社，2013：86.

务由学院教授自主决策，大学事务则由各学院院长和校长共同商议决定。”① “培训与研究单位”的治理机构是委员会，由一定比例的校外人员代表和师生组成。各二级教学单位负责组织教学、授予学位、遴选教师以及组织科研等。学院院长由各二级单位的委员会选举产生。法国大学在人才培养、科研、人事和财务等方面的权力在各学院手中，大学类似由学院组成的“联邦”。

讲座是大学内的基层学术组织。讲座教授主持讲座工作，负责讲座科研、教学等工作，讲座制虽然实现了教授治学、学术自治，但也造成了讲座教授的个人统治。讲座教授在开展学术研究方面有很大的自主权，一般讲座教授除每星期讲 3 小时的课外，可以自由支配使用其他时间。取消讲座制之后，教授有很大的自主权，一般系主任不好直接给教授下命令。如在教师聘用过程中，专家教授的话语权有着绝对影响力，决策程序往往只是形式，院系或大学上层机构也不会反复认真研讨提议，基层组织的建议就是决议。②

三、教授为本的治理文化

（一）多元混合的理念

1. 精神自由

精神自由是法国源远流长的传统。孔多塞在 1792 年 4 月 20 日的立法议会上提出，任何政权都无权阻碍新真理的发展，妨碍与其自身政治相抵触的理论教学。③法国学者布里科也强调，即使大学得到政府的资助，教师是公职人员，大学必须服从其固有的学术逻辑。④第一次世界大战之后，法国政府赋予大学某些财务自主权和教学自由以及知识传授和道德教育的独立性。

2. 功利主义思想

1793 年，法国取缔了 22 所传统大学。1808 年，拿破仑颁布《大学组织令》，建立起以培养军事、土木和工业技术人才为主的功利主义色彩浓厚的高等专科学校。法国高等专科学校得到快速发展，数量大幅增加，旨在利用科学家的才智为国家军事、经济和政治服务。

---

① 别敦荣. 现代大学制度的典型模式与国家特色[J]. 中国高教研究，2017，(5)：43-54.

② 刘敏，王丽媛.法国大学组织变革研究[J]. 比较教育研究，2018，(8)：86-90，98.

③ 转引自李博豪. 论孔多塞的教育观[J]. 温州大学学报（社会科学版），2009，(3)：111-116.

④ 转引自刘敏，王丽媛. 法国大学组织变革研究[J]. 比较教育研究，2018，(8)：86-90，98.

3. 封闭与本位的传统

法国教师之间很少相互听课并讨论有关问题，教师之间很少有机会见面和讲话，在教学科研中，教师习惯于“关起门”来自我思考，每位教师在教学科研工作中都是一个独立“王国”。

4. 教育归国家管理（中央集权）的思想

教育部统揽高校大大小小的事情，使高校校长落得清闲，直至1984年，新的《高等教育法》出台后，这一传统才有所改变。

（二）持续改进的制度

1. 从大学学术自由思想到强调实用

孔多塞在1792年4月20日的立法议会上提出，政权无权阻碍大学对新的真理的发展。[①]1793年，法国取缔了22所传统大学，取而代之的是若干功利主义色彩浓厚的高等专科学校。[②]

1802年5月1日，拿破仑颁布《教育基本法》（也称共和十年花月法），加强政府对中等教育的控制。1806年，拿破仑创办帝国大学，并颁布《帝国大学令》，确定法国中央集权的大学管理，将高校置于国家和政府的监督与控制之下。1808年，拿破仑颁布《大学组织令》，拉开了近代法国大学改革的序幕。在大学与政治拥有如此紧密关系的背景下，法国大学面临极大挑战。正如有学者所言，“拿破仑将高等教育置于国家的严密控制之下，虽然也产生了一些急功近利的结果，但最终使法国高等教育沦为二流水平，更丧失了法国在科学上的领先地位”[③]。

2. 规范高校法人地位

在第二次世界大战结束和欧洲专制政体终结之后，欧洲大陆迎来了大学自治的复兴。[④]如同他国高等教育机构一样，法国大学也要求更大程度的自治。如1968年的《高等教育方向指导法》，明确大学拥有公立事业法人地位，坚持自治、参与和多科性三大原则。所谓自治，就是在守法的前提下，高校在教学和科研、人事、经费等方面有广泛的自治权；所谓参与，是指学校师生和社会有关人士有权通过一

---

① 转引自李博豪. 论孔多塞的教育观[J]. 温州大学学报（社会科学版），2009，(3)：111-116.

② 贺国庆，何振海. 传统与变革的冲突与融合——西方大学改革二百年[J]. 高等教育研究，2013，(4)：99-104.

③ 贺国庆. 德国和美国大学发达史[M]. 北京：人民教育出版社，1998：210.

④ [瑞]瓦尔特·吕埃格. 欧洲大学史（第三卷）：19世纪和20世纪早期的大学（1800—1945）[M]. 张斌贤，等译. 保定：河北大学出版社，2014：125.

定的方式参与学校管理；所谓多科性，是指每所学校发挥专业特长，特色发展，建立起大学委员会和教学与科研单位委员会。

1980 年 7 月 21 日颁布的《索瓦热法》(La Loi Sau-vage) 明确了大学委员会人员的组成结构，进一步强化了教授的作用，对大学生的参与权进行了限制。

3. 规范高校内部管理体制

1984 年《高等教育法》对大学内部管理体制加以规范，明确大学要建立行政委员会、科研委员会和大学生活委员会等三大委员会，分别负责大学内部的决策和执行、科学研究工作和学生学习生活等工作，规定“教学与研究单位”为大学下属的一级组织，明确由学校决定系、实验室和研究中心的建立。

4. 明确高校市场主体地位

2007 年 8 月，法国颁布《综合大学自由与责任法》(Loi d’automonie)，使 85 所大学实现自主管理，赋予其独立的法律地位，使其成为自主决策、自负其责的“市场主体”，国家通过多年度合同制和总经费预算等手段对高等教育进行宏观管理和监督。

（三）长期坚守的传统

1. 自治性和行会性的历史传统

大学是一个自治组织。巴黎大学是以教师为主宰，以学生为“随从”建立起来的，教师行会性质的组织经过教师的艰苦努力获得了法国当时行会所有的特许权，也创造了他们所需要的自治机构，这一自治机构的重要特征就是有权制定大学的章程，建立起了许多所自治性的大型院校，成为欧洲大学办学的基本模式，处于欧洲文明的领先地位。

2. 集权下的公立机构

法国大学均为公立机构，任何私立教育机构都不能被称为大学，1984 年通过的新的《高等教育法》确定了大学的性质为以科学、文化和职业为特点的公立教育，形成了集权体制传统，学校的教学、科研和设施等都要由国家统揽。在法国大革命时期兴建的“大学校”，把培养行业的应用型精英确定为人才培养目标，以小而精为特色，高起点招生，高标准定位，高质量培养。

3. 讲座组织式的个人学术统治

讲座是大学内最低一级的学术组织，讲座使教授集中权力和形成局部垄断，讲座对较高组织层次的“教学与研究单位”形成制约，讲座组织是个人统治的一个持久根源。作为一种大学文化，学院式治理的传统受到法国大学内外的尊重，“即便巴黎大学等被废止长达一个多世纪的时间，但一旦批准复办，这一传统文化又会成为现代大学制度的核心要素，对现代大学办学发挥重要作用”[①]。

第五节　日本大学学院治理

日本最初模仿欧洲的教育制度，第二次世界大战以后，日本以美国模式进行体制改革，实行高等教育优先发展战略。这促进整个国家经济社会的发展，使日本一举成为“亚洲的明珠”。自 20 世纪 70 年代开始，日本高等教育大力实施高等教育国际化改革，培养面向 21 世纪的人才，所有这些对其他国家高等教育发展具有很好的示范作用。

一、法人化前后的治理结构

（一）动态变迁的外部治理结构

1. 央地两级治理

1886 年，日本确立天皇制国家体制，森有礼就任第一任内阁文部大臣，加强国家对教育的控制，颁布《帝国大学令》。东京大学改称为帝国大学，1897 年建立京都帝国大学，1907 年建立东北帝国大学，1911 年建立九州帝国大学，1918 年建立北海道帝国大学，培养国家统治要员。1917 年公布“临时教育会议官”，作为内阁直属咨询机关成立。

高等教育有中央和地方两级管理系统，实行中央指导下的地方分权制。文部科学省是中央教育行政机关，为日本内阁的组成部分，文部科学大臣是其最高长官，是主管教育行政的中央领导。

2003 年 4 月 8 日，国会通过《国立大学法人法》，2004 年 4 月正式施行法人化改革。法人化改革之前，日本的高校分为国立、公立和私立三种类型。国立大学

① 别敦荣. 现代大学制度的典型模式与国家特色[J]. 中国高教研究，2017，(5)：43-54.

隶属于文部科学省，并由文部科学省直接进行管理，其所有正式教职员工都是公务员；而公立大学则由各地方来管理；私立大学由私人投资兴办，具有法人资格，但在很多方面要接受文部科学省的管理。法人化改革以后，日本明确了政府对高等教育的职能定位。文部科学省主要在政策层面负责制定全国大学的中期发展目标、任命或解雇国立大学的校长、任命大学监事。

法人化改革之后，国立大学按照文部科学省制定的六年中期目标，制定为期六年的中期计划和各年度计划。六年后，独立行政法人评价委员会以及其他第三方评估机构根据各大学的中期计划对大学实施评价。①其中，第三方评价机构主要是大学评价和学位授予机构，它是独立于政府和高校之间的社会评价机构，该机构对大学进行评价，评价的结果需经国立大学法人评价委员会的综合认可，国立大学法人评价委员会是文部科学省设立的，其人员由第三方有识之士组成。

日本各地方设有教育行政主管部门，即各地方的教育委员会，其职责主要是发展基础教育。地方公立大学、其他高等教育机构和私立学校由地方政府管理，日本地方行政机构有一都、一道、二府和 43 个县。其行政机构为厅，行政首长被称为知事。每个都、道、府、县下设若干市、町、村。

2. 大学由虚到实

法人化改革之前，大学内部分为校、学部、系和讲座四个层次，大学校长无权对学校的人、财、物、学术等进行管控，大学实际上是由各学部组成的联合体。校长作为大学最高行政领导，下设事务局，统管学校行政工作。

作为学校的权力机构，国立与公立大学设教授会与评议会，私立大学设董事会，评议会和教授会分别负责内部运作方面事务的审议、决定和学科、课程、考试、入学、毕业等学术学术事务的审议、决定。

法人化改革之后，大学在办学重要事项的决议上引入了合议制，设立了理事会、经营协议会和教学与研究评议会。理事会是决策与权力中心，决议重要事项，审议经营方面重要事项与方针；经营协议会主要负责对大学章程、财务和员工薪酬以及年度计划等进行审议，由理事和校外人员等组成；教育与研究评议会主要负责审议科研方面的事务，由理事和学部长、研究科长等人员组成。另外，文部科学省在法人内部建立监事室，监事由文部科学大臣任命，主要是监察大学法人办学情况。②为协助校长工作，校长下设事务局，负责学校行政工作，成为学校的行政中

① 贾德永，王晓燕. 日本国立大学法人化改革后的大学治理结构[J]. 高等教育研究，2011，(5)：97-103.

② 文部科学省. 国立大学法人化後の現状と課題 について［EB/OL］.（2010-07-21）[2018-04-30]. http：// 120.52.51.16/www.mext.go.jp/a_menu/koutou/houjin/__icsFiles/afieldfile/2010/07/21/1295896_2.pdf.

枢机构，使行政管理专业化。与法人化改革前相比，校长的权力大大加强，学校吸引校外人士进入董事会参与学校管理，同时，国立大学教职工不再是公务员，也不需要受政府的控制。

（二）坚持教授治学的内部治理结构

日本公立大学由若干学部构成，学部由多个学科相关联的学系构成。学部作为大学二级教学单位，主要负责教学工作、学生的生活指导以及协调有关部门的工作。[①]学部对教学、研究及学术人员的选拔有决定权，是一个完全自治的单位。

法人化改革之前，文部科学省以学部为基本单位的经费划拨方式，“使得各学部教授会成为实际上的决策机构，它们通过决定各学部的人事、经费等重要办学事项而影响大学的整体办学，大学在一定意义上成为‘学部的联合体’”[②]。因此，日本大学的自治是限于学部的自治而非整个大学的自治。学部内设教授会，由学部内的所有教授和副教授组成，对学部的教学和科研工作进行决策。

法人化改革之后，学校决策层掌握经费分配权。“文部科学省下拨各国立大学经费的方式发生了很大的变化，不再按照过去讲座、学部的定额标准下拨经费，而是根据一定的测算将每所国立大学的经费以整体方式划拨，由各大学自己决定如何划分经费”[③]，这一改革使大学内部自上而下的决策方式有了必要的基础。

系是讲座的结合，讲座是大学最基本的教学研究单位，讲座没有行政负责人，由主任教授负责监管，一般讲座由一名正教授、一名副教授和1～3名助教组成，教授拥有课程编制、经费预算使用和人员选聘的权力，对讲座负有全部的责任。

二、法人化前后的治理权力

（一）外部权力的配置

1. 校外场域

日本明治维新以后，国立、公立和私立的大学逐步根据国家与社会发展建立起来，大学都受到政府的严格控制。大学以国立为主，受军国主义影响，高校走上极

---

① 刘菊青. 日本高校行政管理特点与执行力分析[J]. 玉溪师范学院学报，2011，(12)：49-52.

② 胡建华. “国立大学法人化”给日本国立大学带来了什么[J]. 高等教育研究，2012，(8)：93-98.

③ 丁建洋. 作为历史的转折：日本国内大学法人化改革六年述评[J]. 高教探索，2010，(2)：40-45.

端的国家至上的中央集权制。

法人化改革之前，文部科学省对国立大学的管理非常全面而具体，任命大学校长，进行大学年度经费预算，而且国立大学的教学、科研、管理、基建、实验设备等方面的经费以及教职员工薪酬等所有经费都由政府承担，所有的学费收入、附属医院收入、研究收入等外部收入均上缴国库，成为政府向大学拨款的部分来源。文部科学省还要负责制定大学专业设置标准、教职员工资格标准、教学设施的相关标准、教学组织的标准等，负责国立大学的内部组织，主要包括学部、讲座等调整的审批，如确定国家对私立大学补助金的分配比例等。日本地方政府主要包括都、道、府、县等，管理大学政府机构是知事领导下的总务处或文书学士处。①

法人化改革之后，政府对国立大学的管理由原来的直接全面管理转向通过立法和拨款引导的手段进行宏观管理，同时，通过第三方评估机构，如国立大学评价委员会来影响大学的发展。②政府经费下降到一半左右，大学的办学经费更多需要学校承担，当然，国立大学拥有了较大的资金使用权。国立大学成为独立法人，不再是文部科学省的直属机构，教职员工不属于公务员，大学在机构设置、人员聘用等方面有自主权。

评估机构影响着大学的发展。国立大学法人化制度要求大学法人自行制定年度发展规划、六年中期目标和中期发展规划，中期发展规划送交文部科学省以获得认可。每年向国立大学评价委员会提交年度业绩报告书，六年到期时，国立大学法人向国立大学评价委员会提交规划实施报告，接受其评估，同时，国立大学要进行自我评估，并与外部评估结果一并向社会公开，政府对国立大学运营费交付金的拨款额度主要结合外部评估结果确定，通过评估使大学形成规划—实施—检查—行动的循环经营机制。政府通过评估加强而不是削弱了对国立大学的管理。③

2. 学校场域

法人化改革之前，日本高校内部管理主要分为学校、学部和系三级。校长是大学的最高行政首长，下设事务局，统管学校行政工作。评议会与教授会是学校的管理、决策组织，前者侧重于行政管理方面，主要审议、决定大学行政管理方面的重要事项；后者侧重于教学与科研，主要审议、决定有关学科、讲座的教学和科研计划、课程及有关教师的任课和科研任务以及学生的入学、考试、毕业等重要事项。

---

① 陈田初. 日本的高等教育管理[J]. 中国高等教育，1991，(10)：48，21 .

② 魏蕾，杜国宁. 21 世纪日本高等教育体制改革透视[J]. 现代日本经济，2005，(2)：61-64.

③ 天野郁夫，鲍威. 日本国立大学的法人化：现状与课题[J]. 北京大学教育评论，2006，(2)：93-109.

法人化改革之后，各大学法人作为经营机构，校长是法人代表，大学采用企业经营管理模式。校长权力大幅提升，校长的决策影响力超过理事会、理事、经营协议会和教育与研究评议会等。大学建立理事会作为最高决策机构，校长人选的产生要由大学选举，经文部科学省批准确定，而大学的监事则由文部科学大臣任命，校长任命学校的理事。由校长和校长指定的理事及职员构成经营协议会，负责对大学章程、学校会计规程和教职员工的薪酬基准以及学校每年的年度计划等进行审议。大学成立了教育与研究评议会，负责审议有关教育研究方面的事项。各学部、研究生院、研究所等实行教授会自治。

大学可获得文部科学省核定的财政拨款，有权在大学内部进行资金配置，决定教职员的规模和薪酬标准，大学建立起自上而下的经营模式，获得人力和物力资源配置权。

（二）内部权力的分配

在《高等教育系统——学术组织的跨国研究》一书中，伯顿·克拉克在分析日本高等教育模式时指出，“日本的权力结构有类似于欧洲和美国模式的要素”①。经移植与融合，日本大学学部内部权力呈底部沉重的分布格局。

学部下设系或讲座，系是讲座的结合，拥有的权力很小，更多只是名义上的称谓；学部下设研究科，研究科下面设有专攻；学部层面还设立事务室，处理教学、科研、人事等事务。学部设学部长一名，学部长一般兼任研究科长，任期为 4 年，由学部的教授会推选，从学部的教授之中产生。②学部长是管理干部，负责学部的教学和科研工作。

根据学校章程，学部下设教授会作为学部的审议权力机构。在教授治校理念下，“教授会负责审议各学科或讲座的教学和科研计划、课程设置、讲授课程门类和内容；有关教师的任课和科研任务等事项；有关学生的管理和教育等”③。学部还设有理事会，通常有文部科学省的行政人员参与，学部长是学部教授会的议长，主持该学部的教授会，负责教学科研和行政管理工作。

讲座作为学校最基本的教学和科研单位，由教授担任，讲座教授全面负责讲座

---

① ［美］伯顿·克拉克. 高等教育系统——学术组织的跨国研究[M]. 王承绪，徐辉，殷企平，等译. 杭州：杭州大学出版社，1994：89.

② 汪霞. 国际教育改革与发展的比较研究[M]. 南京：南京大学出版社，2011：89.

③ 田锋. 美、英、日三国地方高校内部治理结构特点比较研究[J]. 中国高等教育评估，2016,（4）：59-62，75.

的教学、科研、人事、财务等方面工作，确定教学内容和科研课题，支配教学科研费用，决定讲座内的人事调动，可配备 1～4 名行政助理。

三、法人化前后的治理文化

（一）持之不变的自治理念

1. 教授会自治

1877 年，日本近代第一所大学——东京大学诞生，1885 年，首届内阁文化部大臣森有礼以普鲁士教育为蓝本，以国家主义体制为构想，于 1886 年颁布《帝国大学令》，大学设评议会，评议会由各分科学院教授选举产生，分科学院设教授会，管理分科学院内部事务。1914 年，京都帝国大学制定内部章程，明确总长、教授、副教授的任免需经过教授会同意，教授会自治形成悠久的文化传统。

2. 国家主义

日本颁布的《帝国大学令》明确提出，帝国大学的办学宗旨就是要根据国家需要来组织教学、科研，日本国立大学属于文部科学省内设机构，高等学校的运行与管理要为国家服务，体现国家意志，受国家管控，形成中央集权制。为加强对国立和私立大学管理，日本于 1918 年颁布了《大学令》，强调大学以国家需要为宗旨培养人才。

3. 法人化改革之后，大学自治

法人化改革之后，大学成为具有独立法人资格的办学实体，教职员工不再是公务员，国家在教学、科研、经费管理等方面权力下放，国立大学实现自我治理，大学类似企业，主要为满足经济社会发展的需要，为社会提供优质的教学和科研服务。

（二）与时俱进的制度

1886 年的《帝国大学令》明确了帝国大学的办学宗旨完全是为了国家的需要，国家对高等教育实行严格的管控，大学属于国家机构。

1947 年的《学校教育法》对大学的组织及其职责进行了规范，规定大学设校长和教授会，明确大学为了审议重要事项必须设置教授会。副教授以及其他职员可以参加教授会。[①]这意味着国立、私立大学必须设置教授会，规定大学重要事项须

① [日]海後宗臣，[日]寺崎昌男. 大学教育・戦後日本の教育改革 第九巻[M]. 東京：東京大学出版会，1969：572.

经过教授会审议。1947 年，国家颁布《大学基本法》对高校管理事无巨细，包括校长任命、专业和课程设置等，学校毫无自主权，教师管理推行终身雇佣制和年功序列工资制。

1953 年，文部省颁布的《关于国立大学评议会的暂行规定》对国立大学内部管理体制进行了进一步完善，规定国立大学内要设立评议会，评议会是大学内部的最高决策机构，负责对学校一切重要事项进行决策，评议长由校长担任，另外，评议会还负责协调各学部教授会的意见。

1962 年，日本发布《日本发展与教育》的白皮书，强调教育对经济社会的发展起关键的重要作用，教育与经济发展相互促进。1963 年，日本发布《关于开发人的能力政策的咨询报告》，这份报告促进了日本教育改革和高等教育的快速发展，1963 年，日本迈入了高等教育大众化阶段。1975 年，适龄人口毛入学率持续上升至 38.4%①，20 世纪 80 年代，大学生的失业现象已经十分严重，由此促进了日本职业教育的快速发展，同时，国家兴办起很多短期大学、高职高专和专业学校。

2004 年正式施行的《国立大学法人法》，使国立大学正式取得法人资格，成为独立的行政法人。国立大学引进企业经营方式，建立董事会制度，吸引校外人士参与学校管理。如在东京大学治理体制下，董事会负责审议大学中期目标、中期计划及年度计划中有关经营的事项；学校章程、会计准则、董事报酬基准、职员工资基准及其他与经营有关的重要规则的制定、修改和废止；预算的编制、执行和决算；大学经营方面的自我评价以及其他有关经营的重要事项等。②国立大学建立第三方评价机制，教职工不再是公务员。

（三）面向国家需要的传统

大学因培养国家需要的精英人才而设立，并处于政府的监督之下。无论是 1877 年东京大学诞生，还是 1886 年森有礼颁布《帝国大学令》，或是在文部省管辖下创设第一所帝国大学，其都是应国家的需要。1903 年，菊池大麓颁布《专门学校令》，专门学校成为实用性大学，同时置私学于政府的监督之下。日本高等教育在国家需要的政策导向下实行，在发展中满足社会实业的人才多样化需求。

1918 年颁布的《大学令》，设置单科大学，专门学校可升格为大学。日本形成了中学—高等学校—帝国大学的超精英人才培养和中学—专门学校的专业精英培

① 天野郁夫，陈武元，黄梅英.日本高等教育的大众化与特罗“理论”[J].高等教育研究，2001，(6):6-15.
② 柯文进，姜金秋. 美英日公立高校董事会制度特征及启示[J]. 中国高等教育，2015，(17)：56-61.

养的双重精英培养路径，以及小学—实业学校或师范学校—高等女学校的大众人才培养路径等具有日本特色的高等教育模式。

20 世纪 90 年代，日本经济衰退，泡沫经济严重，国内生产总值出现停滞和负增长，日本政府对当时的行政系统进行改革，压缩行政机构数目和控制公务员数量，直接导致法人化改革的产生，高等教育由全额财政拨款转变为通过评估、根据绩效进行拨款，扩大了高校的自主权，高校成为面向经济社会的法人。

第六章 完善学院治理路径构想

推进大学学院治理改革是倒逼现代大学制度建设的可取方式与重要路径。当前，我国建立现代大学制度最大的症结在于弥散于大学系统内部和外部的行政化倾向和行政化管理模式。在大学系统外部，大学要接受中央政府及其所属教育部门的管理，我国现阶段的大学在其性质上而言是接受政府管理的事业单位，政府部门按照管理下属机关部门的方式管理大学；在大学系统内部，大学复制了政府的管理模式，大学在管理方式上是以科层制为主导的行政化色彩明显的现代组织。在探索如何发展大学、如何管理大学的过程中，前期学术界热衷于去行政化、现代大学制度的话题，当前的研究热点则是大学治理、二级学院治理的话题，这些研究话题都是针对大学管理科层制现象而进行的有益探索。而在这些探索中，学术自治、学术自由成为学者的口头禅，成为学术会议特别是高等教育学界的流行语，成为一些大学教师梦寐以求的理想工作状态，学术自治、学术自由仿佛成了医治大学管理方式科层化的“良药”。笔者以为，学术自治与学术自由诚可谓是解决科层制与去行政化的一剂“良药”。但是，一旦到了二级学院治理领域，学术自治与学术自由这两个词语及其背后的内涵却稍有不足。在研究二级学院治理问题时，学术自治不能单独成为二级学院治理的着眼点，研究者应该以更开阔的视野容纳、延展其更广泛的内涵；作为复杂权力关系环节中的一环，仅仅将学术自治作为学院治理研究的中心点，显得有些过于单薄。本章中，笔者将对二级学院治理的上述内容进行拓展尝试。为此，要倒逼现代大学制度建设，就要切实推进和完善学院治理，就要采取有效方式尽可能在一定范围内减少高度行政化的管理模式带来的负面影响。通过总结我国试点学院改革的经验与教训，剖析国外大学学院治理实践，笔者尝试提出如下完善学院治理的路径构想，即通过改善学院治理结构、权力和文化，构建符合治理理念、体现治理精神的理事会领导下的院长负责制。

二级学院治理，就其本质而言是对权力关系的调整与规定，是一种民主的、平等的、为实现共同目标而采取行动、分配资源的管理方式。在一些涉及公共管理研究领域的著作中，其内在精神与治理并无二致。因此，我们不必讳言也不必纠结，治理就是一种区别于科层制的管理方式，进一步而言，这种区别主要表现在：第一，管理主体是单中心还是多中心；第二，权力关系是集权还是分权；第三，决策方式是独断还是协商。简言之，科层制是一种单中心的、集权的、独断的管理方式，而治理则是一种多中心的、分权的、协商的管理方式。通过建立理事会领导下的院长负责制，成立以学院多元利益相关者（如教师、学生、院系管理者、院友等）为主体的学院理事会，以充分容纳多元的学院治理主体，以充分满足学院治理权力的分散配置、决策方式的平等协商的要求，充分赋予并保障多元利益相关者在现代学院治理体系中的权力。此外，充分发挥学院已有专门委员会的议事权力，提高其在学院治理中的地位与积极性，同时也将其纳入多中心的学院治理结构中。

为此，本章将主要讨论二级学院治理的路径问题，试从三个方面展开论述：第一，聚焦二级学院治理的结构问题，拟通过相关改革，重新设计学院组成结构，变当下的统治为共治，为不同力量参与学院治理提供依托；第二，聚焦二级学院治理的权力问题，拟通过相关改革，实现学院各群体对学院事务的自治，而不是学院内某一群体的管理，总而言之，即通过自治的形式，在制度设计上实现各群体力量的均衡，从而推动二级学院治理的进程；第三，聚焦二级学院治理的文化问题，拟通过相关改革，融通大学的理想与治理精神，在文化理念及实践上落实二级学院治理的议程。

第一节　多中心的治理结构：由统治走向共治

建设理事会领导下的院长负责制，首先要构建良好的学院治理结构。无论在理论上，还是在实践上，构建科学合理的二级学院治理结构是一项十分复杂的工作。在学院层面，二级学院理事会的构成、理事会的运行、理事会与学院管理者以及其他常设组织关系的协调、资源配置、课程计划、人员引进、招生工作等不仅依赖于学院治理结构，在学院人员层面，二级学院教学人员与行政人员的职责划分、师生关系的处理以及人才培养、科学研究、社会服务等事务的进行同样会对学院治理结构提出新的要求，大学在构建学院治理结构时必须做出新的考量和规划。

从推进学院治理的政策建议的角度对上述治理结构因素进行分析，笔者遇到的第一个问题是“哪些工作或事务应该被纳入学院治理结构的范围内加以考虑”。这一问题十分重要。在一些著作中，国外学者一般会将学生的家庭背景与入学机会、社会发展进程等对高等教育的影响纳入他们的研究范围内，也会将属于高等教育层面的职业教育纳入他们的研究范围内，而我国学者在这方面的研究相对薄弱。由于人才培养是大学和学院的根本职能，因此，人才培养也应当成为学院治理改革的基本目标和任务，学院治理改革要在组织结构、权力关系、治理文化三个方面的改革和建设中紧紧围绕以人才培养为核心、旨归，通过学院治理改革，更好地实现学院人才培养的根本职能。考虑到这一逻辑起点，笔者在对二级学院治理研究问题进行讨论时，将紧紧围绕学院人才培养的问题提出学院治理结构改革方面的建议。在按照学院组成结构与人才培养职能的密切程度、关系类别将这些众多的现有学院组织机构进行重新分类的基础上，笔者进一步将其分为教学性学院治理结构、学术性学院治理结构和支持性学院治理结构。与此相联系的第二个问题则是“如何将这些工作或事务纳入学院治理结构的范围内加以考虑”。借鉴相关理论，笔者在本节将依据文森特·奥斯特罗姆和埃莉诺·奥斯特罗姆夫妇共同倡导的多中心治理理论对二级学院治理结构进行分析。

一、从科层制到多中心治理

传统的科层制是单中心的统治，命令经自上而下逐层传达而被落实，按照马克斯·韦伯的观点，科层制是现代社会组织机构的典型组织机构。按照科层制组织运行的机构犹如一台机器，核心决策层的指令如同这台机器的开关按钮，一旦开关被核心决策机构开启，组织就会像机器一样有序地开始运行。在这样的“机器”运行中，最高决策者的指令是科层制组织运行的动力，组织的最高机构负责决策，其他机构按其职能负责命令的执行工作。科层制的运行规则是自上而下，其特点在于有组织、无个人，其运行是按照组织的结构功能进行的。科层制的上述特点，决定了其优点与不足：第一，科层制的优点在于，一旦在组织体系内有相应的功能结构，命令则会得到高效执行；第二，科层制的不足在于，为了保证这台“机器”的运转，必然要设置功能齐备的结构。如此，一方面，在没有相应命令的情况下，大量的组织结构处于闲置状态，造成资源浪费；另一方面，在有命令下达而无相应结构的情况下，需要设置新的结构以完善组织功能，容易造成组织的无限膨胀，加剧资源的浪费程度。这也是组织改革的瓶颈所在。

科层制过于重视组织的结构，而组织的规则又忽视、压抑甚至扼杀着其内部结构的自主性。随着社会的进步，科层制的弊端日益为社会所诟病，一些理论工作者相应地提出了现代组织机构的新理论。在这些新理论中，多中心治理理论具有一定的代表性。针对科层制的弊端，多中心治理理论的核心理念在于依靠组织内部结构的自主性，调整权力关系，调动这些结构的原生动力。该理论的代表人物是奥斯特罗姆夫妇。

鉴于科层制的弊端，多中心治理理论的精义在于：第一，强调组织成员在权力关系上的独立性、在利益关系上的自主性，即“自治的决策者自由追逐他们自己的利益”；第二，强调规则的制约性，即成员的“利益受制于那些特定被执行规则中固有的制约”[①]。也就是说，只有尊重组织成员的独立性、自主性，成员才能够参与到组织的决策中来，从而提高组织的效率，降低组织的决策成本，增加组织决策的精准性；只有强调规则的制约性，被调动起来的成员的积极性才能得到充分发挥，成员的利益才能得到有序调节。

我国政府对大学的传统管理方式、大学对其下设学院的传统管理方式带有很大的科层制意味，其虽然能够实现国家意志、地方意志、学校意志，但在一定程度上牺牲了学院的内在动力，不能很好地体现和实现基层意志，这种管理方式在一定程度上与学术创新的内在逻辑相违背。政府既可以通过提供足够的资源要求大学完成指定的任务，也可以通过政治议程制定一定的教育政策，规范高等教育的发展，但其明显的弊端在于在一定程度上限制了学术自由。[②]科层制的管理方式强行将学术性色彩浓厚的学院、大学纳入国家行政系统的管辖范围内，忽视了学院、大学本身固有的属性。这种方式体现了国家科层制管理的统治性，体现了行政管理的制约性、束缚性，而未能体现学院的自主性、学术的自由性，未能尊重学院的独立性。

进行二级学院治理改革，就是要实现对学院的管理方式从科层制到多中心治理的转变。针对以行政管理为主、具有明显行政化倾向的现行的大多数学院管理方式，笔者认为在学院内部领导机构设置上要进行相应的改革，以改变行政权力独大

① ［美］文森特·奥斯特罗姆. 美国联邦主义[M]. 王建勋，译. 上海：上海三联书店，2003：232.

② ［美］伯顿·克拉克. 高等教育新论——多学科的研究[M]. 王承绪，徐辉，郑继伟，等译. 杭州：浙江教育出版社，2001：82.

的局面，将院长负责制调整为理事会领导下的院长负责制，理事会作为学院的最高决策机构，或者作为最高决策机构的常设机构，对行政权力进行制约，以使行政权力重新回归到执行机构而非决策机构的位置上，甚至在学院权力关系中扮演服务者的角色，从根本上改变院长所代表的学院行政机构的角色定位。

理事会领导下的院长负责制的首要内涵便是改革以往的学院科层管理体制，其关键在于理事会的设置及成员组成上。理事会可以将学院众多利益相关者吸纳到学院治理的领导机构中，从而形成一个涵盖多元主体、倾听多元声音、重要事务集体协商、民主平等决策的治理平台，以发挥其决策、咨询、建议、监督等职能。

在理事会领导下的院长负责制的领导机制基础上，现代二级学院治理的具体结构，按照职能分工的不同可被细分为教学性学院治理结构、学术性学院治理结构、支持性学院治理结构三类。这三类功能性的机构设置不同于单独强调学术自治研究论调，在笔者的构想中，学术力量只是学院治理多中心结构中的一种力量，其权重也并不一定要高于其他两类。大学和学院的根本职能是人才培养，人才培养的首要方式是教学而非学术，因此，在学院治理结构中，必须要设置教学性学院治理结构以实现大学和学院的这一根本职能。如果过于强调学术自治或者学术至上，并因此按照学术自治和学术至上的标准组织治理结构，那么可以说这样的治理结构至少是不完整的，既可能有违大学、学院的核心职能，忽视大学和学院人才培养的本职工作，也可能产生矫枉过正的错误倾向，使学院的行政工作机构过于薄弱，不足以承担为学术、学生、教学工作服务的职能。因此，对于上述三大中心治理结构，笔者的分类依据不在于大学和学院的人才培养、学术研究和社会服务的三大职能，而是基于大学和学院人才培养的根本职能，主要着眼于学院人才培养的工作，按照主体职责进行的划分。其具体内涵如下。

（一）教学性学院治理结构是多中心治理结构中最重要的结构

人才培养是大学与学院发展的重要内涵，人才培养与学院建设有着密切的关系。因为人才培养是大学和学院的根本职能，因此，人才培养必然成为大学和学院发展的重要内涵，评价一个学院和大学的发展理念和发展方式、人文底蕴和学术贡献，以及其存在价值，都要以人才培养的成就为核心标准，不难想象一所屹立于某座城市并成为该城市文化坐标的大学一定是一所人才辈出、学术成就突出的大学，不难想象一所存在了数百年之久并成为思想史上灯塔式的大学也一定是一所人才薪火相传、生生不息的大学，更不难想象一所学术氛围浓厚、在历史节点推动社会进步的大学一定是人才汇聚、教学相长的大学。同理，很难想象一所只强调学术研究、没有人才代继的大学是如何可以维持其生命力的，也很难想象一所偏重社会服务的大学是如何可以不通过人才培养而不断扩大其影响力的。据此逻辑可以自然而然地认为，只有以人才培养为核心的学院和大学组织才能延续千年、薪尽火传、烛照千古，才能推动学院和大学不仅在当代，也可以在后世的漫漫时光中成为社会进步、文明传递的轴心，才能促使学院和大学成为与真理距离最近的机构。这就是人才培养对于大学、学院的意义所在，也是大学和学院对于人才培养的意义所在，每一所大学、每一所学院都应该以人才培养为己任。基于人才培养之于大学与学院的重大意义，我们在进行学院治理改革时要充分认识到教学对于人才培养的意义和作用，要充分认识到构建教学性学院治理结构是实现大学与学院人才培养功能的重要途径，是学院开展教学活动的重要载体。基于人才培养对于学院、大学发展的意义，在学院治理各结构中，教学性学院治理结构要被视为核心结构并且在日常运行中要居于核心地位，其他机构在功能上一定要自觉服务于教学性学院治理结构。教学性学院治理结构的组成部分主要涵盖学院、系、专业等，所涉及的群体主要为教师和学生。

（二）学术性学院治理结构是多中心治理结构中的重要结构之一

洪堡提出“教学与研究相统一”的理念在大学发展史上具有划时代的意义，从此，一种关于“现代大学的理念”开始风行，并且可与此前居于主导地位的纽曼所提出的“大学的理想”分庭抗礼，从此，关于大学的不同的发展理念争辉并进，大学的发展路径也各有不同。就事实而言，纽曼的大学理念并非提倡不研究学术，只是与洪堡所谓的学术有所不同。属于纽曼的旧的大学学术在于以道德知识的论辩培养温文尔雅的绅士，属于洪堡的新的“现代大学在最高层次上全心全意并毫不保留地致力于增进知识、研究问题（不管它们源自何方）和训练学生”①。从此，新旧两种理念、两种知识、两种学术成为大学学者排遣不去的思绪，尽管有人坚信洪堡的格言，研究问题、增进知识；尽管有人执着于纽曼的绅士理想，改进心智、健全人格，但更多的人徘徊于两者之间，在学术的道路上且行且进。作为汇集专业人才、重要的学术研究机构，学院无疑是增进知识、研究问题的重要场所；作为培养

① ［美］亚伯拉罕·弗莱克斯纳. 现代大学论[M]. 徐辉，陈晓菲，译. 杭州：浙江教育出版社，2001：19.

健全人格的圣地，学院同样成为未来社会中坚力量健全人格、磨砺心志的重要场所。不论从哪种意义上讲，承担研究职能的学术研究也好，承担人格培养的学术研究也好，作为人才培养重要途径的学院学术研究，理应成为学院治理诸多结构中的重要环节，理应成为多中心治理结构的重要组成部分，学院治理改革的治理结构中应该有学术性二级学院治理结构的一席之地。即不论是在洪堡的大学的理念之下，还是在纽曼的大学的理念之下，只有这些治理结构很好地履行学术研究的职能，才能更好地实现人才培养的核心任务。只有大学和学院不断在思想领域内深耕，结合时代特点，思考所属时代的问题，为人类的思想宝库注入时代的贡献；只有大学和学院不断在知识的海洋里探索，更新知识，增进知识，验证知识，为科学的殿堂贡献时代的硕果，大学和学院才能引领时代脉搏，才能当好时代的轴心，才能在知识辩驳、真理探索的进程中培养通今博古、献身真理的人才，才能实现学术性二级学院治理结构为教学性二级学院治理结构服务的使命。学术性二级学院治理结构的组成部分涵盖学院下设的各类学术委员会、研究所（院）、实验室乃至课题组等，其主要群体为教师，当然也包括部分学生群体。

（三）支持性学院治理结构是二级学院治理多中心结构中组成成分最为复杂的结构

首先，支持性学院治理结构要涵盖政府、学校、学院等不同层面的行政力量，在从科层制向多中心治理结构转变过程中，他们属于被降级的力量群体，是由主导向服务转变的一类力量结构；其次，支持性学院治理结构还要涵盖学生会、工会、教师代表大会等原本就属于服务性组织的组成结构，这些因素在二级学院多中心治理结构中属于应该被强化和扶持的力量群体；最后，支持性学院治理结构更要重塑学院内部的决策机构，完善群体共商、共管的决策机制，这是在二级学院多中心治理结构中属于应该被引入的力量群体。由此，支持性学院治理结构在组成成分就显得极为复杂了，并且也必然会成为学院制改革过程中最为艰难的部分，其原因在于，原来的党政领导机构要进行自我革命，下放权力，转变身份，不难想象，这一过程会极为困难；原来职能弱化的组织机构也要进行自我革命，自我加压，由弱变强。面临新的治理结构，如何改变，如何发挥职能，不难想象，这也会是一个极为困难的过程。

二、完善教学性学院治理结构，明确学院的人才培养核心任务

人才培养、科学研究、社会服务作为大学的基本职能，是一个广泛的共识，也是关于学院功能的普遍共识，对于这一点，很少有人会去质疑。在此基础上，如果我们继续追问这三种职能中究竟哪一个是大学的核心职能，笔者以为该问题的答案应该是人才培养。其理由在于，不论大学和学院在科研领域的成绩多么突出，不论大学和学院的社会服务成绩多么优异，其首先是一个学校，对于这一事实，笔者以为至少不会引起太大的争论；不论大学里的科研工作者学术声望多么高、研究素养多么深厚、研究成果多么丰富，他们的首要身份仍然是教师，对于这一事实，笔者以为也不会引起太大的争论。人才培养是大学和学院区别于其他研究机构的独有之处，是大学和学院区别于其他社会服务机构的独特之处，是大学和学院的从业者区别于科研机构的研究人员和社会服务机构的专职人员的独有特征，也就是说，是学校就应该有学生，是教师就应该教学生。因此，从这两个简单却常常被忽视的事实出发，我们可以得出如下结论，大学的核心任务是人才培养，大学的组成学院或相当于大学的学院在功能上亦然。因此，作为实现大学职能而设置的学院的核心任务也是人才培养，为实现学院治理改革而设置的教学性学院治理结构也必然会成为三类治理结构中最重要的、核心的治理结构。

长久以来，大学排行榜的评价标准、媒体舆论的宣传口径、教育主管部门的考核标准以及对教师的各种评价标准、晋升要求，多多少少地忽略了大学教授的教师身份，忽略了大学、学院的学校特征，让大学迷失于科学研究与社会服务的迷途中而忘记了自身的最初功能和职责，让大学教师醉心于论文发表，痴迷于 C 刊、核心期刊以及外国的学术期刊，而忽视了他们作为教师的教书育人的职责。在这样的氛围里，被忽视的恰恰是大学、教师存在的基础。慕大学之名而来的学生、慕知名教授之名而来的学子可能成为大学的盲点。

进行二级学院治理改革，要完善学院内部的教学性学院治理结构，重拾大学、学院的本质功能，有效应对高等教育大众化给高等教育带来的影响，有效改革现阶段大学教学的弊端，在重视人才培养工作的基础上深耕用力、久久为功。不必讳言，建立教学性的二级学院治理结构，就是从大学和学院的根本职能入手，恢复或者发现本来应该属于大学最重要的但事实上却被忽视的、在人才培养方面具有基本作用的教学职能，让大学里的从业者对其根本任务进行重新认识，让大学在职能

转变中不失本色。教学是大学和学院培养人才的主要途径，大学和学院里的教学影响深远，即使在承认其教学只有一小部分与其科研有关的教授那里，他们也认为教学是有用的，因为“教学能导致完美的人格，而全面发展的人又转过来间接地改善一个人的研究”①。那么，如何在二级学院治理改革中建立完善的教学性治理结构呢？笔者以为可以从如下角度着眼。

（一）完善学院内部的教学性学院治理结构，要建立与高等教育大众化进程相协调的教学体系

当代社会，大学教育的最大特征就是其大众化的发展方向，有效的二级学院治理改革必须基于这样的发展特征建立有效的教学体系，以实现当代大学和学院的人才培养功能，培养具有时代特征的各类人才。自第二次世界大战以后，高等教育由精英化向大众化过渡的进程不断加快。20 世纪 60 年代是大多数国家高等教育大发展的黄金时期，恰在此时，人力资本理论兴起且如日中天，成为高等教育大众化发展的有力理论依据。简单而言，人力资本理论认为人一生的平均收入与其受教育程度具有正相关关系。这一理论为政治家和行政官员所信服，于是，他们开始制定政策，大力推动高等教育的发展。②在我国，高等教育大众化起步于 20 世纪与 21 世纪相交的年代。高等教育大众化给高校带来了一定的压力，这不仅体现在高校生活设施的紧张上，也体现在教学任务的增加上。继扩招之后，我国一些高校云集的城市和一些省会城市大力建设大学城，一些院校纷纷建立新校区，以容纳越来越多的学生。大学城和新校区的建设在一定程度上解决了学校生活设施不足的问题，而扩招对教学的影响至今仍然是一个难题，大学和学院的师生比例仍有待优化。以第二次世界大战后西方的高校大发展为例，“德国大学系统的扩张，导致在结构和功能方面出现难以应付的混乱。大学系统转化为大众化高等教育的所在地，现在的学生是 60 年代的大约 5 倍，使学术研究和学生的高级训练之间的传统平衡处于危险之中”③。虽然目前我国的高等教育质量仍然受到之前高校扩招运动的影响，但其影响有所下降。

在高等教育大众化的前提下，在高校招生人数逐年增加的基础上，一个科学合理的二级学院治理结构在结构功能上必须以提升人才培养质量为核心目标，支持

① [美]伯顿 · 克拉克. 研究生教育的科学研究基础[M]. 王承绪，译. 杭州：浙江教育出版社，2001：69.

② [美]伯顿 · 克拉克. 高等教育新论——多学科的研究[M]. 王承绪，徐辉，郑继伟，等译. 杭州：浙江教育出版社，2001：75-76.

③ [美]伯顿 · 克拉克. 研究生教育的科学研究基础[M]. 王承绪，译. 杭州：浙江教育出版社，2001：41.

并保证人才培养、教学职能的充分发挥。今后，学院制仍将是大学发展的主要架构，学院进行学院治理改革，完善教学性学院治理结构，调整力量，充实教学力量是完善人才培养的基础性工作，教师队伍建设要进行相应改革和完善。完善教学性学院治理结构，要根据不同的学科特点，大力完善健全教育基础设施、建立健全相应组织机构和制度体系。随着高等教育经费投入的不断增加，教育基础设施不断得到完善，实验室、图书馆等建设日益进步。在二级学院治理改革之中，要通过完善学院制及专业-系-学院组织机构，创新形式与内容，提高人才培养的效果。第一，对不同类别的教师赋予教学、科研等不同的职责。例如，教学型教师可以将更多的时间用于教学而将更少的时间用于研究，研究型教师可以将更多的时间用于研究而将更少的时间用于教学。在德国的高等教育大众化时期，终身任职的讲师将75%～80%的时间用于教学而将20%～25%的时间用于科研，被指望攻读高级博士学位的助教则可以将30%～40%的时间用于教学，将10%～20%的时间用于行政，将50%的时间用于科研。①即合理调配教师队伍，充实教学一线的师资队伍和教育资源。第二，要改革和丰富学院制在教学性学院治理结构方面的形式，为人才培养提供依托。笔者以为，可以在传统的专业、系、研究所内开展更多的教学活动，这些教学活动可以不限于专业，甚至可以不限于学院，旨在向整个大学范围内的学生进行教学活动，实现教学性学院治理结构效率的提高。即利用学院外的资源充实学院的教学性学院治理结构，提升学院的人才培养能力。

需要指出的是，所谓的教学性学院治理结构并不意味着这些治理结构必须要局限于教学，教学的形式多种多样，课堂教学只是其中的一种形式，可以邀请知名教授在学院内开设更多的讲座，可以邀请某一方面的专家参加学生的读书会，或者通过学院举办的一些活动进行相应的专业教育，或者组织学生到相关企业参观学习或者实习，这些都可以作为教学性学院治理结构的有益探索形式。

（二）完善学院内部的教学性学院治理结构，要通过改革现有教学体系，盘活闲置教育资源

正如第四章中笔者所言，现阶段的二级学院治理改革并非一次综合改革，大量的高校编制人员组成了一台严密的管理“机器”，而非教学集体，因此，此次改革在改革的范围上要向学校之外的大学、政府管理体系延伸，在改革的深度上要向大学和政府管理体系上的治理改革推进，以建立与学院治理体系配套的、协调的、高

---

① ［美］伯顿·克拉克. 研究生教育的科学研究基础[M]. 王承绪，译. 杭州：浙江教育出版社，2001：53.

效的综合性治理结构运行体系。同时，上文所引用的西方教授关于教学与科研时间的分配也并不完全符合我国大学的现实，因为我国学院、大学的一部分教师和领导将较多的时间用于综合协调和学术研究方面的活动，较少参与教学。对于这种现象，通过综合的学院内部治理结构的改革，撤销一部分组织机构，撤销一部分学院工作人员的现有职务，完善教学性治理结构，充实一线教学人员队伍，既可以提高教学质量和效果，又可以推动学院的高效、高质运转，保证学院和大学的人才培养质量。这可以说是在现有的教学性学院治理结构之外，通过改革和调整，整合、提升二级学院治理结构功能的另一种尝试。

三、优化学术性学院治理结构，提升学院的轴心引领作用

在伯顿·克拉克眼中，大学是现代社会的轴心机构，通过科技与理念的更新，引领着现代社会的进步。以历史的、发展的眼光来看，大学成为轴心机构，经历了一种理念上的革命，20 世纪以来，大学静悄悄地发生了翻天覆地的变化。孕育于古希腊、罗马时代的学院历经曲折的过程，后在欧洲特殊的政治和社会环境中产生的大学最初的形态并非现在的样子，其作用于社会的方式也不同。大学的发展历程具有明显的时代印记和地域印记，大学的成长史就是西方社会历史的发展史、不同国家的发展史。在最初的大学中，神学占据主导地位，而在今天的大学学科设置中，基本看不见神学的踪影；大学同样具有国家的痕迹，在不同的国家中，大学有着不同的倾向，如以剑桥、牛津为代表的英国大学崇尚自由教育；由洪堡奠定的德国大学精神虽然经受纳粹的波折，但在第二次世界大战以后，大学依然信奉教学与科研相统一的宗旨。无论如何，19 世纪以前的大学与社会的关系并不密切，彼时学术也还未能发展成为大学的基本职能。

再以美国为例，当时大学入学率低。据德里克·博克所说，美国只有不足 5% 的青年人入读大学，接受高等教育。而且美国大学与英国大学有较多的相似之处，即在教育目标上更多重视品格培养，轻视属于世俗功利性质的职业技术教育，加之当时科技革命未曾深入，美国大学成为远离社会潮流的教学机构。“1900 年以前，美国大学都只是些刚刚具有现代雏形的小学校，它们的主要功能是向社会提供强调思想戒律、信仰虔诚和严格管理学生行为规范的大学教育……大学成了一块块无声无息的土地，既不对外部世界产生多少直接影响，也不与那些正把美国带入现

代工业化国家的公司、银行和立法机构发生多少交往。”[①]这与当今美国的高等教育发展样态有着天壤之别。

当我们回首 20 世纪的大学发展史时，我们会不自觉地惊讶于大学在 20 世纪里的巨大的、革命性的转型。蓦然回首，我们会惊讶于在 20 世纪里大学及学院的高等教育所发生的变化，可以说在 20 世纪里，大学悄悄地改变了世界。20 世纪的重大科技革命，无不与大学有着千丝万缕的联系，甚至这些科技革命本身就源于大学，“信息爆炸、通信革命、电子全球村、自动化产业、电脑化管理、高技术战和全球性毁灭的威胁的存在，都是在过去一百年中发源于大学和研究所中”[②]。据此事实，伯顿·克拉克准确且形象地将大学描绘为现代社会的轴心机构，也无怪乎中央政府采取更多的措施直接或间接地加强对大学的控制，将大学和学院的发展列入国家发展计划中，因为这些轴心机构对社会的生存和发展变得越来越重要。[③]

承续 20 世纪的辉煌与荣耀的历程，大学在 21 世纪必会继续推动并引领社会科技进步的风潮。现代社会里的大学，其精神源头主要起源于洪堡革命性的理念。在今天，几乎没有哪所大学是脱离洪堡的规划的，教学与科研相统一成为今日大学的宿命，科研成为大学教学任务之外的主要工作。就我国的大学而言，笔者以为，在二级学院治理改革过程中，二级学院作为大学的组成部分与职能承担者，应该通过改革契机，在构建理事会领导下的院长负责制过程中，在具体的治理结构设置上，要充分重视学术性治理结构的建设工作，以提升学术研究在学院中的地位，逐渐完善自身的学术性学院治理结构，实现学院学术研究的极大进步。笔者以为，优化学术性学院治理结构的对策建议如下。

（一）优化学术性学院治理结构，二级学院要加强学术制度建设

通过严格的学术标准、学术交流制度、学术管理制度，规范二级学院的学术发展方向。严格学术标准的意义在于强化学术意识，保证学术的质量，促使学院的科学研究能够紧跟时代潮流与社会需求，保证学院作为社会的轴心机构，更好地发挥

---

① [美]德里克·博克. 走出象牙塔——现代大学的社会责任[M]. 徐小洲，陈军，译. 杭州：浙江教育出版社，2001：3.

② [美]伯顿·克拉克. 高等教育新论——多学科的研究[M]. 王承绪，徐辉，郑继伟，等译. 杭州：浙江教育出版社，2001：45.

③ [美]伯顿·克拉克. 高等教育新论——多学科的研究[M]. 王承绪，徐辉，郑继伟，等译. 杭州：浙江教育出版社，2001：45.

其引领作用，并在根本上保证人才培养质量的学术基础。即我们虽然不否定大学和学院在学术研究上要以促进社会进步为研究取向，但在大学和学院的研究取向上一定要保证不突破人才培养的底线，也就是说，大学可以有先进的、一流的、学生暂时理解不了也不适用于教学的科研成果，但一定要有保证人才质量的、一流的、突出的学术成果用于教学。不管是前者还是后者，为了保证学术研究的质量，一定要有严格的学术制度作为根基。即便在一种以人才培养为导向的学术治理结构体系中，即我们在强调学院的人才培养功能时，学院也仍要立足学术研究，也要讲求严格的学术制度，其原因在于只有在求真务实的科研态度和货真价实的科研成果基础之上，学院才能够引导学生追求真理、献身学术、引领社会；如此，即便我们在强调学院的社会服务功能时，学院也仍要立足学术研究，也要讲求严格的学术制度。其原因同样在于，学院的科研态度和科研成果是其服务社会的基础所在，如果学院及其所在的大学不能在科研和学术上起到社会轴心的作用，学院就没有服务社会的资格。因此，只有在谈及学院治理时从提高学院学术和科研引领力的基础上，从严格学术标准的基础上出发，才是真正的学院治理。

（二）优化学术性学院治理结构，二级学院要加强学术队伍建设，提高学院的科研能力

谈及这一问题时，首先涉及的问题便是学术队伍包括哪些群体。就大多数学者而言，即便他们没有明言，其所说的学术队伍大多只有教师。而立足于人才培养的学术性学院治理结构的学术队伍不仅有教师，而且还必须有学生。当然，在本科阶段、硕士研究生阶段以及博士研究生阶段，学生参与学术队伍的比例是不同的。但是同样不能忽视的是，就能力而言，笔者完全相信有这样两种情况存在，即本科学生的科研能力高于硕士研究生甚至博士研究生，硕士研究生的科研能力高于博士研究生。学术队伍要涵盖学生的逻辑起点还在于，学院是由学生和教师共同组成的，甚至可以说，没有学生就没有教师。因此，一个真正以人才培养为使命的大学，在科研学术人才队伍建设上，师生之间完全应该是一种彼此之间切磋琢磨的关系，是在互动的基础上，共同经历一段学术的人生，而后在生命中留下厚重的痕迹。这是笔者想要表达的第一点，即学术队伍的组成要涵盖学生和教师。

学术队伍建设的群体范围只是形式，而学术能力的提升则是学术性学院治理结构的实质所在。或许是身在大学之中，我们的科研工作者总是在向往着学术权力，

总是在学术权力与行政权力之间纠结，总是在向往西方的大学科研环境。权力是实力的象征，如果没有拿得出手的、可靠的科研成果，学术权力永远只是一个空想的画饼。可以设想，如果有一天我们中国学者的学术能力真的过硬了，那么其学术权力自然会提升。即便以目前学术界的生态而言，那些优秀的学术研究者真的没有学术权力吗？答案是未必，优秀的学者占据学院、学校行政权力顶端的现象比比皆是。这一事实在提醒我们，学术权力与行政权力并非非此即彼、水火不容的关系，因为在现实中，我们也见过那些为学术权力站台的学者手中握有极为强大的行政权力。

更为重要的是，在二级学院治理中，我们不能将学术权力与行政权力的对调作为主要的着眼点，如果我们真的这样做了，那么学院治理必将改变它最初的方向，演化为一场权力之争，而非“为学术而学术”的、纯粹的、为真理而生的改革。诚然，反对者可以说学术权力本身就是一种政治权力，二级学院改革是一场学术界发起的政治改革运动。虽然这可能是一种客观事实，但对于学者而言，他们则不能忘却初衷。因为二级学院治理的设想在于实现学术的发展、大学的进步、学生的发展、教师的解放、真理的回归，进一步而言，就学术性学院治理结构而言，其本身的职能在于实现学院的轴心作用。既然学院、大学是社会的轴心，当然也可以说它们是人才培养的轴心、社会服务的轴心，甚至也可以说它们是文化传承的轴心。成为轴心，其坚定的力量源于学术的不断进步。现代社会发源于理智，从大学在古希腊诞育之初，在以苏格拉底为代表的那些时代，在以奥古斯丁为代表的那些时代，在纽曼所在的维多利亚时代，在洪堡所开创的大学的“新时代”，在威斯康星赋予大学新的使命的年代，理智如同一颗经历曲折历程的种子，在历史中深根厚殖，终于在那个分裂的中世纪的西方化茧成蝶。支撑这一历程的，不变的是对真理的追逐，发扬光大的则是对学术的执着以及积淀在我们这些传承者手中的先人的智慧。基于此，二级学院治理表面上虽然是以学术权力作为政治权力的面孔而出现的，但笔者认为，不能就此而简单地将学术性学院治理结构作为权力斗争者，学术性学院治理结构最独特的价值在于对真理、对学术的执着追求，这才是学术性学院治理结构的本质所在。

（三）优化学术性学院治理结构，二级学院的学术研究要与社会发展紧密结合

在后工业社会，大学这一轴心机构俨然是社区服务站，不仅培养知识界的精

英，而且为整个社会提供知识。[①]对应于大学，学院所生产的知识同样可以服务于其所在的社会。因此，学院作为社区服务站，就要有服务意识，要投身于改造社会、引领社会的进程中，即学术性学院治理结构要紧密结合社会的发展需求。其基点一方面在于学院治理结构扎根于社会，只有符合社会需求的学术性学院治理结构才能获得动力、生命力，需要指出的是，学术性学院治理结构与社会需求的一致性是不分当下和长远的，如果二级学院的学术性成果能够直接催生新的社会科技革命，这种情况固然可喜；如果二级学院的学术性成果不能直接催生新的社会科技革命，但能判断其符合长远的科技走向，需要其他学术研究成果进行补充，这种作为前瞻性的学术成果则会更有价值，因为它是引领社会科技进步的牵引力。其基点另一方面还在于学院服务于社会，19 世纪大学成功的事实告诉我们，只有符合社会发展趋势的学术和科研成果才能引领社会进步。作为科技知识和学术知识生产的轴心机构，大学应该具有服务意识，应该以市场为导向，根据社会需求，服务社会。

作为服务者，大学不仅要关注其服务对象，还要关注自身。德里克 ·博克认为，作为学术机构，大学必须审视自己的社会责任，大学“更具有特殊的理由思考社会责任，大学关注教育，它对社会问题的回答无疑会像图书馆和教室里的演讲与读物一样影响学生。如果我们想让学生关心并积极思考重要的社会问题，那么我们的大学显然在处理自身事务行为方面必须树立一个好榜样”[②]。德里克 · 博克的观点是立足于大学的，他让我们反思，大学作为教育机构，其服务社会的底线所在，即大学服务社会是有条件的而不是无条件的。在此意义上，大学不仅是现代社会的轴心，而且还应该是现代社会的“良知”“良心”。作为现代社会的“良知”，大学要传导一种永恒的价值观，作为现代社会以及未来社会的准衡，大学当有所为而有所不为，从这里走出来的学生也要自觉地具有这样一种价值观；作为现代社会的“良心”，大学要传导一种人世关怀，积极地介入社会的发展历程，同样，从这里走出来的学生，也要具有这样的一种人世关怀，积极地介入社会的发展历程，关心社会问题，解决社会问题，并且学会反思自身。

这样一种有条件地服务社会的行为，在学术性二级学院治理结构中的表现应该是，学院的学术研究固然应该以市场为导向，关注社会需求，服务社会人群，即笔者所说的“无条件”，只有如此，学院的学术才能有市场，才能转化为社会的生

---

① [美]伯顿 · 克拉克. 高等教育新论——多学科的研究[M]. 王承绪，徐辉，郑继伟，等译. 杭州：浙江教育出版社，2001：47.

② [美]德里克 · 博克. 走出象牙塔——现代大学的社会责任[M]. 徐小洲，陈军，译. 杭州：浙江教育出版社，2001：3.

产力，才能让大学成为轴心；但在另一种意义上，市场需求未必是正确的和有价值的，大学只有具备“良知”这一认知能力、“良心”这一道德能力，才能让轴心更加坚定、更加稳固、更加有担当，也才能让轴心成为真正的轴心，不随波逐流，能坚守真理，即笔者所说的“有条件”。只有如此，学院的学术才能真正具有社会价值，才能在世界风云变幻中宁静致远。也只有从这一意义上说，学术性学院治理结构才能超越权力斗争的狭隘的、暂时的二级学院治理观，才能真正体现学术之于真理的“无条件服从”。只有学术做到了对真理的“无条件服从”，才能真正维护严格意义上的学术标准。正如德里克·博克在对走出象牙塔这一事实的认定基础上所强调的那样，“只有教师们非常关心自己的学校，充分参与维护严格意义上的学术标准，大学才可能在最终不损害其基本学术价值观的情况下致力于知识的实际应用活动”①。

四、重塑支持性学院治理结构，保障学院的良序运行

支持性学院治理结构是指二级学院治理中服务于教学性、学术性学院治理结构的那些组成部分。就二级学院治理改革来说，这些组成部分恰恰是最难转变的那一部分。于是，与教学性、学术性学院治理结构相比，支持性学院治理结构就显得比较复杂了。这种复杂性既表现在它的组成上，也表现在它的塑造上。

（一）支持性学院治理结构组成的复杂性

学院、大学服务于家长、政府、企业、社会等，家长、政府、企业、社会等也服务于学院、大学。这一点应该不会引起人们的争论。因为，“对家长和学生来说，大学是年轻人接受教育、活跃智慧能力的主要场所；对高深学识的职业来说，大学是挑选才智之士、培养合格专业人才的地方；对政府来说，大学是帮助其实现社会目标的中心地带”②。在此意义上，按理说，家长、政府、企业、社会等应该乐于服务学院、大学，学院、大学与家长、政府、企业、社会等应该是一种和谐的关系，后者应该是乐于支持学院、大学的发展的，成为学院、大学发展的支持性治理结构。

---

① [美]德里克·博克. 走出象牙塔——现代大学的社会责任[M]. 徐小洲，陈军，译. 杭州：浙江教育出版社，2001：192.

② [美]德里克·博克. 走出象牙塔——现代大学的社会责任[M]. 徐小洲，陈军，译. 杭州：浙江教育出版社，2001：18.

但事实却经常并非如此，家长、企业、社会等经常成为学院、大学的阻碍性治理结构，因为前者提出了各种要求，学院、大学难以让其满意。对于家长来说，他们希望学院、大学将他们的孩子塑造成社会最热门职业领域的成功者和政府部门的要员，而不是坚守真理、追求高深学问的“普通人”；对于企业来说，他们希望学院、大学把学生培养成营利的“机器”，而不是全面发展的人；对于社会来说，他们对学院、大学缺乏同情和理解，缺乏对大学价值的认可，而是将大学等同于职业教育。当然，这些态度都是不对的，都阻碍着大学的发展，使本应当成为大学发展的坚定的支持者却成了阻碍大学发展的力量。促进大学进步的条件有二：一是招收最具才华和创造力的学生；二是在不受约束和外界干扰的环境中开展工作。①为了促进学院、大学的发展，首先应该形成支持学院、大学发展的支持性合力。

如上所言，这种合力首先表现在复杂性上，二级学院治理改革同样面临着类似的困境。如上所言，就大学外部力量而言，家长、企业、政府和社会等有时就是阻碍二级学院治理的力量。进一步而言，在大学层面，一则行政化现象、“官本位”文化制约着学院自主性的发挥；二则传统的管理体制、多部门多头管理同样制约着学院自主性的发挥，学院忙于教学以外的各种杂务而难以保持教学的平和宁静，从而难以使教师专心致力于教学、科研，教师忙于各种会议、财务报表、总结材料等工作中，更难以安心于教学、科研。再进一步而言，即使在学院内部，同样存在着阻碍二级学院治理的问题，如学生、教师缺乏治理权力。

上述这些尚未被纳入治理结构的力量，正是学院治理的希望所在，在上述的论述中，足见支持性学院治理结构组成成分的多元与复杂。正因为复杂，才显得重要，才显得学院治理必要。笔者以为，如果把家长、企业、政府、社会等大学外部力量纳入支持性学院治理结构之中，那么二级学院就会在大学之外获得有力的发展支撑；如果能够把大学管制形式及管理机构进行一次综合性的改革，将新调整之后的大学管理“机器”以更加民主的管理方式纳入支持性学院治理结构中去，那么二级学院治理将得到来自大学学校层面更多的制度支持；如果将学院内部各种力量进行整合，同样以一场综合改革的形式调整学院的组织机构，调整二级学院的治理结构，那么支持性学院治理结构将会迎来最重要的、最坚定的、最根本的力量支持，才有希望完成这样一场以人才培养为根本取向、以学术研究为支撑、具有综合多元支持力量的学院自主管理的基层变革。但是在操作上，这样一种变革却必然较为艰难。

---

① [美]德里克·博克. 走出象牙塔——现代大学的社会责任[M]. 徐小洲，陈军，译. 杭州：浙江教育出版社，2001：19.

（二）支持性学院治理结构重塑的艰难性

重塑支持性学院治理结构是一次真正意义上的“深水区”的革命，至少需要大学外部、大学层面、学院层面内诸多力量进行自我革命，由此决定了这场改革的艰难性。

支持性学院治理结构重塑的艰难性，一是表现在社会层面的力量要理解和支持大学上。现阶段不论是家长口头上的、新闻媒体以文字或者视频及音频形式所宣传的、企业所宣讲的、政府在文件中所规定的二级学院治理乃至大学改革，大多是他们单方面理解的二级学院治理，而很少是他们建立在理解学院、大学基础上所理解的二级学院治理改革。因此，要真正实现大学外部层面对二级学院治理的支持，家长、企业、政府、社会等首先要在观念上有所转变，要深刻理解大学和学院的本质，要理解的不能只是威斯康星思想以来的大学和学院，更不能只是洪堡思想以来的大学和学院，而是要在理解纽曼所代表的“大学的理想”的基础上，再去理解洪堡思想和威斯康星思想。自威斯康星思想在美国诞生以来，不论是政府、社会层面的产学研结合，还是大学层面的产学研结合，其都将大学强行拽进了社会服务的领域，逼迫大学、学院、教师将更多的精力、时间用于社会服务，而忽视了其自诞生以来的育人功能。如此，虽然有助于大学、学院成为社会发展的轴心，但在更深层次意义上，大学作为引领社会进步的轴心，更重要的是培养具有现代观念的人，这才是大学发挥服务社会的轴心作用的根本所在。将社会层面的力量纳入支持性学院治理结构之中，在其完成观念转变之后，更重要的是体现在行动上：家长、企业、社会、政府要维护好大学、学院人才培养的核心职能。家长支持、企业对接、政府服务、社会包容是外部层面支持性学院治理结构的理想状态，可以为学院治理改革提供外部保障。这一支持性治理结构的构建，无疑要经历极其艰难的革命才能完成，在此基础上，二级学院才能完成涅槃重生。

支持性学院治理结构重塑的艰难性，二是表现在大学层面的管理转型上。在二级学院治理问题上，大学作为重要的支持性结构，其发生作用的形式在于自我革命：在形式和管理方式上，大学要变成小大学，小学院要变成大学院。具体而言，就是要重塑校院关系。大学对学院的传统的管理方式是行政性的，而非学术性的。在大学的发展历程中，行政力量的增加固然有其客观原因，如有学者指出的那样，行政力量增加的一个原因是学生人数的增加，因此，有教授抱怨说，“作为学生人数增加的一个后果，大量行政负担加到研究所和大学上”①。但大学作为首要的学

① ［美］伯顿·克拉克. 研究生教育的科学研究基础[M]. 王承绪，译. 杭州：浙江教育出版社，2001：55.

术性团体，上下级之间正常的管理方式首先也应该是学术性的。因此，要求大学在管理方式上实现转变，从而转变成二级学院治理的支持性结构，即要凸显大学与学院之间的学术性联系，减少大学与学院之间的行政性关系。如此，大学不仅要面临行政权力的削减，还要面临管理方式的深刻转型。基于此，大学管理体系上的众多利益相关者不仅要面临利益的损失，还要面临新的管理方式的不适应甚至毫不具备新的管理能力，他们很有可能会反对甚至阻挠二级学院治理改革。二级学院治理如果要取得重大进展和重要成果，必然要在大学层面进行相应的综合改革，可能会损害众多利益相关者甚至是领导者的权力，因为这是一种增加学术权力、减少行政权力的改革，是一种增加学院权力、减少学校权力的改革，在可预见的范围内，其有可能会遭到激烈反对，可能会有很多反对变革的声音，因此，支持性二级学院治理结构的重塑在大学层面也会遭遇艰难。

支持性学院治理结构重塑的艰难性，三是表现在学院层面的组织转型上。在解决了大学外部层面、大学学校层面的支持性改革问题之后，支持性学院治理结构还要面临学院内部组织的变革。通过组织重组“保证内部各种权力合理配置，各种重大事项科学决策、民主决策、执行有力，同时，各种权力的运行得到有效制约和监督”①。实现对权力的有效制约与监督，前提条件是完善二级学院内部的组织关系，为各类群体参与学院管理和自身事务管理提供支持性平台，为不同群体设置可以相互制约和监督的支持性平台，一旦遭遇权力越轨事件，即可对其进行控制，保证学院权力管理的均衡。但问题在于，新的治理模式与现行的管理方式在学院内部同样面临冲突，师生之间、学术与行政之间在权力更迭之时可能仍然会有抵抗与反对，可以想见，这样的改革同样会遭遇艰难与坎坷。

第二节　三权分置的制度：自治与均衡

组织运行制度的作用在于通过规则的约束避免个人差异对组织决策、执行造成的影响，从而使个人差异对组织的影响达到最小化，因此，组织制度设计的目的

---

① 张德祥，李洋帆. 二级学院治理：大学治理的重要课题[J]. 中国高教研究，2017，(3)：6-11.

就在于促进组织目标的实现，在于维持组织系统的稳定。此外，组织结构还是一个场域，“是运用权力的场所、是作出决策的场所、是进行组织活动的场所”[①]。依据上文对二级学院治理结构的分类，我们亦可将学院权力大致分为教学性权力、学术性权力和支持性权力。保证三类权力有序运行的奥秘在于权力的制度设计，多中心治理结构更需要制度的支持和控制，才能保证权力不越界、不滥用。在多中心学院治理结构的支撑下，第一，理事会领导下的院长负责制作为学院治理的领导机构，在前述的结构中需要吸纳不同的具体机构的代表成员作为理事会成员，统而言之，这些代表成员在学院理事会范围内代表教学性权力、学术性权力、支持性权力，三类权力的主体参与学院事务决策，监督问题，实现权力平衡，而这些目的的实现，需要一套权力制度和议事规则的约束，以形成良性权力协商秩序。理事会事实上作为一个权力的协调平台而存在，对重大事务共同协商，对重大分歧共同谈判，进一步而言，理事会仍然属于学院治理结构中的支持性二级学院治理结构。第二，以教学性二级学院治理结构、学术性二级学院治理结构、支持性二级学院治理结构为基础的教学性权力、学术性权力、支持性权力则整体呈现出以教学性权力为中心的三权分置的态势，三者相互制衡，相互独立。

不同的权力需要不同的群体负责，“大学的重大事务一方面需要各组成群体的首创能力和决策参与；另一方面，各组成群体在决策中的分量有所不同，谁对具体事务负有首要责任，谁就最有发言权”[②]。大学产生于西方分裂时代，天生具有自治的基因。因此在大学中，权力的特色在于自治，自治的保障在于制约。只有自治才能保障权力的正常行使，只有负责或者说对自己负责才能保障权力的充分行使，只有相互制约才能保障权力的健康行使。

需要指出的是，正如在前文中所述及的，权力的分立制约是以法治为基础的，看似是自治，其实自治的权力界限、权力的协调机制都有一套法定的规则和制度体系作为基础。因此，不同于现行学院的外部领导机构的政策文本的规定，真正彻底的学院治理改革需要有一部属于学院治理改革的“宪法”，这一“宪法”应该由学院内部参与改革的人共同研判、制定，作为改革后教学权、学术权、支持权行使的制度依据，作为理事会运行的制度依据，保证学院治理改革的彻底性，保证权力分立制度的良序运行。

---

① ［美］理查德·H. 霍尔. 组织：结构、过程及结果[M]. 张友星，刘五一，沈勇，译. 上海：上海财经大学出版社，2003：57.

② AAUP. Statement on Government of Colleges and Universities[J]. AAUP Bulletin，1966，52（4）：375-379.

进一步而言，二级学院治理就是学院师生共同管理自身事务以主导行政的过程，就是进一步发挥学院根本职能、回归高深学问研究、坚定人才培养任务的过程。从根本上说，学院治理是教育民主化不可或缺的过程。“教育民主化不仅是要把更多的教育给予更多的人，也要有更多的人参与教育管理。教育必须重新建立。但是谁来重新建立这种教育呢？不是教育的管理人员和官员，而是人民，全体人民，他们最了解自己的需要和意愿。”①为了促进教育民主化，保障学院师生的各种权力，同时为了能够更充分地实现教学性、学术性、支持性学院治理结构功能的发挥，应该以权力分立的制度，在充分保证教学性、学术性、支持性自治的基础上，实现彼此之间的均衡，保证三种权力的相互制约、相互监督，以维持学院正常功能的运行。虽然新的制度可能在设立初期会产生较高的成本和时有不良的运行效果，但其未必如传统制度所产生的管理成本那么高。如有学者指出的那样，“交易成本是在因为各种缺陷、错误、忽略和出乎意料的干扰而使合约执行被错误匹配时发生的适应不良和调整的事前成本，还包括运行经济制度的成本”②。“组织结构可视为组织部件的排列组合”③，如果就笔者所谓的三权分置的制度对教育民主化进步程度的贡献度而言，其收获必将远大于其交易成本：在三权分置基础上的教学权、学术权及支持权是保障学生“全人发展”的重要保障，是大学发挥其根本职能的重要选择。

在理事会领导下的院长负责制框架内，在教学权、学术权与支持权分立的二级学院治理制度中，教学权直接关系学院、大学的人才培养工作，需要指出的是，这里的教学并非指单纯的课堂上师生授受的教学和学习模式，更是指各种有益于学生进步的教育活动；学术权是学院作为科研机构进行学术研究的权力，而学术的最终评价指标在于是否与真理相一致，直接的评价指标在于能不能满足社会发展的需要；支持权是在笔者所说的三种权力中需要进行最大力度调整的一种权力，既需要对现行过于强大的行政权力进行压制，又需要对现在没有权力的群体进行赋权，还需要社会等外部机构进行主动调整。但无论如何，正如本章开篇所言，这些权力都应该是自主权，只有获得了自主权，教学权才能够得以保证，教师才能在合理的方式下，采取合适的手段满足学生的求职欲望；只有获得了自主权，学术权才能够

---

① 联合国教科文组织国际教育发展委员会. 学会生存——教育世界的今天和明天[M]. 华东师范大学比较教育研究所，译. 北京：教育科学出版社，1996：108.

② [美]奥利弗·E. 威廉森. 治理机制[M]. 王健，方世建，方世建，等译. 北京：中国社会科学出版社，2001：481.

③ [美]理查德·H. 霍尔. 组织：结构、过程及结果[M]. 张友星，刘五一，沈勇，译. 上海：上海财经大学出版社，2003：54.

真正被用于追求真理，而不是被用以阿世①；只有获得了自主权，支持权才能够更好、更合理地服务于教学权、学术权。为实现权力自主，由多元主体构成的理事会必须将教学权、学术权及支持权分配于不同组织、人员中。以下，笔者将详述这三种权力。

一、教学权：教学为本，坚守教学与科研相统一的理念

大学是一个自由学习的地方，在这里，学生以各种方式获得知识，在课堂上听教师传播关于科学的知识、理念，在图书馆里阅读过去千百年最经典的、经过时间挑选的典籍以及了解当下科学发展的前沿理论和进度，在同辈群体中以自由讨论的方式延展着生命的广度。如果将教学权涵盖于如此多元的学院、大学的人才培养模式中，那么有理由认为教学权是大学教师的首要权力，也是二级学院治理最急需重视的权力。

中外学者在论述大学的时候，最常见的一个名词是学术权力。即便是在出现过洛克、纽曼等教育理论家，最强调绅士教育、自由教育的英国，在其大学中也相当重视科研学术。在我们的印象中，英国教育属于典型的精英模式，英国人严格控制大学的入学制度，挑选最适合、最优秀的学生进入大学，在日常教学中，他们则注重密切教师和学生之间的关系，允许并鼓励学生参加科研，“英国教授们盼望搞科研，甚至使他们的本科生参加科研活动……提供科研和教学的整合，研究和学习的整合，培养少数高级的‘研究生’”②。这样一幅场景所体现的固然是不同于英国的、另一个国度里的另一种理念，即教学与科研相统一。但伯顿·克拉克这样的论述体现了大学应有的重视教学的精神。在伯顿·克拉克的论述中，学生参与教授的科研，首先应该理解为这是一种教学性的科研活动，虽然是教学与科研相统一，但是不同于洪堡的理念，英国是以教学为本的教学与科研相统一。

在笔者的理解中，纽曼的自由教育的目的在于健全一种人格理想，即理性的、自由的人生态度和对于真理的坚信不疑的信仰。作为教育机构，大学在纽曼的世界里发挥着远远超过教育作用的教化作用，通过培养具有主流社会价值观的精英群

---

① 注：阿世是迎合世俗的意思。

② [美]伯顿·克拉克. 研究生教育的科学研究基础[M]. 王承绪，译. 杭州：浙江教育出版社，2001：72.

体，引领社会进步。纽曼的最终追求与洪堡也存在着高度的一致性，只不过洪堡希望以科研的力量实现社会的进步，而纽曼则强调以人格的力量完善社会的前进步伐。纽曼的理想，与其后来者布尔迪厄的某些观点有些类似，只不过二人的立场不同。在《再生产——一种教育系统理论的要点》一书中，布尔迪约[①]笔下的大学是上层阶级的统治工具，经过一种特殊的筛选方式，大学仍然维持着文化领域的阶层制度。[②]如果不以对立的色调去阅读布尔迪厄的著作，只要我们摘掉阶层这一有色眼镜而以相对公正的眼光去看这一现象的话，我们发现，即便在布尔迪厄这样激进的学者笔下，大学、学院在今天的社会里仍然扮演着先进文化的引领者角色，走出大学的毕业生已经具有了某些人格和文化印记。

在大学的发展史上，永远也不会磨灭纽曼与洪堡的印记。只有兼具纽曼与洪堡精神的大学史才是完整的大学史，只有深刻理解并融合纽曼与洪堡的理想精神的大学才是一所值得敬仰和足以被写入历史的大学。纽曼与洪堡如同一枚硬币的正反两面，他们同时存在的时候才是一枚完整的硬币，否则总是留有太多的遗憾。这与今天我们如此怀念蔡元培、梅贻琦时代的民国大学一样，因为那时的大学有精神亦有学术，而今天，我们的大学可能并非如此。

综上，学院要实现人才培养的职能，在二级学院治理改革中一定要强调教学权。学院不仅仅是搞科研的地方，更是进行教学的地方。完善教学性学院治理结构，就是要增加学院的教学权。在教学与科研相统一观念盛行的今天，强调教学权，要强调以教学为先。以加强教学的方式重建大学的理想，突出大学以教学培养人才的根本职能，逻辑在于，一旦大学在科学研究、社会服务方面占用太多的时间，其很有可能会挤占大学和学院用于教学的时间，进而可能会影响学院、大学的教学质量。更重要的问题在于，目前我国的大学评价指标多集中在科研、社会服务方面，对教育教学的重视不够。如此，既由于大学在科学研究、社会服务方面易于实现效益，更由于相关评价标准的助推，大学、学院在一定程度上背离了其初衷。因此，在学院治理改革中，一定要重视教学以强化大学、学院的人才培养功能，一定要建立以教学为本的制度，突出大学、学院的人才培养功能。具体而言，通过教学，“学生应该知道与若干学科有联系的各种不同的思维和概念分析模式”，“应该能够识别在学校、地方、省、国家和全球层次影响他们的公共政策问题，并参与到这些问题的解决”，“应该能够分析一个当代世界的问题”，“获得今日世界的主要问

---

① 因音译不同，此处译为布尔迪约。

② [法]P. 布尔迪约，[法]J. C.帕斯隆.再生产——一种教育系统理论的要点[M]. 邢克超，译. 北京：商务印书馆，2002：78.

题的大量的知识”，“鼓励人们了解自己和他们的世界分析思考的技能”[①]。

其实，以教学为本、为先的思想古已有之。我国教育经典著作《学记》中，就有“建国君民，教学为先”[②]的思想。在古代社会中，教育虽然传播了一些知识，但更多的是一种教化的工具。通过儒家典籍的教学，个人实现了“修身、齐家、治国、平天下”的理想人生，具备了君子风度，而国家也在这样一种祥和的教育氛围里实现了和谐稳定。不太恰当地说，我国古代的教育类似于美国永恒主义思潮所体现的精神。永恒主义的代表人物为提倡阅读经典的赫钦斯。赫钦斯认为，“如果正确地理解教育，那么面向全体人民的课程的核心在任何时代、任何地方、任何的政治社会和经济状况下都将一样”[③]。该观点与我国古代儒家的教育方式一样，在“罢黜百家、独尊儒术”以后，儒家经典成为官方的教科书，自明朝以后，四书五经更是官方指定的教材。这样的教学，实际上是一种教化。

纽曼的大学理想，事实上是一种现代社会的教化，虽然它的精神底色是古代的，但是其旨趣却是指向现代的，其目的在于培养符合现代理性社会要求的公民。但在现实条件下，由于大学入学率的提高，更多的人进入了大学，这种精英模式的教化色彩大为降低，更倾向于培养学生具有现代社会意识的思维品质，学院变得对大众更有亲和力和平等，伯顿·克拉克指出，“大学没有进行最有能力的学生的选择。形式上，全体学生直至大学毕业都分成小组。那些对为获得待遇优厚职业训练不感兴趣而另有特别兴趣的学生，面临和其他学生相同的教学和学习的方法和条件”[④]。当越来越多的人进入大学、学院后，大学、学院感受到越来越大的压力。伯顿·克拉克进一步指出，教学与科研相统一在现实中面临着巨大的挑战，如一位德国教授指出，在政策限额的条件下，学生增长数量得到控制，其教学量只增加了25%，如果教学负担进一步加剧，教育质量将得不到保证。[⑤]

大学、学院规模的扩大，不仅带来了上述教学上的问题，而且学生可能也得不到更好的指导，“几百名学生一同上课并非例外，讨论班经常包括一百名或更多学生。书面作业极少，根本不上课或不参加讨论班的习惯很普遍”[⑥]。这样的状况，也是笔者提倡教学权的一个重要原因，因为现在的大学、学院里存在一定的教学危

① [美]克拉克·克尔. 高等教育不能回避历史——21世纪的问题[M]. 王承绪，译. 杭州：浙江教育出版社，2001：42.

② 顾树森. 学记今译[M]. 北京：人民教育出版社，1957：6-7.

③ [美]罗伯特·M. 赫钦斯. 美国高等教育[M]. 汪利兵，译. 杭州：浙江教育出版社，2001：39.

④ [美]伯顿·克拉克. 研究生教育的科学研究基础[M]. 王承绪，译. 杭州：浙江教育出版社，2001：59.

⑤ [美]伯顿·克拉克. 研究生教育的科学研究基础[M]. 王承绪，译. 杭州：浙江教育出版社，2001：53.

⑥ [美]伯顿·克拉克. 研究生教育的科学研究基础[M]. 王承绪，译. 杭州：浙江教育出版社，2001：59.

机，而在二级学院治理改革中，如果能采取适当的措施加以解决这个问题，那么有责任的大学、学院无疑应该承担起这样一种使命，即通过教学权的获得、巩固，发挥大学、学院在现代社会中的作用，让更多的学生学会思考，而不是直接获得答案，这才是真正的教学。因为，“如果训练他们的学生学会思考专业的问题，会比用现成的方法教他们能更好地为他们将来的实际工作作准备”①。

二、学术权：学术自治，坚守对真理的追求

如果说，人才培养是大学、学院一以贯之的使命，那么研究学术、坚持真理则是大学、学院一以贯之的精神风骨。正如赫钦斯在谈到美国高等教育的希望所在时所言，“作为教育，这就是真诚地追求知识；作为学术，这就是真诚地献身于知识的进步。高等教育只有献身于这些目标，我们才能对美国高等教育的未来充满希望”②。在洪堡的理念中，教学与科研相统一，教学是传播知识，而科研是发现知识、生产知识，教学与科研是相辅相成的。也就是说，只有当大学成为知识之源的时候，其才能不断传播和更新知识；只有大学成为知识传播之地，只有大学汇聚了足够数量的知识精英的时候，其才能更有积淀、更有基础去生产知识。同时，只有真诚地追求知识，才有可能献身于知识，献身于知识进步。同时，我们也应该意识到，所谓的知识生产者不能仅仅是指教师，学生也有可能成为知识的生产者，或者是师生之间共同合作，一起完成知识的生产。

生产知识就要有学术权，在知识的生产领域就应该获得自治权。是否生产知识是纽曼与洪堡的最大不同。在纽曼那里，大学是传播知识的地方，教师没有责任去生产知识；在洪堡那里，教师必须要生产知识，才能让大学成为传播知识的地方。二者的不同之处源于时代的不同。纽曼之前，知识更新速度慢，大学职能在于通过教学传承知识，坚守价值观方面的真理；在洪堡之后，知识更新速度加快，为适应时代的要求，大学的教学开始传播新生产的知识，大学的科研开始介入新知识的生产，大学对真理的信仰改为对知识的求真。这一转变的过程，需要二级学院在治理结构上要有关于学术的成分，在权力制度上需要赋予学术以相应的自主权，才能保证大学相应职能的正常发挥。

但是随着大学、学院在现代社会中轴心作用的增强，民主国家试图控制大学、

① [美]罗伯特·M. 赫钦斯. 美国高等教育[M]. 汪利兵，译. 杭州：浙江教育出版社，2001：33.

② [美]罗伯特·M. 赫钦斯. 美国高等教育[M]. 汪利兵，译. 杭州：浙江教育出版社，2001：19.

学院，为大学的发展带来了一定的束缚。在古代，大学、学院为坚持某种信仰而与国家、政府进行持久斗争，其所谓的知识多属于信仰、理念之类的追求；在近代以后及至今天，大学、学院在知识生产方面的作用日益增强，知识虽也有价值、观念等成分在内，但多属于科学、技术方面，开始成为国家参与国际竞争的“利器”，国家试图控制大学、学院。

作为追求学术自由的机构，作为一种世界性的存在，大学在发展过程中遇到了阻力。“大学按它们对促进普遍知识的承诺的性质而论，本质上是国际性的机构，但是它们越来越多地生活在一个对他们抱有企图的民族国家的世界。”①为此，大学应当坚守信念，如果国家的理想在于追求人类进步、社会发展，大学、学院无疑应当与其合作；否则，一旦国家试图实现其某种私欲，或者逆历史潮流而动，或者破坏世界和平的大环境，大学、学院应当挺身而出，拒绝与其合作，即“大学为国家利益服务应有价值前提”②。赋予二级学院治理结构以学术权的用意就在于此，将二级学院的学术权与其教学权、支持权并立而不相属，可以在一定程度上维护学术的独立性。当然，学术独立并不是不能受国家和政府的影响，否则学术便卸担了自身应负有的责任；并不是不能受行政权力的制约，否则其便少了一份监督。笔者想要强调的是，不论是国家或政府的约束，还是行政权力与学术权力的关系问题，它们对学术的影响都要满足符合人类发展方向的、属于共同理想的、不仅有益于自己及其所属群体更要有益于全人类利益的那些要求，因为这些也是学术责任所在，也是符合真理的要求，也是大学或者学院的科研应当涉及的方向。

一旦我们的二级学院治理能通过学术性二级学院治理结构保障学术权力时，当学术权力受到威胁时，教授所能拿起的“武器”不能只有学术自由、教学自由，还应有教师作为公民的权力。布鲁贝克曾言，“对于真理的追求，不仅是学术的目标，更是公民的目标，在对真理的不懈追求中，教授的武器不仅有学术自由，而且还有公民自由”③。布鲁贝克的话启示我们，在谈论二级学院治理的时候，甚至在谈论学术自由、学术独立这些词语的时候，我们讨论的焦点不能仅仅集中于学术，还应该集中于作为公民的每一个人。其原因在于，二级学院治理并不如一些学者所强调的那样，是要求学术独立，二级学院治理首先是一种管理方式的转变，是由官

---

① [美]克拉克·克尔. 高等教育不能回避历史——21世纪的问题[M]. 王承绪，译. 杭州：浙江教育出版社，2001：5.

② 吴康宁. 世界一流大学建设应当放眼世界[J]. 探索与争鸣，2016，(7)：13-16.

③ [美]约翰·S. 布鲁贝克. 高等教育哲学[M]. 王承绪，郑继伟，张维平，等译. 杭州：浙江教育出版社，2002：60.

僚的科层制向民主治理的转变，其次才是学术意义上的学术的行政管理方式向学术的学术管理方向的转变。二级学院治理的最终要求并不是学术独立，甚至在笔者的构想中，学术权力也只是学院内部诸多权力中的一种，要受到其他权力的制约，譬如，一旦学术权与教学权发生冲突，学术权在一定程度上要让位于教学权，因为教学权才是学院的立身之本，教学权高于学术权；再譬如，一旦学术权与支持权发生冲突，作为服务力量的支持权并不一定要让步于学术权，因为学术权有时并不纯粹，也带有人间烟火气息的私欲。因此，我们在谈论学术权力的时候，首先要有一个区别，这个区别就是所谓的学术权力一定要是正当的学术权力。其原因在于，只有基于全人类意义上的学术，才是对真理的追求，才是每一个公民应有的追求。

三、支持权：服务为先，保障学院人才培养、学术发展的职能

正如笔者一直所强调的，尽管学术自由至关重要，但并不意味着学术权力不能受制约。如德里克·博克所指出的那样，“无人会否认政府制定相应条例的必要性。当学术课程或项目与其他价值观发生冲突时，教育工作者并不一定是解决冲突的最佳裁决人”①。事实上，不仅在德里克·博克所说的“发生冲突时”需要学术、教学外部的相关部门进行支持，在德里克·博克所说的“发生冲突时”之外，在当今时代学院规模不断扩大的背景下，学院的学术权、教学权要在更多的领域得到各方的支持，才能够顺利运行，这些支持的提供者就是笔者在本部分所要说明和解释的支持性二级学院治理结构所代表的支持权。

如前所述，二级学院治理结构的基础在于多中心的理论与实践。科层制管理体制呈现出明显的单中心管理特点，使得当代大学、学院与政府具有同质化特征，大学、学院的学校特征相对较少。而在多中心治理实践与理论的观照下，大学、学院等高等教育领域逐步产生一种以去中心为基础的治理范式，它的主要特征是非国营化、去中心、自治与市场化。②如果用上述学者的观点解释二级学院治理问题，在不涉及大学、学院举办权的前提下，去中心、自治与市场化与学院治理密切相关。更准确地说，二级学院治理所去的应该是单中心，相应地，自治的主体应该是

---

① [美]德里克·博克. 走出象牙塔——现代大学的社会责任[M]. 徐小洲，陈军，译. 杭州：浙江教育出版社，2001：44.

② 盛冰. 高等教育的治理：重构政府、高校、社会之间的关系[J]. 高等教育研究，2003，(2)：47-51.

多中心。前文笔者已述及的教学性、学术性二级学院治理结构即多中心治理结构中的两个中心。作为正常运行的机构，二级学院除了要发挥教学性、学术性职能外，还需要有支持性的结构存在，并且需要具备相应的支持性自治权力。

支持权的获得首先表现在学院层面要获得更多的政府放权。基于上文笔者所言的支持性学院治理结构的复杂性，支持权如果不体现在政府作为学院治理的支持性结构直接向学院放权，也要表现在政府要向学院所设立的一些支持性结构进行放权，以实现学院各种权力的自治。在今天，我们在呼唤学术自治的同时，也不应该忘记大学自治应该有着远比学术自治更为丰富的含义：大学自治不仅要求学术摆脱行政的控制，也要求大学的行政机构、学术的行政机构从大学的各种行政权力中脱身出来，从而实现行政为学术、教学服务的功能。就我们身处的大时代而言，大学不是自由的，从 20 世纪 60 年代开始，各国中央政府均有意加强对高等教育的控制，而且各国政府均有加强对大学控制的举措，对此一些学者深有感触，譬如有学者直言，“今天，世界很多国家的高等教育，正在既受到不断增长的学习的普及化的拉力，又受到不断增长的国家化的拉力”[①]，而且自第二次世界大战以来，这两方面的拉力都有所增强。这一现象即使在英国也不例外，譬如，在英国，大学拨款委员会、中央政府的审计机关、人事部门逐渐以各种形式加强了对大学的管理。[②]既然加强对大学的控制是一个统一的趋势，我们所要讨论的问题就应该转变成，政府如何在控制大学的进程中不伤害大学的特有属性。笔者以为，问题的答案在于这种控制要以服务为特征，要以支持大学、学院的学术、教学为旨归，才能够正确地处理大学、学院与政府的关系，才能够更好地支持二级学院治理。在此意义上，我们所要讨论的问题实际上是“政府如何以更合适的方式加强对大学、学院的管理”。其原因在于，大学、学院受政府控制程度加深的时代背景与二级学院治理改革有着内在的矛盾，前者要求集权，后者要求分权，由此造成的后果则是二级学院改革步履维艰。基于此，理想的改革方向则是政府以支持、服务大学、学院发展的态度来支持、服务二级学院治理改革。在宏观上或直接，或通过大学间接地向二级学院放权，在二级学院治理改革中限制支持性治理结构的权力范围，使其与教学、学术有平等的地位。

支持权的获得还要依靠学院的自身努力。二级学院治理的支持性结构比较复

---

① [美]克拉克·克尔. 高等教育不能回避历史——21 世纪的问题[M]. 王承绪，译. 杭州：浙江教育出版社，2001：1.

② [美]伯顿·克拉克. 探究的场所：现代大学的科研和研究生教育[M]. 王承绪，译. 杭州：浙江教育出版社，2001：71.

杂，既有大学外部对二级学院的支持，也有大学层面对二级学院的支持，更有二级学院自身在组织机构等方面的自身建设。如果说大学外部的支持较多地来自理念、态度层面，如果说大学层面的支持来自大学管理机构对学院层面的管理的包容与开放的改革意向、优化权力体系实践行动，那么二级学院自身的建设主要来自组织机构的建立与取消、组织职能的调整与优化。就事实而言，我国二级学院支持性治理机构在支持权的获得方面存在不足。第一，在学生群体方面，现在二级学院的相关组织不能正常发挥职能，更面临着一些权力缺失的问题，譬如，在学生学习方面，学习自由的权力是支持权的重要组成部分。布鲁贝克认为，不仅存在教师的教学自由，教学自由是指“那些在掌握高深学问的技术方面受过训练的人的特权”，而且存在学生的学习自由，学习自由是指“选择学什么的自由，决定什么时间学和怎样学的自由，以及形成自己思想的自由”①。学院是培养学生成才、成人的地方，应当尊重学生各方面的权力，建立相关组织，组成一定结构，支持学生的发展。其原因在于，正如布鲁贝克所认为的那样，“学生权力的最后一个要求是要学院或大学对学生负责”②。第二，在教师群体方面，教师不能自由决策，由此导致他们不能在支持权方面给予其教学、学术方面有更充足的资源供给。“为了保证知识的准确性和正确，学者的活动必须只服从真理的标准，而不受任何外界的压力，如教会、国家或经济利益的影响……学术界不是人人平等的民主政体，而是受过训练的有才智的人的一统天下。”③同时在大学和学院的实践中，也不乏教学权专制的现象，譬如，在意大利大学教育系统的基层单位，讲座教授个人权力的集中化与专制化实际上是源于传统讲座制结构的要求，在这种结构中，教授“为了他自己的利益和朋友、下属职员和学生奖励特殊的倡议和强烈的政治活动”④而选择专制行为。也就是说，如果不能在二级学院治理的支持权方面有所改革，那么所谓的学术权、教学权也就不能得到相应的保障。因此，从完善学院自身建设方面，不仅要完善支持权的各方面组成结构及其要素，还要建立与学术权、教学权相互制衡的支持权，从全力赋予、制衡的角度，引导支持权服务于学术权与教学权。事实告诉我们，“复

---

① [美]约翰 · S. 布鲁贝克. 高等教育哲学[M]. 王承绪，郑继伟，张维平，等译. 杭州：浙江教育出版社，2002：58.

② [美]约翰 · S. 布鲁贝克. 高等教育哲学[M]. 王承绪，郑继伟，张维平，等译. 杭州：浙江教育出版社，2002：43.

③ [美]约翰 · S. 布鲁贝克. 高等教育哲学[M]. 王承绪，郑继伟，张维平，等译. 杭州：浙江教育出版社，2002：46.

④ [美]伯顿 · 克拉克. 高等教育系统——学术组织的跨国研究[M]. 王承绪，徐辉，殷企平，等译. 杭州：杭州大学出版社，1994：128.

杂性、正规化与权力集中的程度在单一的组织中也是变化的，它们是多维度的现象”[①]。在二级学院治理改革过程中，一定要重视支持权的转变和实现，将具有复杂性的权力关系结构通过正规制度建设、权力分立的制度设计实现支持性权力的重塑，将行政权力单中心的格局转变成诸多权力共同完成学院职能的多中心治理格局。

第三节　治理时代的文化：开放与民主

大学产生的时代与我们身处的这个时代既相似，又不同。相似之处在于，这个时代和那个时代都在强调自主权：大学产生于中世纪末，在那个时代，如伯顿·克拉克所言，伴随着重新振兴的市镇从国王、贵族、宗教机构那里购买了自主权得以免受封建制度的压迫，大学也以同样的赎买方式获得了自主权。[②]在今天，全球性市场带来的变革呼唤政府的治理，即一种“我们共同解决自己的问题和满足我们社会需要的实施的过程”[③]，同样要求大学、学院自主管理自己的事务。不同之处在于，彼时作为大学诞生地和大学发展摇篮的欧洲，是一个四分五裂、高度分权的社会，而且国家面临着王权与教权的并立，大学有相对独立的、超脱的自主权；在今天，国家的力量早已渗透在社会的各个角落，直达社会的每一根“神经末梢”。“大学是一个独特的既分裂又分权的社会的偶然产物。我们知道，一切文明社会都需要有研究高深学问的机构来满足他们探求知识奥秘的需要，同时它们也为知识的拥有者和探索者提供各种所需条件。”[④]在诞生之初，大学只是在有限的意义上的“为学习本身的概念而存在的”[⑤]。但大学在诞生之初就有了自主权的基因，这种自主权在今天同样具有决定性的作用。

---

① [美]理查德·H. 霍尔. 组织：结构、过程及结果[M]. 张友星，刘五一，沈勇，译. 上海：上海财经大学出版社，2003：55.

② [美]伯顿·克拉克. 高等教育新论[M]. 王承绪，译. 杭州：浙江教育出版社，2001：27-30.

③ [美]戴维·奥斯本，[美]特德·盖布勒. 改革政府：企业家精神如何改革着公共部门[M]. 周敦仁，等译. 上海：上海译文出版社，2006：序.

④ [美]伯顿·克拉克. 高等教育新论[M]. 王承绪，译. 杭州：浙江教育出版社，2001：37.

⑤ [美]伯顿·克拉克. 高等教育新论[M]. 王承绪，译. 杭州：浙江教育出版社，2001：27-30.

可以说，自主权是大学自诞生之初就具有的文化特征，这种文化特征将与大学相伴始终，大学如果有一天消亡了，那么其很有可能是亡于自主权的被消灭。同样，诞生于我们时代的治理，也天生地具有自主权的基因，失望于产生于工业时代的官僚主义体制的惰性，底层的力量逐渐觉醒，自主开展活动而不是盲目接受政令成为公共部门与私营部门的共同心声。二级学院治理甚至是大学治理改革的推进，是一种自主文化的遭遇，我们的改革如果能够成功，那么当今时代不仅是大学的理想重新出发的时代，也是治理精神的一次有益尝试。

设置学院理事会，建立理事会领导下的院长负责制正是为了在治理实践中培育十分欠缺或相当薄弱的学院治理文化，正是为了通过制度设计营造共享治理的文化氛围，也正是要在这种新型制度中、在文化环境中调动学院师生参与治理的积极性，激发其自主性，增强其对于学院建设的责任感。在这样一种认识下，笔者将首先考察当代大学及其学院发展的时代文化特征，其次分析治理兴起的时代文化背景，最后则思考如何在文化层面利用治理精神所蕴含着的强大的革新力量推进二级学院治理改革，从而引领大学的发展。

一、大学及其学院发展的时代文化特征

文化具有传承性，也具有阶段性。以我们中华文化而言，其最初的样态虽不可闻，但在出土的陶器、铜器等之中依然可以看出我们民族古朴厚重的原生精神风貌，在古老《诗经》中依然可以感受到扑面而来的活泼生气，在儒家典籍中依然可以品味出我们民族中人格精神的追求……这些精神的底色依然是当代中国的文化底色，这是文化的传承性；中华文化走过五千年的历史，传统哲学在发展中有过经学、理学、朴学等不同的发展阶段，不同的时期有不同的特色，这是文化的阶段性。大学亦是如此，其产生于工业社会之前，在工业社会时期经历了大发展，更是在科技社会到来之际成为社会发展的轴心。在不同的时代，大学有不同的作用和样态，呈现出阶段发展的特征：在最初的时候，大学是传授神学等学科知识的地方，类似于今天的职业院校；而后，随着时代的进步，大学成为自由教育的主要场所，培育当时社会认可的具有理性的人才；再后来，大学悄然转变为一种生产知识的场所。大学的阶段性发展莫不与其时代背景相关。在二级学院治理的时代开启以来，大学及其学院具有我们这个时代独有的特征。具体而言，现在的大学及学院在文化方面至少有如下四个特征值得关注，分别是国有化、国家化、大众化、扩

张化。

（一）大学和学院的发展具有了明显的国有化特点

自第二次世界大战以后，国家越来越重视大学，国有化成为当代大学和学院发展的一个主流趋势，世界各国的国家和政府部门通过立法、财政、司法、人事等制度控制了大学的发展方向、教师引进、科研投入及内容、教育教学、招生、学校管理等多方面的事务。由此，“大学系统成为一个被严密保护的官方系统，它的管理结构根本地从本质上把自下而上的决策改变为自上而下的操纵和调节”[①]。大学由自由的学术系统转变为行政管理机构，即我们时代的大学及学院多了一些公共部门的特点，少了一些学术特点。对于该情况的出现，笔者以为主要有如下三个原因：一是大学及学院的功能在当代社会变得更加重要，大学与社会、政治、经济的联系日益密切，导致国家和政府无论是出于自身责任履行和功能实现方面的考量，还是出于提升自身综合实力、参与国际竞争的考量；无论是出于促使大学和学院变得更好的考量，还是出于避免大学和学院向更“坏”的方向发展的考量；无论是出于提供公共服务的考量，还是出于加强社会控制的考量，都要加强对大学的控制。二是现代大学的建设投入成本相对较高，非一般私人企业或个人能负担得起，只有举国家之力才能建设大学和学院。三是大学入学率的提高，高等教育进入大众化发展阶段，并正向普及化发展阶段过渡，客观上需要国家和政府进行干预。

（二）大学和学院的发展具有明显的国家化的痕迹

知识无国界，作为生产知识的重要机构，大学和学院应该是一种世界性的存在；真理无分畛域，作为以追求真理为使命的教育机构，大学和学院的使命更要以培养世界公民为目标，即不论是哪个国家和城市的大学和学院，都应该具有培养以追求真理为目标、以信仰知识为教育职责的共同理念，也就是说，不论是大学还是学院，都应该有一种世界化的取向。但在相当长的一段时间以来，大学或学院具有更多的国家化的特点。大学或学院的国家化痕迹正如霍尔丹勋爵所言，“大学是民族灵魂的反应”[②]。一方面，大学或学院的国家化发展特点与其国有化特点有密切

---

① ［美］伯顿·克拉克. 探究的场所：现代大学的科研和研究生教育[M]. 王承绪，译. 杭州：浙江教育出版社，2001：65.

② 转引自［美］亚伯拉罕·弗莱克斯纳. 现代大学论[M]. 徐辉，陈晓菲，译. 杭州：浙江教育出版社，2001：2.

联系，正是因为国家控制了大学，国家的一些发展目标被强行赋予大学或学院，或是大学或学院自觉地接受了国家的目标，并以此为自身发展使命；另一方面，大学或国家的国家化发展特点也是一个社会发展的应有之意和缩影，所谓“应有之意”，即大学学院产生于一种文化环境中，会被打上这种文化的烙印，大学或学院生于斯，长于斯；所谓“缩影”，即大学或学院具有其诞生文化的大部分特征，这是对大学和学院国家化的第二种理解。

（三）大学和学院发展的大众化趋势明显

大众化即高等教育的毛入学率提高。自1949年后，我国高等教育的发展虽经历曲折，但是还是经过了几次大规模的扩招，其中规模最大的当属20世纪末的扩招。同时，伴随着办学规模的不断扩大，高校的承载力也不断提升，就读大学的学生数量相应增加，其比例相应提高，高等教育取得了较大规模的发展。我国高等教育的发展历程体现了世界高等教育发展的大众化趋势。在伯顿·克拉克的论述中，我们可以一睹德国大学的大众化发展趋势，“大学学生人数膨胀：在80年代，最大的大学的学生达五万人。德国观察家注意到学生和教学人员的比例伴随着增长：每一位教授的学生数，从1975年的29∶1，增加到1988年的38∶1；每一位学术人员的学生数，从1975年的10∶1，增加到1985年的15∶1，很少或者没有大学内部结构引导学生的洪流”①。在上述论述中，我们可以看到，大学或学院的大众化发展趋势对大学的管理方式提出了改革要求，需要我们新的管理方式探索当代巨型大学、巨型学院的管理新模式。

（四）大学或学院知识生产的扩张化发展

现代大学与古代大学、工业革命时期的大学有着明显的不同，“现代大学与致力于解释亚里士多德、神父和古典哲学家的中世纪大学相比，需要思考更多的东西”②。就大学或学院的社会功效而言，作为当代社会发展的轴心机构和知识生产者，大学和学院不再是或者不再主要是实行自由教育的场所，而变成了知识工厂，大量的高深学问从这里产生，大量的学术人才聚集到了大学和学院，大学和学院所思考的问题带动了社会的快速发展，并且随着大学知识生产的扩张化趋

① [美]伯顿·克拉克. 探究的场所：现代大学的科研和研究生教育[M]. 王承绪，译. 杭州：浙江教育出版社，2001：45.

② [美]亚伯拉罕·弗莱克斯纳. 现代大学论[M]. 徐辉，陈晓菲，译. 杭州：浙江教育出版社，2001：19.

势，大学的社会轴心功能会更加稳固。就大学和学院的内部知识结构而言，知识生产的扩张化发展不仅推动了单独学科的巨大进步，还导致了学科之间的差别越来越突出，大学内部按学科组织起来的学院、学院内部按科系组织起来的学术团体的隔阂也越来越大。就大学和学院的学科知识生产而言，自然学科的优势使其社会服务功能也更直接和明显，与人文学科相比，自然学科表现出比较强的“适应的能力”[①]，自然学科有充裕的外部资助和科研职位，而人文学科则没有。但总体而言，当代的自然学科与人文学科的知识生产与之前的时代相比具有明显的进步。

以上就是当代大学和学院发展的四个时代特征。总之，大学和学院以其学术研究（此处主要是指知识生产）、人才培养（此处主要是指高等教育的大众化发展趋势）功能表现出了较强的社会干预功能，同时以政府为主要代表的高等教育以外的其他社会力量也加强了对大学的控制，将其纳入整个社会规划之中，寄予大学在促进其所属社会发展方面更大的期望。就大学发展的外部环境而言，国有化、国家化正是当代大学和学院发展的宿命，对大学和学院的治理改革有积极的影响，同时也有相应的弊端；就大学自身的使命而言，其人才培养、科学研究功能的更好履行，需要大学或学院进一步反观自身。

二、治理兴起的时代文化背景

归根结底，治理代表着一种企业精神，兴起于企业之中。通常意义上的治理定义兴起于20世纪末期，随着经济全球化所开启的全球市场时代的到来，治理成为时代交替节点的重要呼声。

所谓官僚制，作为一种管理方式，来自德国著名管理学家马克斯·韦伯的定义。官僚制是工业社会资本主义理性充分发展的产物，是经过严密设计的管理职能系统，使得组织成为一台非人格化的“机器”，获得组织的最大效率。官僚制充分适应了工业化时代的需求，以经济效率为最重要的追求，开展以一定的信息流架构起管理大规模生产活动的组织系统。但是，马克斯·韦伯不仅是一名管理学家，更是一名社会学家。马克斯·韦伯正确地揭示出工业化时代的这种管理模式事实上是整个社会的管理模式在工业领域的一个缩影，具有这种管理特征的组织遍布于工

---

① [美]伯顿·克拉克. 探究的场所：现代大学的科研和研究生教育[M]. 王承绪，译. 杭州：浙江教育出版社，2001：49.

业社会的各个角落，在政府部门、工业生产部门、企业、其他社会组织中，都存在这样一种官僚制的组织系统。[①]

随着工业化社会的发展，信息社会已经到来，在工业化时期盛极一时的官僚主义制度与当下的时代不相适应。如果说工业化社会是以生产制造需求，那么到了信息社会，则是需求决定生产的时代。官僚制只适应于前者，因为官僚制缺乏并且不要求变化，这台非人格化的“机器”只要机械地执行上级传达的命令就可以，执行缺乏变化的生产指令。而在信息化社会，决策机关需要应对更多的信息量，而信息获取方式变得极为丰富，将以前长长的管理层级压缩为扁平形态，官僚制机器存在着太多的无关职能部门，造成资源浪费，同时无法有效、及时地应对社会的快速变化。一方面，快速变化的客观现实要求赋予基层更多的自主权，基层不必事事听命于上级，需要随时、快速决策；另一方面，信息时代丰富了信息获取的渠道，改变了工业化时代信息流狭窄的局面，而信息的获取是资源分配的前提。因此，工业化社会需要的是集权的决策形态，其原因在于，在工业化时期，信息只为一小部分人所拥有，为集权创造了条件；而在信息化社会，丰富的信息量和信息获取方式实际上为民主决策、民主管理创造了条件。20 世纪末，信息化社会起步，生产决定需求的局面衰落，其结果正如一些学者所指出的那样，无论是在公共部门还是在私营部门，人们对官僚体制感到越来越失望，并提出了各式各样的批评。新环境要求公共部门（主要指的是政府）和私营部门能够对由它们所负责的顾客提供更高水平且多元化的服务，而不是推行若干蛮横的政令或落后的产品。[②]治理承接官僚制而产生并有可能取代官僚制，成为新的信息时代普遍的管理方式。治理的要义在于共治，共治的前提是多中心，相关内容笔者在以前章节有所论述。适应于信息社会的需求，最先兴起于企业的治理，彰显的是需求的力量，彰显的是顾客的力量。重视需求的生产是开放的组织的特征，重视顾客的生产是民主的组织的特征。因为开放，所以要改变官僚制自上而下的组织模式闭塞的弊端，以提高组织的活力；因为民主，所以要调动基层员工的积极性，以应对市场的需求。兴起于企业的这种开放与民主成为治理的最本质文化特征，成为信息化时代企业文化的基本特色。当信息化社会逐步变得成熟，治理必然会全面取代工业社会的官僚制组织模式，这正是当下“治理热”的文化原因。

---

① ［德］马克斯·韦伯. 经济与社会（上卷）[M]. 林荣远，译. 北京：商务印书馆，1997：106-107.

② ［美］戴维·奥斯本，［美］特德·盖布勒. 改革政府：企业家精神如何改革着公共部门[M]. 周敦仁，等译. 上海：上海译文出版社，2006：序.

三、以治理精神引领大学的发展

借鉴治理这一源于企业界的管理模式进行二级学院治理改革，笔者以为最重要的有如下两点：一是以开放的心态，容纳更多的权力主体参与到学院决策之中；二是以民主的方式，允许上述教学性、学术性、支持性三大主要学院治理的基层结构独立发展。

之所以再次引入结构、权力两大要素，原因在于，文化并不是独立的。治理文化在二级学院治理改革中如果要发挥作用，一方面，其必要的途径在于结合教学性、学术性、支持性三大学院治理结构，在现实运作中以更加民主的方式进行学院治理；另一方面，在开放心态问题上，现在的单中心行政模式的权力主体一定要有所变革，要容纳教学权、学术权和支持权等权力主体进入决策层，并且能自主地决策学院事务，如此才是真正的治理。为发挥理事会领导下的院长负责制在学院治理中的重要作用，我们必须做到以下几点。

（一）以更开放的心态，容纳民主决策的权力主体

如前所述，在当前的文化背景下，大学和学院的国有化、国家化趋势日益明显，它们或是自觉地，或是被动地参与到为国家服务的活动中，成为受国家控制的组织，与传统的、超然于国家之外的并以学术独立、大学自治为荣的大学和学院的传统有所不同。笔者在前文中亦论述到文化的阶段性特征，大学和学院的国有化、国家化趋势正是这个时代的文化特征。前移一两个世纪甚至更久远的时代，以自由教育为例，牛津大学、剑桥大学两所大学的教育属于精英教育，这两所学校所体现的是纽曼的理想的自由教育，在这两所学校中，“大学教师对学生品格的培养感到强烈的兴趣，对品格培养和自由教育，明显的不是专业教育，肯定也不是学科教育……‘课堂’在理想上是一堂辅导课，是一位导师和一个学生之间的面对面的，因而是高度个人之间的接触和交流。由于这种形式的制度依靠学生对教师的低比率，它本质上是一种高成本的制度”①。今天，我们已进入平民时代，更多的人有机会走进大学，大学、学院早已具备大众化的文化特点。即使我们深深留恋纽曼的理想，也只能以别样的方式纪念这位思想家及其所代表的数百年的大学传统。精英教育的高成本已是平民时代的大众化教育无法做到的。在此需要指出的是，精英教

---

① [美]伯顿·克拉克. 探究的场所：现代大学的科研和研究生教育[M]. 王承绪，译. 杭州：浙江教育出版社，2001：65.

育虽然没有太多的来自国家层面的干预，表面上看起来是自治的和独立的，但是如果我们按照布尔迪厄《再生产——一种教育系统理论的要点》一书中的观点来看，精英教育时期恰恰是国家干预最多的时期，因为精英教育的理念及其内涵均是国家范围内掌握权力的统治者的文化，统治者对于自己集团内部的教育自然是放心的，不必去干预。恰恰是到了平民时代，国家对大学和学院的教育内容的干涉已经乏力及其对科技动摇权力主体所拥有的能量的恐慌，促进他们放弃原来的立场，更多地与大学融为一体，更多地加强了对大学的管理。

国家的管理与时代的民主、开放要求相背离。这需要我们赋予国有化、国家化以新的内涵。前文已经述及，治理在本质上仍然是一种管理方式，因此，国家管理大学和学院的方式不能是官僚制的，而应该是民主的、开放的治理模式。就开放心态而言，国家要允许拥有教学权、学术权和支持权的权力主体更多地参与到大学和学院的决策活动中，结合现实状况，大力扶持和引导教学权、学术权发挥其应有的力量，及时调整和安抚具有高度复杂性的、拥有支持权的权力主体，以更加平和的心态看待二级学院治理改革中的权力调整问题。总之，大学要建立起与民主、开放的信息化时代的文化背景相适应的二级学院决策体系，在决策参与主体的选取上要做到民主、开放、包容，进行管理方式的变革，建立与时代文化相适应的治理决策模式，从而以治理精神引领大学和学院的教学活动、学术研究以及社会服务活动。

（二）以民主的方式，发挥二级学院治理三大主要结构的功能

二级学院治理文化不仅体现在权力主体能否参与到学院决策活动中去，更体现在教学性、学术性以及支持性等二级学院治理结构能否在现实中得以畅通运行，以实现学院的三大功能，促进学院在当今教育对象大众化、知识发展扩张化的社会文化氛围里，更好地实现其人才培养的核心职能，并做好科学研究和社会服务工作。革新既有统治文化氛围，建立学院的治理文化，首先要允许各治理结构民主地发挥其功能，即要支持教学性学院治理结构发挥其在人才培养问题上的作用，保证大学及其学院在高等教育大众化发展时代的教学质量；要支持学术性学院治理结构发挥其在科学研究问题上的作用，保证大学及其学院在知识扩张化发展时代成为更好的社会轴心机构。即要求大学以人才培养为导向，充分实现教学性、学术性学院治理结构在学术研究、社会服务等问题上的作用。同时，还要发挥支持性学院治理结构在服务教学性、学术性学院治理结构方面的作用，统筹社会、大学、学院

等方面的资源，为学院谋划更好的发展。此外，还要建立起三大治理结构之间的沟通渠道，为营造良好治理文化创造条件，如有学者指出的那样，“进行持续有效的沟通，完善多渠道的决策系统以及建立明确的组织认同感，就能形成一个更为顺畅、更具效能的治理模式。这样的治理也能够成功地吸引更多的教师参与到治理议题中来，从而建立更为民主和谐的治理文化”[①]。学院理事会正是三大治理结构之间、多元利益相关者之间进行沟通的渠道，也是学术权力、民主权力与政治权力、行政权力之间进行沟通的桥梁，还是培育开放与民主的学院治理文化的温床，更是学院治理理念转化为学院治理实践的基地。

① 王利华. 校兴之道——加拿大的大学发展及思考[M]. 北京：北京理工大学出版社，2015：57.

第七章 结　语

学院治理结构、治理权力和治理文化分别在不同维度和层面上支持、规范、约束学院治理活动，共同致力于学院发展的美好愿景和现实运行。治理结构是治理主体处理彼此关系的空间位置，是二级学院运行的组织基础；治理权力是治理主体明确彼此职责的核心内容，是教学性、学术性、支持性治理结构得以规范、有序运行的前提条件；治理文化是治理主体协商共事的意识指导，是师生民主平等成长、学术精深精进的雨露土壤。三者在二级学院治理改革中具有“三维一体”的关系，有助于我们系统、全面地分析和研究大学、学院治理问题。在第一章中，本书介绍研究的背景、意义，进行相关概念界定，梳理与学院治理相关的治理理论、组织理论、场域理论并分析其在学院治理中的适用性，介绍研究现状、研究思路与方法。在第二章中，本书从学院治理的内涵、要素以及特征三个方面对学院治理理论进行探讨。在第三章中，本书从治理结构、治理权力与治理文化三个方面对学院治理现状展开分析，认为学院单中心的治理结构是阻碍治理进展的主要原因，在这种治理结构下，学院行政权力居于主导地位，学术权力和民主权力居于次要地位；在这种环境下，学院治理的理念无法在学院教师、学生以及行政人员等利益相关者的思想中生根发芽。在第四章中，本书对我国试点学院改革工作进行考察和反思，认为现有改革表面化问题较为突出，象征性治理替代了实质性治理，试点学院改革难以真正转变传统学院管理的结构、权力和文化。在第五章中，本书对英国、美国、德国、法国和日本大学学院治理进行介绍和分析，归纳其不同的学院治理结构、治理权力和治理文化。英国大学学院治理深受传统学院制的影响，美国大学学院治理是在系科体制下进行的，德国大学学院治理则在传统讲座制基础上向其他体制进行调整，法国大学学院治理沿袭高度集权的办学体制，日本大学学院治理在法人化改革之后有很好的示范作用。总的来说，英、美、德、法、日等国大学学院治理具有院为实体、教授治学、多中心共治、委员会治理以及大学自治、学术自由等特征，值得我国借鉴和学习。基于上述研究，本书第六章提出完善我国大学学院治理的路径构想，分别从治理结构、权力和文化等维度提出构建多中心的治理结构、建立健全三权分置的制度体系、宣扬开放与民主的治理文化等策略。

在整体研究的思路和分析结构上，相较于已有研究成果，笔者所论述的自治主体已超越了学术自治的范围，将其扩展至教学自治、支持自治等方面。既然讲大学自治，而大学自治不应该仅仅局限于学术自治；在大学自治的整体框架下，学院应有相应的自治权，而在学院所拥有的自治权限中，又不应仅仅有学术自治，更不能只提倡学术自治，因为大学的永恒意义并不在于学术，而在于教学，后者才是大学及学院存在的根本理由所在。即便我们在洪堡思想的立场、在威斯康星思想的立场上也要强调大学、学院的这一永恒意义。在本书结语部分，笔者将继续从治理结构-治理权力-治理文化的分析框架进一步对二级学院治理结构、治理权力和治理文化所体现的理念进行简要分析和概括，以便对二级学院治理改革有进一步的认识。

一、二级学院治理结构：学术精神至上

在完成书稿的过程中，就笔者的阅读范围所及，在学院乃至大学的治理结构问题上，“学术至上”“学术独立”两词出现过多次，可见研究者对“学术至上”“学术独立”的渴望。同时对于这两个词所代表的意义，笔者也是心向往之，但在心向往之之余，笔者也不免有所疑惑。

疑惑之处在于，既然是治理，就应该是多中心的权力主体、多方式的事务管理方式，基于这一概念基础，所谓“学术至上”的依据又在哪里？所谓“学术独立”的依据又在哪里？这是不是与治理的核心精神和理念相违背、相冲突？基于这样的疑问，依据治理结构-治理权力-治理文化的分析框架和治理一词的含义，笔者将二级学院治理的结构分为教学性学院治理结构、学术性学院治理结构、支持性学院治理结构三类，并将学术性学院治理结构与教学性、支持性学院治理结构平等看待，其间并不存在何者为第一性的问题。相应地，在学院治理中，至少存在三种权力，分别是教学权、学术权、支持权。当然，这三种权力的界限并非全然分明，如此划分，只是为了方便分析。如本书所言，这三种权力的关系应该是相互制约、相互监督的，因此，具体的每种权力应当是自主的，而非独立的，同样，在这三种权

力中，任何一种权力均不能说是至上的。

大学和学院是一种育人机构，该组织的性质决定了不论是大学还是学院，都应该是教学为先而非学术至上。如前文中笔者不止一次地言说，如果大学和学院轻教学而重学术、轻育人而重科研，那么至少可以说它们是失职的。如此在学院中，学术并非至上，那么应该是什么至上？笔者以为是学术精神至上。就笔者的理解而言，不论是纽曼的理想，还是洪堡的理想，或者是威斯康星思想，其一致的内在追求也在于学术精神至上。学术的全部精神在于求真务实，或者说自大学诞生之日起，其孜孜以求地尽在于求真务实。继承、生产和传播高深学问的大学和学院，只有具备了求真务实的至高追求，才能不负自身的使命，才能培养出社会所需要的人才，才能坚定不移地追求真理，才能更好地服务于现代社会。虽然随着时代的变迁，高深学问的内涵和重心发生了变化，但大学和学院的从业者决不能改变和转移求真务实的精神。在精英教育时代，纽曼所继承的自由教育的精神实质不脱离求真务实四字，以知识培育理性是那时的大学和学院的主流教育理念，在这样的理念中，求真务实无疑居于核心地位；在大学与社会紧密融合的时代，洪堡所开创的新的教育理念的生命力在于求真务实，教师作为研究者，只有切实践行这四个字所蕴含的精神，才能做出有益于教学的科研成果；在平民教育时代，大学在育人、科研、社会服务等方面与之前的时期相比，与社会的融合程度进一步加深，唯有以学术精神为尊，才能将威斯康星思想真正践行到位。

在笔者所构想的二级学院的三个主要治理结构中，求真务实并不单单是学术性治理结构的信仰。作为二级学院治理的诸结构，教学性、学术性、支持性等治理结构都应该将求真务实奉为圭臬。具体而言，首先，只有教学性治理结构坚持求真务实的理念，在学院里接受教育的青年人才能感受到知识的魅力，才能真心信仰真理，才能投身到学术或者学术以外的社会职业中。客观地讲，学院的人才培养职能是其社会服务的重要组成部分，通过教学，学院为社会提供了一批又一批的人才，如果从学院里走出来的所有青年都在学院求真务实的风气中成长为对求真务实有坚定信仰并能在接下来漫长的生命时间里一刻不息的践行者，那么对于现代社会来说，这不失为一件幸事。其次，只有二级学院的学术性治理结构真正信奉求真务实的职业信条，学院的科研成果才是可信的、符合真理的、有说服力、最终能被运用于社会的成果。最后，只有二级学院的支持性治理结构真正信奉求真务实的职业信条，其才能做好学院教学、学术的服务性工作，才能建立和谐的沟通途径和文化。三大结构通过合作治理，从而实现学院的发展、学术的进步。

二、二级学院治理权力：公正理念至上

结构对应着权力，在现代社会中，权力应以公正为至上理念，具体到二级学院治理改革问题中，多权力中心、多方式共同管理的模式、不同的权力主体更应秉持公正理念，坚定公正理念至上的信仰。二级学院治理改革是将学院的单中心管理方式向多中心管理方式转移，其结果必然是学院多种权力交织，相互制衡。治理的内涵是在一个组织内部，相关主体自己管理、自主管理事务的形式，由此需要各权力主体具备公正精神与公正理念，以维持组织内部的管理秩序。就二级学院治理而言，公正理念至关重要，其原因在于，学院是一个以学术为使命的组织，一旦权力纠纷侵害权力主体的权限，真理精神将会失落，后果将不堪设想。这里的公正理念在于：第一，只有学院的权力主体在涉及自己利益的时候，明知将会损害自己的利益或者权力，但其只要有利于组织功能的发挥，只要有利于维护至上的学术精神，权力主体需要毫不犹豫地做出牺牲，此即权力主体不应有私心、私欲，权力主体不应当乱作为的一定不要乱作为；第二，当处于权力主体制衡关系中的某一主体，在遇到其他权力主体为了私心、私欲而乱作为的时候，一定要有所作为，维持制衡关系的平稳，此即权力主体在应当有所作为的时候要有所作为；第三，权力主体要有制度意识，权力的作为应该在制度允许的范围内，权力主体发挥作用的方式一定要按照制度的要求发挥作用，此即权力应当按照制度规则行事。对于第三点，在西方法律框架下的大学自治给予我们较大启示，在一般的观念中，所谓大学自治是无条件的，这种观点其实大谬。有学者正确地指出，“西方大学虽然讲大学自治，但大学自治是有范围和限度的，大学自治并不是大学不受限制的自由办学，而是以法律形式对学校内部事务进行管理的方式”①。

按照笔者之前的划分，二级学院治理涉及教学权、学术权、支持权三种主要权力，如前所述，这是一种三权分置的构想。此处需要对拥有这些权力的主体先作一说明，以教学权、学术权的主体为例，他们既可以是同一类人群，也可以是非同一类人群，区别在于教师的类型不同。于同类群体而言，譬如，一位教师既从事教学，也从事研究，那么他既能拥有教学权，又能拥有学术权；于非同类群体而言，譬如，可以在区分教学型教师和学术型教师的基础上进行赋权，教学型教师专注于或者更多地从事教学，因而要更多地赋予其教学权，学术型教师专注于学术或者更多地从事学术，因而要更多地赋予其学术权。同理，拥有支持权的主体既可以是专职服

---

① 李立国. 大学治理的转型与现代化[J]. 大学教育科学，2016，(1)：24-40，124.

务的非教学岗人员，也可以是教学岗或者学术岗人员。

在理想的二级学院治理形态中，教学权、学术权、支持权都应在公正理念的基础上维持权力的均衡关系，为学院的正常发展护航。第一，公正理念要求学院治理各权力主体不能乱作为，以教学权而言，拥有教学权的主体应当主要是教学型教师，他们在进行教学管理、教学规划甚至教学实施的时候，一定要秉持公正的理念，在保证学生接受知识的时候既能够有所成长，又能够兼顾其他权力主体的作为，即教学权的拥有者不能乱作为，这是内化于心的公正理念。第二，在不同权力主体之间，当某一权力主体乱作为的时候，其他权力主体应该要有所作为，譬如，当二级学院治理的支持权拥有者乱作为的时候，教学权、学术权的拥有者一定要及时制止，勇于制止，这是外化于行的公正理念。第三，还要以制度约束教学权、学术权、支持权的拥有者的作为，这是体现在制度设计上的公正理念。

上述所谓内化于心、外化于行、制度设计三个层面的公正理念都是在不同权力分属于不同群体的前提下进行论述的。那么如前所述，当同一类群体兼具不同的权力的时候，如一位教师或者学院内部的某一组织既司职于教学权，又拥有学术权的时候，如何体现公正理念至上的要求？笔者以为虽然可以从内化于心、外化于行的角度着手，但还是应该主要从制度设计方面着手进行规范，以保证公正理念真正被落实于二级学院治理改革之中。即在一个有效的二级学院治理体系中，“应该根据利益相关者组织属性并区分战略利益相关者和一般利益相关者，将决策控制权按照实际需要，合理地分布于不同的治理主体手里，并使不同主体之间产生权力依赖和制约关系”①。如此，才能从根本上落实公正理念。

三、二级学院治理文化：民主意识至上

治理的内涵主要是多中心、多方式管理组织内部的事务，因此在学术权、教学权、支持权等众多权力之间，在教学性、学术性、支持性二级学院治理结构之间，民主意识至上是二级学院治理文化的核心内容。布鲁贝克教授在其《高等教育哲学》一书中讲道：“对于真理的追求，不仅是学术的目标，更是公民的目标，在对真理的不懈追求中，教授的武器不仅有学术自由，而且还有公民自由。”②在该书的

① 龚怡祖. 大学治理结构：现代大学制度的基石[J]. 教育研究，2009，(6)：22-26.

② [美]约翰·S. 布鲁贝克. 高等教育哲学[M]. 王承绪，郑继伟，张维平，等译. 杭州：浙江教育出版社，2002：60.

另一处，布鲁贝克写道："任何放弃自由决策方面自治的教授，完全不适合在自由的学术探究中领导别人。"①也就是说，大学的灵魂深处，是一种关于人的理想；学术知识表面的背后是一种体现人格光辉的坚持。在有文化深度和温度的大学里，在有文化关怀和文化情怀的二级学院治理改革过程中，都深深埋藏着关于人自身的疑问，埋藏着关于人自身的追求。

在以往的高等教育史上，有诸多这样的尝试，除纽曼之外，永恒主义者赫钦斯是一个典型，他认为高等教育的主要目标在于培养人的智慧，"高等教育的目标是智慧。智慧意味着了解事物的原则和起因"②。在此基础上，赫钦斯提倡读经典名著，"我们必须要有一种课程，不论是否选择深造，对于他们同样有用。这种选择就是'经典名著'"③。这是一种关于人的教育。

在二级学院治理改革中，一旦触及文化层面，涉及人的追求，我们的分析就要更多地起步于当代二级学院所处的社会。当代社会无疑是觉醒的社会。如果探求治理的兴起源头，笔者以为该源头是当今社会发展的趋势，是人的觉醒。就国家对大学、二级学院的管理而言，尽管管理和控制是长期以来的取向，但是因为有了时代的特色，有了基层人员管理自身事务的治理理念的兴起、治理实践的多样化尝试，新时代的管理必然也会是更加民主、更加开放的管理，基层的力量在各种自主化治理的尝试下，将会更多地被吸纳进上层的决策中，成为民主决策的重要组成部分。这种现象的根基就在于这是一个民主至上理念崛起的时代，有了这种底色，治理的出现、新的民主开放的管理模式的出现才会成为可能。至于二级学院治理，无疑也是出现于这一时代底色上的亮丽的一笔。

---

① [美]约翰·S. 布鲁贝克. 高等教育哲学[M]. 王承绪，郑继伟，张维平，等译. 杭州：浙江教育出版社，2002：57.

② [美]罗伯特·M. 赫钦斯. 美国高等教育[M]. 汪利兵，译. 杭州：浙江教育出版社，2002：57.

③ [美]罗伯特·M. 赫钦斯. 美国高等教育[M]. 汪利兵，译. 杭州：浙江教育出版社，2002：45-46.

附　　录

附录一　《教育部关于推进试点学院改革的指导意见》提出的 24 项支持性政策措施[①]

一、改革学生招录与选拔方式

1. 允许试点学院自主研究确定本科生招生计划。

2. 允许试点学院率先探索在统一高考基础上的综合评价录取模式，实行高考成绩、高中阶段学习成绩或高中学业水平考试成绩、综合素质评价及高校自行测试结果相结合的招生录取办法。

3. 试点学院招生录取工作可安排在所在省份本科第一批次录取开始前进行。

4. 适度增加学校推免名额和直博生名额。

5. 支持试点学院纳入博士研究生招生改革试点范围。

6. 在学校总规模内对试点学院研究生招生计划实施单列管理。

7. 学校可以自行决定试点学院个别学生在院内转入转出。

二、改革人才培养模式

1. 支持试点学院实行导师制、小班教学。

---

① 教育部.《教育部关于推进试点学院改革的指导意见》提出的 24 项支持性政策措施[EB/OL].（2013-04-18）[2017-12-20]. http：//www.moe.gov.cn/s78/A08/A08_ztzl/s7327/s7331/201304/t20130418_150829.html.

2. 支持试点学院探索全面学分制。

3. 支持试点学院扩大国际合作，探索授予联合学位与双学位。

4. 国家建设高水平大学公派研究生项目、优秀本科生国际交流项目等支持试点学院选派优秀学生出国留学，提高试点学院在校生具有海外学习经历的比例。

5. 统筹自筹经费、科研经费、助学贷款、社会捐助等多渠道资金，建立健全研究生多元奖助体系。

6. 研究生实行个性化培养，允许试点学院选择一定数量的学生，经考核后择优实行硕博连读。

7. 建立退出机制，开通分流通道，允许试点学院将符合条件的直博生分流转为硕士生培养。

三、改革教师遴选、考核与评价制度

1. 扩大试点学院遴选教师的自主权，提高聘用岗位要求，培养和引进具有国际先进水平的优秀教师和研究团队。

2. 鼓励试点学院实行聘用制，探索年薪制。

3. 完善岗位管理和聘用办法以及薪酬待遇标准，建立灵活多样的用人机制。

4. 支持试点学院探索更加符合高等教育特点和人才引进规律的薪酬制度。

5. 支持试点学院探索实施人员流转退出机制。对现有在编人员强化聘期管理，实行“能上能下”、“非聘即转”；对新聘人员加强目标考核，实行“非聘即走”、“非升即走”。

6. 采取经费补助、项目资助等方式，支持试点学院教师国内外访学、开展合作研究。

7. 国家公派高级研究学者、访问学者（含博士后研究）项目在同等条件下给予试点学院重点支持，青年骨干教师出国研修项目适当增加试点学院所在学校选派计划。

四、完善学院内部治理结构

1. 支持试点学院改革院长选拔任用制度，试行教授委员会选举提名院长的办法。

2. 支持试点学院赋予学术委员会学科建设、学术评价、学术发展中的审议权，在学术成果评价等方面的评定权。

3. 落实和扩大试点学院教学、科研和管理自主权，支持试点学院依照学院章程自主确定发展规划并组织实施，自主配置各类资源，自主确定内部收入分配，自主设置和调整学科专业。

附录二　17个首批教育部试点学院名单①

清华大学理学院
北京大学物理学院
上海交通大学机械与动力工程学院
中山大学管理学院
华中科技大学光电子科学与工程学院
北京师范大学教育学部
天津大学精密仪器与光电子工程学院
同济大学土木工程学院
南开大学泰达学院
上海大学钱伟长学院
中国科技大学物理学院
浙江大学基础医学院
四川大学生命科学学院
北京航空航天大学能源与动力工程学院
北京交通大学经济管理学院
苏州大学纳米科学技术学院
黑龙江大学中俄学院

---

① 吴绍芬.教育部在全国17所高校设立的试点学院名单[J]. 中国高等教育，2013，(19)：28.

附录三 国家试点学院改革访谈提纲

1. 您如何看待 2011 年开启的国家试点学院改革?

2. 针对《教育部关于推进试点学院改革的指导意见》,贵院的具体目标和任务是什么?

3. 学校和学院针对试点学院的改革都做了哪些具体工作?效果如何?

4. 学校和学院针对试点学院的改革提供了哪些具体配套政策和条件保障?

5. 您认为贵院在试点学院改革方面的主要突破点是什么?

6. 贵院试点改革在体制创新方面的做法是什么?效果如何?

7. 国家实行试点学院改革若干年来,贵院主要取得了哪些成绩和成果?

8. 国家实行试点学院改革若干年来,贵院主要存在哪些问题和不足?

9. 您认为贵院的试点学院改革在观念转变、政策突破、制度创新等方面的成效如何?

10. 您认为贵院在试点改革过程中遇到的突出问题有哪些?您对深化试点改革的主要意见和建议是什么?

11. 您认为贵院目前的试点改革是否已经具有示范意义?若有,其具体表现在哪些方面?

后　　记

现代大学制度研究是高等教育领域研究的热点问题之一，改革和完善中国大学治理结构是完善中国特色现代大学制度的关键，也是中国特色现代大学制度建设的基本内容。现代大学制度建设的问题症结难以由自身破解，学院治理改革是构建现代大学制度的最佳切入口，以二级学院治理研究为突破口，从学院的治理结构改起，也许是在自上而下路径行不通的情况下最可行的一条路径，通过建立现代学院制度来建立现代大学制度。

国内外学界有关大学学院治理的系统性研究较为匮乏，人们对该问题的重视程度也不够高，在这种学术与实践背景下，本书以学院治理为选题，可视为一次具有创新性、有意义的探讨。本书提出学院治理的三维分析框架，依托治理理论、组织理论、场域理论等基础理论，采取多学科系统研究范式，综合运用政治学、经济学、哲学、法学、社会学、生态学等不同学科知识，从治理结构、治理权力和治理文化三个维度进行学院治理研究。该三维分析框架有利于较为全面、系统地研究学院治理理论与实践问题，这为今后相关研究的进行提供了有益思路。本书运用文献研究法、比较研究法和个案研究法等方法，考察与分析国内试点学院和国外大学学院治理经验，并在此基础上提出完善我国大学学院治理路径的构想，通过改善学院治理结构、权力和文化，构建符合治理理念的理事会领导下的院长负责制，目标在于协同学院内部的学术权力与行政权力、学校管理与学院管理的关系，激发学院办学活力，促进学院发展，促进我国现代大学制度建设。

本书是教育部人文社会科学研究规划基金项目“学院治理：结构 权力 文化”（项目批准号：17YJA880033）的结题成果。学院治理是一个新的研究方向，其涉及面广、系统性和实践性强，需以更加扎实的理论为基础，以更加广阔的视野为条件。鉴于此，本书的研究只是以治理理论为依据，从治理结构、治理权力和治理文化等角度对学院治理进行初步分析，这与推进学院治理及满足其研究的全部要求之间尚有一定距离。例如，对于学院治理中广大学生的治理角色、治理权力等问题尚需进行进一步思考，研究深度还可以进行进一步挖掘，受本人理论功底、知识面以及研究经历等因素的限制，本书还有很多不完善的地方，如受研究资料可获得性等因素的制约，国家试点学院改革样本数量较少，代表性不强，尤其是对国外大学学院治理方面有关情况的研究不够全面和透彻。今后，本人将结合自身实践经历，进一步思考大学学院治理相关问题，期望在理论上、实践上加深对大学学院治理问题的体悟，继续为探索我国现代大学制度、现代学院制度做出积极努力。

衷心感谢我的导师胡建华教授！胡老师严谨的治学态度、渊博的知识、深邃的思维、广阔的视野、创新的精神和高尚的人格熏陶着我，培育着我，使我受益无穷。胡老师在本书的选题、设计、实施和书稿写作等全过程中给予具体指导。书稿出版凝聚了胡老师的智慧和心血，我将终身铭记胡老师的教诲。

南京师范大学教育科学学院历史悠久，积淀深厚，特色鲜明，文化浓郁。在“厚生、人本、敬业、循道”的文化家园里，我有幸认识并得到了吴康宁教授、顾建军教授、胡金平教授、张乐天教授、张新平教授、程晋宽教授、冯建军教授、王建华教授、齐学红教授、徐文彬教授、高水红副教授等的支持，他们学识渊博、品格高尚，给予我无私的帮助与指导。在此表示衷心感谢！

感谢同门师兄师姐、师弟师妹以及同窗好友给予我关心、帮助、支持！感谢教育部高等教育司的领导，感谢北京师范大学、同济大学和苏州大学的许多同人，因为他们的帮助，本书才得以完成。

感谢引领我走进学术之路的彭怀祖教授，由于他的不断鞭策和鼓励，我才沿着这条学术之路一路走来，不断挑战自我。感谢所在单位南通大学的领导与同事，他们给予我长期的关心、支持、帮助、鼓励、指导、包容。衷心感谢他们！

再次感谢生命中遇到的每一位！站在新时代新起点，心怀感恩，充满力量，再次扬帆启航！

吉明明
2019年6月